서양철학의 수용과 한국철학의 모색

서양철학의 수용과 한국철학의 모색

초판 1쇄 인쇄 2002. 12. 2
초판 1쇄 발행 2002. 12. 5

지은이 이기상
펴낸이 김경희
펴낸곳 (주)지식산업사
　　　　서울시 종로구 통의동 35-18
　　　　전화 (02)734-1978(대) 팩스 (02)720-7900
　　　　홈페이지 www.jisik.co.kr
　　　　e-mail　　jsp@jisik.co.kr
　　　　　　　　jisikco@chollian.net
　　　　등록번호 1-363
　　　　등록날짜 1969. 5. 8

책 값　　15,000원

ISBN 89-423-6014-9　93150

이 책을 읽고 지은이에게 문의하고자 하는 이는
지식산업사 e-mail로 연락 바랍니다.

서양철학의 수용과 한국철학의 모색

이기상 지음

지식산업사

차 례

6

우리의 생활세계에 바탕한 이론 모색의 필요성

1. 서양과학의 식민지가 된 우리 삶의 세계

지금 우리는 세계화 시대에 매우 익숙해져 있다. 세계적인 명성을 갖고 있는 석학들이 자기 집 드나들 듯이 한국을 찾아 강연도 하고 인터뷰도 갖고 하기에 이제는 그들의 출연 자체는 큰 화제가 되지 못한다. 신문에서도 한 달이 멀다하게 유명 외국 학자들과 칼럼니스트의 글이 게재되고 있다. 이제는 웬만큼 유명한 학자가 와서 강연을 해서는 좀처럼 많은 청중이 몰려들지 않는다. 그동안 우리의 지식 수준이 높아져서 이제 더이상 그들의 가르침이 필요 없게 되어서일까? 아니면 그런 전시형 행사에 싫증이 나서일까? 아니면 정작 그들이 우리의 가려운 곳을 제대로 긁어 주지 못해서일까?

1996년에 위르겐 하버마스와 리처드 로티가, 1998년에 카를 오토 아펠과 앤서니 기든스가 왔을 때는 사정이 달랐다. 강연장은 청중들로 발 디딜 틈이 없을 지경이었다. 여러 학회와 학술단체에서는 거금을 주고 그들을 서로 모셔가려고 온갖 로비를 다 하였다. 한국에서 이름만 대면 알 만한 유명 교수들은 앞다투어 그들의 눈도장을 받으려 했고, 그들과 기념사진을 찍어 친분을 과시하려 했다. 그리고 한국의 학자들은 세계적인 석학인 그들에게 한국의 현실에 대해, 한국 인권운동의 미래와 전망에 대해 질문하며 조언을 구했고, 한국의 노동운동의 나아갈 방향에 대해 물음을 던지며 자문을 구했다. 이들 세계 석학은 '겸손하게' 그와 같은 한국의 문제들은 당사자인 한국인들이 더 잘 알 것이라고 말하며 직접적인 대답은 피했다. 한국의 역사와 전통에 놀란 하버마스는 이제 한국인들도 서양철학에 대해서는 대단한 수준에 올랐으니 불교와 유교와 같은 한국의 전통사상에 눈을 돌려보라고 점잖게 충고를 하고 갔다.

20세기의 대표적인 살아 있는 석학이라 칭송받는 하버마스는 현대의 생활세계가 과학에 의해 식민지화되었다고 걱정한 철학자다. 그에 따르면 생활세계는 본디 과학이 발원해 나온 자궁이며 태반이다. 그런데 과학은 자신의 유래를 망각하고 생활세계를 자신의 잣대인 합리성과 계량성을 갖고 획일화하며 질식시키고 있다. 하버마스는 이러한 과학의 횡포로부터 생활세계를 해방시킬 것을 외치며 과학의 합리성이 아닌 생활세계의 이성을 복원시켜야 한다고 주장하였다.

그렇다면 이 땅 한국, 우리의 생활세계는 어떠한가? 우리의 생활세계도 예외가 아니다. 우리의 생활세계 역시 과학에 의해 식민지화된 지 아주 오래다. 그런데 우리에게 문제는 그 과학이 우리의 생활세계에서 발원해 나온 것이 아니라는 데에 있다. 더욱이 문제의 심각성은 이른바 학자들이 이러한 과학(학문)과 생활세계의 연관관계를 전혀 고려에 넣지 않고, 과학이니까 학문이니까 그것이 당연히 보편성을 띠고 있다고 믿어 버리는 그런 정신 태도의 식민성에 있다.

프로이트의 정신분석학은 한국에서도 한국인의 정신치료에 많이 활용되고 있다. 이른바 배운 사람치고 '오이디푸스 콤플렉스'라는 용어를 모르는 사람은 없다. 그런데 우리가 잊지 말아야 할 것은, 그 용어가 보편적인 진리를 표현하고 있는 것이 아니라 특정한 삶의 맥락에서 만들어져 나온 이론의 산물이라는 점이다. 그것은 서양의 길고 긴 역사와 문화, 그리고 거기에 뿌리를 내리고 있는 서양인의 생활 속에서 서서히 형성되어 온 그들의 심리와 뗄 수 없이 밀접하게 연관되어 있는 이론이며 용어이다. 그런 이론과 용어를 서양에서 잘 나가는 과학이라고 직수입해서 우리의 생활세계에 적용시켜 이 땅의 어린아이들을 몽땅 오이디푸스 콤플렉스 환자로 만드는 것이 얼마나 무서운 식민행위인가를 우리는 깨달아야 한다.

이것은 하나의 예일 뿐이다. 우리는 모든 학문[과학]분야에서 이런 예들을 얼마든지 찾아낼 수 있다. 하버마스의 이론을 앵무새처럼 뒤따라 되뇌지 말고 정말로 스스로 '철학'하여 하버마스가 전하고자 하는 메시지를 제대로 알아들어야 한다. 그럴 경우 우리가 무엇보다도 먼저 해야 할 일은 서양과학[학문]의 식민지가 된 우리의 생활세계를 해방시키는 것이고, 우리 자신을 서양이론의 중독에서 구하는 것임을 알게 될 것이다. 문제는 이런 사실을 정작 학문하는 사람들이 의식하지 못하고 있다는 것이다.

2. 우리의 생활세계에 바탕한 이론[학문] 세우기

앎은 삶에 뿌리를 두고 있다. 삶이 펼쳐지는 우리의 생활세계가 삶의 바탕이며 앎의 태반이다. 생활세계는 앎(지식, 이론, 학문)의 출발점이자 귀착점이며, 앎의 보고이고 본보기이며 원천이다.

배움을 찾는 모든 이들은 삶에서 부딪히는 어려움과 문제를 잘 풀고 해결하여 더 나은 삶, 의미 있는 삶을 추구하려고 노력한다. 그들은 삶의 현장에서 부딪히는 문제를 앎의 차원에서 묻고 생각하고, 나아가 삭이고 되삭여서 삶에 되먹임시켜 삶을 의미 있게 만들려고 애쓴다. 앎은 더 나은 세계를 만들기 위한 인간의 욕망에 바탕하고 있다.

그런데 아주 오래전부터 우리의 생활세계가 거의 모든 면에서 균형을 잃어가고 있다. 자연과 사람 '사이', 사람과 사람 '사이', 문명과 사람 '사이'가 극도로 파괴되는 혼돈의 시대를 살고 있다. 거기에 덧붙여 한 국인은 앎에서도 삶에 필요한 정보와 방향을 얻지 못하는 삶과 앎 '사이'의 괴리 속에 삶을 살고 있다.

우리는 '삶 따로 앎 따로', 일상과 학문, 실천과 이론이 따로따로 분리되어 아무런 연결 없이 갈라져 버린 극도의 '궁핍의 시대'를 살고 있다. 우리는 학교에서 배운 이론이 현실에서는 거의 도움이 되지 않는 '이론 소외, 이론척박, 이론부재'의 삶을 살고 있다. 그 까닭은 그 이론이 우리의 생활에서 만들어진 자생적 이론이 아니라, 수입된 이론, 때 지난 낡은 이론, 삶에서 이끌려 나오지 않은 이론이기 때문이다.

우리 앎(이론)의 세계, 학문세계는 외국이론의 대리전쟁터를 방불케 한다. 우리 생활세계는 외국이론에 의해 식민지화되어 있다. 이렇게 된 데에는 외국의 이론을 반성 없이 수용해 무책임하게 퍼뜨린 지식인의 책임이 가장 크다. 또한 세상을 보는 우리의 눈, 삶의 자세, 생각의 방식, 행위의 양태 등이 완전히 서양화되어 버렸다. 그러면서 이것을 아주 당연스럽게 세계화 또는 지구화의 한 과정이라고 생각하고 있다.

그래서 이 땅의 청소년은 그들 삶을 위한 교양을 서양의 생활세계, 그들의 신화, 그들의 역사와 문화에 대한 지식으로 채우고 있다. 이 모든 것은 모름지기 앎을 책임지고 있다는 지식인이 삶과 앎 '사이'에 있는 문지도리(돌쩌귀) 구실을 제대로 하지 못해서이다. 우리의 지식인들은 우리 생활세계의 기획과 운영마저도 서양인들의 관점과 판단에 내맡기고 있다. 우리의 역사와 문화마저도 그들의 시각으로 고찰하면서, 그것이 객관성과 보편타당성을 주고 있다고 착각하고 있다.

그리하여 우리는 정체성을 잃어가고 있다. 우리는 우리가 누구이며 어떻게 살아왔고 어떻게 살아가야 하는지, 무엇을 위해 살며 어떤 가치를 추구해야 하는지를 결정하는 데에서도 오로지 서양학자들의 자문과 결정에 의존하고 있는 식민상태를 벗어나지 못하고 있다.

마침내 서구의 규준이 우리 '삶과 앎'의 모든 이해와 해석의 틀이 되어 버렸다. 학문은 그들의 논의를 따르려는 노력에서만 이루어지고 있다. 그것을 알면서 그동안 지식인들과 학자들은 아무런 행동도 하지 않았다.

이미 오래전에 지식인의 잘못된 학문 자세를 연암 박지원은 《열하일기(熱河日記)》에서 이렇게 염려하였다.

"다만 남의 말이나 자기가 들은 것에만 의지하는 사람은 더불어 학문을 말할 것이 못 된다. 하물며 평생토록 마음의 작용과 자연의 현상에 생각이 미치치 못한 사람이랴."

3. 세계화 시대에 우리 학문의 중심잡기 노력

이제는 서양이 중심이 되어 획책하는 합리성 일변도의, 존재 일변도의, 기술과학 일변도의 생활태도와 사유방식의 강요는 종말을 고해야 한다. 이제는 모든 민족, 모든 나라의 문화가 저마다 독특한 향기와 빛깔을 지닌 꽃들을 활짝 피워 하나뿐인 지구를 아름답게 수놓는 문화다양성의 시대가 열려야 한다.

이 문화의 세기에 우리는 무엇보다 먼저 잃어버린 우리의 정체성을 (되)찾아야 한다. 그러기 위해서는 우리 자신을 알아야 한다. 우리의 삶과 역사에서 시작되는 학문을 해야 한다. 그럼으로써 우리 삶의 현장, 삶의 역사, 우리 삶의 무늬가 새겨진 문화를, 우리의 문제해결 모색이 담긴 학문, 우리의 아픔과 희망으로 그려낸 예술을 우리의 눈으로 해석하여, 그 안에 흐르고 있는 삶의 주체적인 태도와 방식을 읽어내고 찾아내야 한다.

우리는 달라진 세계에서 우리와 세계에 대해 '묻고 배우는'[학문하는] 방식을 새롭게 터득해야 한다. 서구문명의 수용과 근대화라는 급물결

속에서 우리는 한번도 제대로 우리 자신과 우리가 몸담고 있는 세계에 대해 물음을 던지지 못했다. 그저 서양 흉내내며 앞으로 달려가기에만 급급했다. 그렇게 정신 없이 달려온 백년, 우리는 이제라도 지난 시간을 반성하여 우리 것으로 만들어 정체성을 확고하게 해야 한다.

우리는 현대화라는, 세계화라는 미명 아래 서양을 추종하는 식민주의에서 벗어나야 한다. 탈근대와 탈서양을 외치는 시대사적인 분위기를 제대로 읽고 다중심의 다극화 시대에 흔들리지 말고, 이 땅, 우리의 역사와 문화에 뿌리를 내려 중심을 굳건하게 잡아야 한다. 그럼으로써 스스로 주체적으로 우리의 문제, 세계의 문제를 풀어 나가는 '세계 속의 한국인'이 되려고 노력해야 한다.

우리 스스로 중심을 잡고 굳건하게 설 수 있으려면 먼저 흔들리지 않고 서 있을 만한 '터전'이 있어야 한다(공간성, 영토성). 즉 우리가 살고 있는 이 땅에 우리 스스로 뿌리를 내리고 있어야 한다. 우리 삶의 현장인 여기 이곳의 생활세계를 망각하고 선진국만을 바라보고 있는 한, 우리는 중심을 잡을 수 없다.

중심을 잡기 위해서는 이 땅에 사는 사람들 사이에 공동체 의식, 정신적 '일체감'이 형성되어야 한다(정체성, 동질성). 사람은 땅만으로 중심을 잡아 독자적인 세계를 만들어 나갈 수는 없기 때문이다. 이 일체감은 역사와 문화에 의한 삶의 양식과 사유태도의 동질성이 확보해 줄 것이다. 그것을 민족 정체성, 역사 정체성 또는 민족적 자아, 문화적 주체라 이름하기도 한다.

주체적 중심잡기를 위한 세 번째 요소는 바로 이러한 '주체성'이다. 스스로 우리의 생활세계와 문화, 역사에 대해 주인이 되어야 한다. 그러기 위해서는 우리의 눈으로 세상을 보고 스스로 사유하여 우리 문제를 스스로 해결해 나가려는 결연한 주체의식이 있어야 한다. 여기에서 중요한 것은 세상을 보는 우리의 눈인 말이다. 우리의 세계, 문화, 역사, 삶의 핵은 우리의 말이다.

마지막으로 이러한 중심잡기에서 잊지 말아야 할 것은 우리가 자리한 '세계 상황'이다(세계성, 보편성). 지금은 다양한 중심들이 존재하는 다중심의 시대이다. 문화다양성의 시대를 살면서 우리만을 유일한 중심으로 고집해서는 안 된다. 우리는 한 지구 위에서 다른 민족들과 더불어 다른 문화와 역사 배경을 가지고 서로 다른 시각으로 세상을 보면서 서로의 다름을 인정하고 존중하며 살아가야 한다. 그러기에 어느 때보다도 더불어 사는 지혜와 논리가 필요하다. '이 땅에서 철학하기'는 이러한 세계에서 추구해 나가야 할 과제, 그리고 인류의 문제를 함께 풀어갈 세계시민으로서의 사명 안에 자리한다. 따라서 우리는 주체적 중심잡기가 하나뿐인 세계 속에서 실행되어야 함을 잊지 말아야 할 것이다. 이럴 때 이 땅에서 우리말로 철학하기는 '세계 속의 한국인'으로서 세계와 더불어 세계의 문제를 해결하는 데 기여할 것이다.

4. 선입관 깨기와 발상의 전환

우리의 생활세계에 바탕한 학문[이론]을 창출해내기 위해서는 무엇보다도 먼저 우리 자신과 우리의 생활세계에 대한 잘못된 고정관념을 깨뜨리고 새롭게 우리 자신과 세계를 보는 법을 배우는 것이 중요하다.

월드컵 4강의 신화를 이루었다고 해서 온 나라가 들썩거렸다. 우리 스스로도 믿기 어려운 일을 이루어내었다. 지금까지 우리 축구 대표팀을 따라다니는 고정관념이 있었다. 스피드는 있지만 체력이 약하다, 조직력은 있지만 개인 기본기가 부족하다, 게임 메이커가 없으며 골 결정력을 가진 골잡이가 없다, 골을 먼저 먹어야 죽기 살기로 뛴다, 전체적인 분위기가 살아야 똘똘 뭉친다, 약한 팀에 강하고 강한 팀에 약하다, 이겨 본 팀에 강하고 진 적이 있는 팀에 약하다, 집에서는 잘 싸우고 나가서는 실력을 제대로 발휘 못한다 등.

이번 월드컵을 통해 이 가운데 어떤 고정관념은 순전히 선입견임이 입증됐다. 이를테면 한국팀 하면 꼬리표처럼 붙어 다니던 수식어가 '체력이 약하다'는 것이었다. 그러나 이번 월드컵에서 외국인 스포츠기자들이 한결같이 한국 대표팀에게 붙여준 대표적인 수식어는 '스피드와 체력'이었다. 이제는 한국인의 신장과 체중이 유럽인에 비해 그리 떨어지는 편이 아니다. 그것을 이번 한국 대표팀은 체계적이고 과학적인 기초 체력 단련 프로그램을 통해 강화시켜 전통적으로 체력이 강하다는 유럽팀보다 더 체력이 강한 팀으로 평가받았다. 이렇게 결코 바뀔 수 없으리라 생각되었던 체력의 문제가 노력 여하에 따라 충분히 변화될 수 있음을 우리 스스로도 알게 되었다.

21세기 새로운 세기를 맞이하여 세계화 시대를 헤쳐나가야 할 한국인이 배워야 할 점이 여기에 있다. 인간은 자신에게 기대하며 요구하는 바로 그 가능성으로 존재한다는 사실이 그것이다. 우리가 스스로에게 능력과 자질을 인정하지 않아 갈고 닦지 않은 그런 가능성이 실현될 수 없다는 것은 너무나 자명하다.

우리는 우리 자신에 대해, 우리 주변에 대해 지녔던 잘못된 선입견을 떨쳐 버리고 새로운 눈으로 우리 자신과 세상을 보는 법을 배워야 한다. 지난 100년의 근대화 과정 동안 남들이 우리에게, 우리가 자신에게 부여했던 고정관념을 과감히 털어 버리고 변화한 시대와 세계에 맞추어 우리 자신을 새롭게 만들어 나가야 한다. 그러기 위해서는 우리가 우리 자신에게 무엇을 기대하며 요구할 수 있는지부터 알아내야 한다.

어느 무역인은 이렇게 권고한다.[1] 하늘의 때를 읽을 수 있어야 하고 우리가 처한 지리 경제적 위치를 제대로 알아내어 능동적이고 생산적으로 대처해야 한다. 현재 우리가 처한 세계사적인 상황을 염두에 두고 우리의 역사와 문화를 되돌아보며 새롭게 해석해야 한다. 그래서 우리

---

1) 김재철, 《지도를 거꾸로 보면 한국인의 미래가 보인다》, 김영사, 2000 참조.

의 장점과 단점이 어디에 있는지를 올바로 파악하여 미래를 위한 정신 자세 가다듬기와 몸만들기를 시작해야 한다.

어느 외국 기업인의 다음과 같은 말은 우리에게 시사하는 바가 많다.

"역사적으로 볼 때 한국이 처한 주변환경은 언제나 위험하고 적대적이어서 한국인들에겐 외부로부터의 자극을 탐탁치 않게 여기는 정서가 싹터 왔다. 19세기 말 조선왕조가 서구열강의 틈바구니에서 '은둔왕국(hermit kingdom)'이 되었던 것도 이런 외부세계에 대한 불신에서 비롯한 것으로 생각된다. 하지만 한국은 이제 개방을 통한 외부세계와 접촉이 서로에게 이롭다는 사실을 깨달아야 한다. 한국이 꿈꾸고 있는 '아시아 허브국가'의 성공 여부도 과거 '은둔왕국'의 유산을 얼마나 떨쳐 버리느냐에 달려 있다고 본다."[2]

기업인의 눈으로 볼 때에 21세기 달라진 시대와 세계는 두 가지의 가능성을 우리 눈앞에 제시하고 있다. 도래하는 환태평양시대의 주도국으로서 동북아시아의 정치·경제·문화를 이끌어 나가는 새로운 역사의 주역이 될 것인가? 아니면 계속 이른바 선진국의 하청국가로서 남의 이념과 문화를 조립하고 재포장해서 팔아넘기는 중개상으로 남아 있을 것인가?

이것이 어디 기업과 무역에만 적용되겠는가? 그것은 무엇보다도 학문세계에 그대로 적용된다. 우리는 21세기 벤처기업을 선도하며 한국의 미래를 개척하고 있는 젊은 기업인에게서 많은 것을 배워야 한다.

5. 기업인에게 배워야 할 벤처정신

기업인 김재철은 고정된 선입관념을 버리고 발상을 전환할 것을 주

---

2) 예룬 라머스, 《한국일보》의 〈한국시론〉 2002년 7월 20일자.

장한다. 그리고 그것을 무엇보다도 우리 자신에게 적용할 것을 요구한다. 그래서 그는 우선 한번 세계 지도를 거꾸로 놓고 이 땅 한반도를 바라보자고 제안한다.

그렇게 볼 때 세상이 완전히 다르게 우리 앞에 펼쳐진다. 한반도를 감싸고 있는 일본 열도는 태평양의 거친 파도를 막아 주는 방파제가 되고, 한반도는 대양으로 뻗어나가는 대륙의 돌출부가 된다. 답답함이 홀연히 사라지고, 솟아오르는 큰 기운마저 느낄 수 있다. 그럴 때 우리가 사는 이 작은 반도가 동북아시아의 중심지이자 세계의 중심지로 부상할 수 있다는 인식과 발상의 대전환을 체험할 수 있다.[3]

우리는 그동안 바다를 경시하고 육지를 중시하는 고정된 세계관 속에 갇혀 살아왔다. 바다는 왜적이 나타나고 태풍이 몰려오는 곳으로 여겨 중요한 것은 산 속 깊숙이 숨겨 두는 습성까지 얻게 되었다. 결국 우리나라의 근대사는 바다와 등을 진 역사였다. 그 결과 우리나라는 세계 경제사에서 지각생이 되고 말았다. 이제 겨우 경제에 눈을 뜨면서 뒤늦게 바다 진출을 시도하고 있지만 만족할 만한 수준은 아니다.

지구는 따지고 보면 지구(地球)라기보다는 오히려 '수구(水球)'라고 하는 편이 옳을 정도로 물로 뒤덮여 있다. 인류 문명은 강에서 태동해 바다에서 발전하였다. 과거 인류 역사에 나타난 문명국가들의 형태를 살펴볼 때, 흥미롭게도 바다를 정복하여 이용한 나라는 흥하였고, 그렇지 못한 나라는 고난과 가난에서 헤어나지 못했다. 지금도 열강들은 바다를 조금이라도 더 확보하려고 아우성치고 있다.

바다는 우리들이 일반적으로 알고 있는 것보다 훨씬 더 크고 넓다. 또 바다 밑에는 수백억 톤의 광물 자원이 묻혀 있고, 바다에서 자라는 생물들은 육지에서 자라는 생물보다 훨씬 빨리 자란다. 그러기에 바다만이 나날이 불어나는 인류의 식량과 생활 문제를 해결할 수 있을 것이

---

3) 김재철, 앞의 책, 130쪽.

라고 한다.[4]

바다와 인류의 역사 전개를 염두에 두고볼 때, 지중해는 과거의 바다요, 대서양은 오늘의 바다요, 태평양은 미래의 바다다. 우리나라는 바로 '미래의 바다'인 태평양에 접하면서, '미래의 대륙'인 아시아 대륙의 연결로에 위치하고 있다.

우리나라는 삼면이 바다인 반도 국가다. 대륙과 바다가 동시에 시작되는 나라다. 그런데도 우리는 이러한 지리적 이점을 전혀 이용하지 못하고 철저하게 바다를 멀리하고 지냈다. 중국을 본받겠다는 중원(中原) 사상은 우리 민족을 자꾸만 내륙으로 끌어들였고, 바다와는 등지게 했다. 심지어 바닷가 십 리 이내에는 집을 못 짓게 하던 시절도 있었다.

육당 최남선은, 우리 민족이 바다를 잃은 뒤부터 왜소해졌고, 옹졸해졌으며, 편파심이 생겼고, 가난해졌다고 했다. 방방곡곡(坊坊曲曲)에 묻혀 지내다 보니 크게 뻗어나가지 못했다는 것이다.

우리에게 '방방곡곡'이란 말은 전국을 나타내는 말이지만 일본에서는 이를 쓰쓰우라우라[津津浦浦]라고 표현한다. 우리 민족에게 삶의 터전이 골짜기였던 반면 일본은 나루와 포구였음을 드러내고 있다.[5] 우리가 내륙에서 문을 잠근 채 폐쇄적인 자세를 취하고 있는 동안 일본은 문을 열어 바다를 향해 나갔다. 오늘날 일본이 해양 강국이자 세계적인 부국이 된 비결이 여기에 있다.

이렇게 발상을 전환해서 우리와 우리의 주변세계를 새로운 눈으로 볼 때 모든 것이 다 다르게 제시된다. 환태평양의 세기, 아시아의 시대에 한반도의 위치는 미래의 관문이고 천혜의 부두이다. 일본 열도는 우리를 지켜 주는 방파제이다. 국토가 두 동강이 나버려 섬과 같이 되어버린 나라, 우리가 가야 할 길은 바다다. 김재철은 동북아의 관문답게

---

4) 위의 책, 245쪽 참조.
5) 위의 책, 267쪽 참조.

바다 너머의 사람, 물자, 돈이 한반도에 모여들게 하고, 미개척으로 남아 있는 연안 지역, 도서, 해안선을 새로운 자원으로 활용하자고 말한다. 거기에 한국(인)의 미래가 있다고 강조한다.

벤처기업인 김재철이 던지고 있는 메시지는 우리 모두에게 시사하는 바가 많아 간략하게 다음과 같이 일곱 가지로 요약하여 기술해 본다.

1. 발상을 전환하라! 보이는 것이 전부가 아니다! 고정된 시각은 금물이다!
2. 하늘의 때를 읽고 미래를 준비하라!
3. 내가 선 곳[땅]을 올바로 알아 출발의 발판으로 삼아라!
4. 나 자신을 제대로 파악하여 변화의 주인이 되어라!
5. 우리의 역사와 문화를 새롭게 읽어내어 세계화에 동참하라!
6. 사람과 사람 사이의 소통을 자유롭고 조화롭게 하여 인간성이 살게 하라!
7. 제도를 편하게 하여 자유로움 속에 창의성이 피어나게 하라!

이것은 학문하는 사람, 특히 철학하는 사람이 배워야 할 점이다. 학문[철학]계도 발상의 전환을 해서 새롭게 우리 자신과 우리의 역사와 문화, 우리의 주변세계를 바라보는 법을 배운다면 그동안 우리가 우리 스스로에게 주입한 선입관 때문에 보지 못했던 새로운 가능성을 발견해낼 수 있을 것이다.

6. 서양철학의 수용과 한국철학의 모색

지난 백년을 되돌아볼 때 세계도 무섭게 변했고 우리도 몰라보게 달라졌다. 지난 백년은 우리가 서양을 배우며 숨가쁘게 쫓아온 근대화 또는 서구화의 한 세기였다. 근대화의 폐해가 지구 곳곳에서 드러나면서 탈근대의 목소리가 커지고 있는 지금 우리는 한번 숨을 고르고 우리의 근대화 백년을 반성해 보아야 한다.

이 책에 실린 글들은 지난 백년 동안 이 땅의 철학자들이 서양철학을 수용하여 배우면서 우리의 생활세계를 변화시켜 더욱 나은 삶의 세계를 만들려고 노력해 온 철학함의 흔적들을 정리한 글들이다.

첫 번째 글은 19세기 말에 서양철학이 처음 이 땅에 소개되면서 한국의 지성인들에 의해 학습되고 교육된 1960년대까지의 서양철학 수용의 과정을 연구 조사한 글이다. 어떤 교육기관에서 어떤 교과과정 아래 학생들이 철학을 교육받았으며, 교육을 맡았던 철학자들은 철학을 어떻게 이해하였는지에 초점을 맞추었다.

두 번째 글은 1980년대 이후에 전개된 이 땅에서의 철학교육의 독특함을 전반적으로 종합 정리한 글이다. 어떤 생활세계적 상황에서 어떤 철학이 한국 지성인들의 관심을 끌었으며, 그것이 대학에서는 어떤 교과과정 아래 가르쳐졌는지가 조사되었다. 여기에서 우리는 다양한 철학에 대한 이해 아래 씌어진 다양한 철학개론서를 대하면서 일반인들의 철학에 대한 요구와 그에 부응하려는 철학자들의 다양한 시도를 알아볼 수 있다.

세 번째 글은 현대 서양철학의 큰 흐름의 하나인 현상학과 실존철학을 선택하여, 그것이 어떤 관심 아래 어떻게 한국 지성인들에게 수용되었으며 소화되고 변형되어 한국적인 철학으로 자리매김되는지를 추적하였다. 현상학과 실존철학이 전하고 있는 메시지는 무엇이며, 그것을 이 땅의 철학자들은 어떻게 받아들여 자신의 철학자산으로 만들려고 노력했는지를 연구 조사하였다.

네 번째 글은 한국철학의 정립을 모색하려는 관점 아래에서 한국철학의 정립을 위해 노력한 열암 박종홍의 철학하기를 뒤밟아 보았다. 박종홍이 어떤 상황에서 어떤 관심을 갖고 철학을 시작했으며, 어떤 이유로 한국철학을 정립해야 할 필요성을 깨달았는지, 그리고 그를 위해 어떤 노력을 이루었는지를 살펴보았다.

마지막 다섯 번째 글은 세계화 시대라는 현대를 살아가는 한국의 지성인들이 외국 이론(학문, 철학)에 휘둘리지 않고 중심을 잡고 이 땅 우리의 생활세계에 바탕한 자생적인 이론을 창출해내야 하며, 그러기 위해서는 무엇보다도 먼저 학문에서 '한국화'가 이루어져야 함을 역설하고 있다.

이 다섯 개의 글들은 서로 다른 계기에서 각기 다른 지면을 통해 발표되었다. 그러나 그것들은 서양철학의 수용과 한국철학의 모색이라는 관심 속에 씌어졌다. 이번에 지식산업사의 배려로 같은 이름으로 출간하게 되어 기쁘다. 한국철학의 정립에 큰 관심을 가지고 계신 김경희 사장님께 감사의 인사를 드린다.

참고 삼아 이 글들이 발표되었던 출처를 밝힌다.

제1장 서양철학 수용의 과정—1960년대까지: 〈철학개론서와 교과과정을 통해 본 서양철학의 수용(1900~1960)〉, 《철학사상》 제5호(1995), 서울대 철학사상연구소 편, 51~106쪽.

제2장 1980년대 이후 이 땅에서 철학하기: 〈철학개론서와 교과과정을 통해 본 서양철학의 수용(1900년 이후)〉, 《철학사상》 제5호(1997), 서울대 철학사상연구소 편, 185~257쪽.

제3장 한국의 해석학적 상황과 초월론적 자아—현상학과 실존철학의 수용과 한국철학의 정립: 〈한국의 해석학적 상황과 초월론적 자아—현상학·실존철학의 수용과 한국철학의 정립〉, 《문화와 생활세계》(철학과 현상학 연구 제13집), 한국현상학회 편, 철학과현실사, 1999, 450~518쪽.

제4장 한국사상에서 찾아야 하는 '우리 철학'의 단초—열암 박종홍의 한국철학 정립 모색: 〈한국사상 속에서 찾아야 하는 '우리 철학'의 단

초—열암 박종홍의 한국철학 정립 모색〉,《인문학 연구》제6집(2001. 12), 한국외국어대 인문과학연구소, 1~28쪽.

　제5장 세계화 시대에 필요한 '한국화': 〈한국화란 무엇을 의미하는가?〉,《한국 가톨릭 어디로 갈 것인가》, 우리사상연구소 편, 서광사, 1997, 19~54쪽.

제1장 서양철학 수용의 과정

- 1960년대까지

1. 서양문명의 충격과 서양철학에 대한 관심

새 천년 새 세기인 21세기에 들어섰다. 20세기는 우리뿐 아니라 전세계적으로 파란만장한 격동의 세기였다. 우리는 새 세기의 문턱에 서서 지난 세기를 반성하며 다가오는 21세기를 대비해야 한다.

고요한 아침의 나라 한국에게 20세기는 충격과 혼란의 세기였으며, 살아남기 위해 몸부림쳐야 했던 투쟁의 한 세기였다. 20세기 초 우리의 생활세계는 사방에서 밀려들어오는 충격으로 인해 갈피를 못 잡고 혼미에 빠져 있었다. 일반 민중들에게는 무엇보다도 나라를 잃은 설움과 충격이 가장 컸고, 지성인들에게는 한시바삐 그 충격에서 벗어나 그 원인을 알아내어 능동적으로 대처해야 하는 대책 마련이 가장 큰 과제였다. 그 모든 것이 결국은 변화하는 시대적 흐름에 능동적으로 대처하지 못하고 자기 중심의 사고방식 속에서 안이하게 안주하며 당파싸움이나 일삼던 지도층의 우물 안 개구리 식의 작태가 빚어낸 돌이킬 수 없는 엄청난 결과임을 식자들은 깨닫게 되었다.

한 마디로 지난 한 세기 동안 '서양을 알자'라는 깃발 아래 '앞선' 서양의 문화와 문명을 무조건적으로 받아들여 뒤따라 잡으려고 아무 생각 없이 숨가쁘게 달려온 것이다. 이제 선진국의 정치·경제·사회·과학·기술·문화·예술 등을 '성공적으로' 수용하여 모범 신흥 산업국이 된 지금 우리는 다시 한번 다른 시각으로 지난 백년을 반성해 보아야 한다. 이제 전지구는 근대화, 산업화, 서구화의 여파로 하나의 생활권으로 묶이다시피 되었고, 하나의 문화, 하나의 문명으로 일원화된 듯싶다. 이런 와중에서 서구화로 말미암은 폐해가 지구 곳곳에서 속출하고 있으며, 그것으로 끝나는 것이 아니라 서구화 자체가 인류의 미래에 대한 위협이 될지도 모른다는 경종이 여기저기서 들려오고 있다. 그래서 세계의 지성인들은 지구촌의 시대에 세계화에 걸맞는 사상적 대안 찾기에 부심하고 있는 실정이다. 이러한 상황에서 동양적인 사유가 일조를 할 수 있지 않을까 하는 것이 관심의 초점이 되고 있기도 하다.

지난 세기는 또한 한국의 지성인들이 적극적으로 서양의 철학을 수용하여 배우고 가르쳐 온 백년이기도 하다. '서양철학의 수용'은 단순한 지식의 습득이 아니다. 그것은 곧 사유의 전환, 의식의 전환이며 패러다임의 전환에 다름 아니다. 20세기 초 한국의 지식인들은 단순한 호기심이나 지적 만족을 위해서가 아니라 절박한 시대적 상황의 요구에 따라 서양철학을 배워야 할 필요성을 절감하였다. 그들은 나름대로 문제의식 속에서 결단을 내려 문제 해결의 방법을 스스로 찾아 나선 것이다. 우리는 이러한 자세로 서양철학을 수용한 것을 주체적인 철학함의 한 과정으로 고찰해야 한다.

이때 우리는 철학함을, 한 특정한 주체가 역사의 어느 시점에서 자신이 처한 삶의 문제상황을 반성하여 나름대로 문제의 해결을 찾으려고 노력하는 행위로서 이해한다. 문제가 없는 시대가 없듯이, 철학이 없는 시대도 없다. 그러나 문제의 경중이나 정도에 차이가 있듯이 문제에 대처한 철학의 진지함과 문제를 해결하려 한 노력에는 차이가 있다. 문제가 많았던 시대에 창의적인 철학이 많이 태동하였다는 것도 이런 맥락에서 이해할 수 있을 것이다. 이렇게 삶의 맥락을 고려하는 주체적이고 능동적인 대처의 한 형태로서 '철학함'을 연구 조사할 때, 철학은 시대 정신의 반영으로서 드러나게 될 것이다. 따라서 서양철학의 수용을 한 국철학 모색의 과정과 분리해서 고찰할 수 없다. 서양철학 수용 백년의 역사는 곧 한국철학 모색 백년의 역사이기도 한 것이다.

이 장에서 중점을 두고자 하는 것은 철학개론서에 보이는 서양철학의 수용과 교수·학습의 변천과정이라고 할 수 있다. 철학개론서를 어떻게 이해해야 하느냐에 관하여 의견이 다를 수 있으나, 한 가지 확실한 것은 철학개론서에서 저자의 철학에 대한 이해와 확신을 읽어낼 수 있으며, 저자의 철학을 통한 계몽의 실천행위를 알아볼 수 있다는 점이다. 더 나아가 시대적 상황에서 저자의 문제의식을 알아볼 수 있으며, 그 문제에 대한 해결 모색의 한 방편으로서 철학개론서의 서술을 고찰할 수 있는데, 이 경우 우리는 철학개론서에서 그 시대에 대한 철학적 분석과 진단, 그리고 해결을 위한 실천의 모색을 해석해낼 수 있을 것이다. 더욱이 그때의 상황이 '주체적인', 민족적인 철학함을 감시하고 방해하던 식민지 처지였음을 고려하면 씌어진 텍스트보다는 텍스트 이면의 시대적 맥락과 저자의 고민의 흔적을 찾아낼 수 있고 또 찾아내야 할 것이다.[1]

그러나 이 글에서는 그렇게 자세하게 문제를 파고들어갈 수는 없다. (이것은 후일의 과제로 남겨 놓을 수밖에 없다) 여기서는 우선 단지 철학개론서에 나타난 '철학함'의 실천을 뒤밟아 보는 것으로 만족할 수밖에 없다. 1900년에서 1960년 사이에 발간되었던 모든 철학개론서를 다 다룰 수는 없는 처지이기에, 시대적인 상황 속에서 철학함을 대변하는 철학개론서만 선정하여 분석, 해석하기로 한다. 해방 이전의 철학개론서

---

1) 조희영은 "현대 한국의 철학사조는 격변했던 사회적 여건과 시대적 관심을 고려함이 없이 그 진정한 성격을 파악할 수 없다"고 말한다.[조희영, 〈현대 한국의 전기 철학사상연구 — 일제하의 철학사상을 중심으로〉, 《용봉논총》 제4집(1975), 전남대, 1쪽]

로는 최초의 것으로 알려져 있는 한치진의 《최신철학개론》(1936)과
안호상의 《철학강론》(1942)을 선택하고, 해방 직후의 것으로는 김용배
의 《철학신강》(1947)과 이종우의 《철학개론》(1948)을, 한국전쟁 이후의
철학개론서로는 박종홍의 《철학개론강의》(1953)와 서울대 교재편찬위
원회의 《철학》(1958)을 살펴보기로 한다.

2. 서양철학의 수용

1) 수용 당시의 시대적 분위기 : 국권 상실, 그에 대한 반성과 대처 방안 모색

우리나라에서 서양철학을 처음 접했던 때는 물론 19세기 말이나 20
세기 초가 아닌 훨씬 이전이었다. 서양철학이 우리나라에 처음 들어온
것은 임진왜란 뒤인 1631년에 정두원(鄭斗源)이 북경에 갔다가 돌아오
면서 〈직방외기(職方外記)〉, 〈천주실의(天主實義)〉, 〈영언려작(靈言蠡
勺)〉 등이 수록된 《천학초함(天學初函)》을 얻어 가지고 왔을 때였다.[2]
그 가운데 〈영언려작〉은 서양 선교사 화방제(華方濟, Francis Sambiasi,
1582~1649)가 구술한 것을 중국의 서광계(徐光啓)가 기록하여 전해진
것으로서, 천주학의 입장에서 아니마(亞尼瑪, Anima), 즉 영혼에 관하여
논한 심리학서이다. 이 책에서 저자 화방제는 "亞尼瑪(Anima)의 학은
費祿蘇非亞(Philosophia) — 번역하여 格物窮理之學이라고 한다 — 에서
最益最尊한 것"이라고 말했다.[3] 이것이 아마도 우리나라 지식인이 최
초로 '필로소피아(Philosophia)'라는 낱말을 대했던 계기였을 것이다. 그

후 1724년에 신후담(愼後聃, 1702~1761)이 그의 《서학변(西學辯)》에서
이 〈영언려작〉을 연구하여 천주학과 서양철학을 유학의 입장에서 비
판하였다.[4]

천주학을 통해 서양철학을 간접적으로 접하게 되었던 이 당시만 해
도 조선의 지식인들은 동양문화의 우월성에 대해 털끝만치의 의심도
하지 않았다. 그들의 인식을 이끈 관심은 서양학문이라는 미지의 대상
에 대한 지적인 호기심이 주류를 이루었다. 그러나 조선의 정치적 정신
적 지주였던 중국이 아편전쟁에서 영국에게 여지없이 패하고 북경이
영불연합군에 의해 함락되었다는 소식이 넘어 들어온 데 이어, 직접 서
구 열강들의 이양선이 우리의 강변과 해변에 수시로 출몰하여 통상 압
력을 가해 오는 것을 직접 보게 되던 19세기 중엽 이후에는 상황이 달
라지게 되었다. 더구나 사태가 악화되어 마침내 문화수준이 우리보다
낮다고 깔보아 오던 일본에 의해 나라를 빼앗기고 나서부터는 상황은
완전히 반전되었다.[5]

국권을 빼앗긴 민족의 가장 불운한 상황에서 더이상 서구문화와 문
명에 대해 소극적으로 방관만 하고 있을 수 없음을 뼈저리게 깨달았다.
일상의 삶과 정치를 이끌던 유학뿐 아니라 동양적인 유산 전반에 대한
회의와 반성이 잇따르게 되었다.[6] 더이상 기존의 전통사상과 가치관이
우리의 삶을 이끌어 나갈 수 없음을 절망적으로 확인하면서 한시바삐
새로운 대안적 사상과 가치관을 모색해서 정립해야 할 필요성을 절감
하게 되었다. 그리하여 서양의 문화, 기술과 과학은 이제 더이상 나쁜
것이라고 배척해야 할 것이 아니라 도리어 무조건 따라야 할 것으로 부

---

4) 앞의 글, 34쪽 이하 ; 최동희, 〈愼後聃의 서학변에 관한 연구〉, 《아세아연구》
46(1972), 1~27쪽 참조.

5) 전반적인 시대분위기와 지성인들의 대응에 대해서는 〈애국계몽운동〉, 《한국
사 : 근대민족의 형성 2》 제12권, 한길사, 1994, 235쪽 이하 참조.

6) 한국철학사상연구회, 《강좌 한국철학 ─ 사상, 역사, 논쟁의 세계로 초대》, 예문
서원, 1995, 262쪽 이하 참조.

각되어 나타났다.

국권을 잃은 절망적인 상황에서 다시 되찾기 위한 방도를 다각적으로 모색하는 가운데 우리 민족 전체가 변하기 전에는 독립과 해방이 불가능함을 깨닫게 되었다. 교육을 통한 계몽과 의식화의 필요성을 절감하면서 깨인 사람부터라도 발달한 서양식 교육을 받아야 함을 알아차리고 많은 사람들이 외국 유학의 길을 떠나기 시작하였다.

2) 수용단계의 구분

이렇게 우리에게 서양철학의 수용은 필요(Not)에 의한 필연성(Notwendigkeit)이었다. 서양문화와 문명을 접하기도 쉽지 않았던 그 당시에 서양철학을 배운다는 것은 거의 불가능한 일이었다. 그래서 서양철학 수용 초기의 선각자들은 서양철학을 배우기 위해 그 본산지인 독일, 프랑스, 미국 등지로 떠났으며, 그럴 수 없는 사람들은 일본으로 가서 서양철학을 배우려고 노력하였다. 1923년에 경성제국대학이 설립되고 1926년에 경성제대 법문학부에 철학과가 설치되면서 국내에서도 철학을 공부할 수 있는 길이 열리게 되었다.

이러한 여러 가능한 통로로 왕성한 배움의 과정이 결실을 맺어 한국인 스스로가 철학을 교수하고 학습할 수 있는 기틀을 어느 정도 갖추게 된 시점은 1930년대였다. 그러나 식민지 상황과 전쟁까지 겹쳐 학문으로서의 철학의 전수나 학습은 어렵기 그지없었다. 주체적인 입장에서 철학함을 가르칠 수 있는 여건은 아무래도 해방 후를 기다릴 수밖에 없었다. 해방 후 많은 국공립대학과 사립대학들이 문을 열어 막혔던 학문의 길이 열리고, 주체적이고 자립적인 가르침과 배움의 활로가 활짝 열리게 되었다.

철학도 이제 일제의 감시 아래 교수 학습되던 상황에서 벗어나 철학 본연의 자유로운 교수와 학습의 분위기에서 연구할 수 있게 되었다. 이제는 대학의 정규 학습과정에서 정식으로 학문으로서 철학을 접할 수 있는 기회가 모두에게 주어진 셈이었다. 여러 대학에서 철학과를 설치하였으며, 나름대로 교과과정을 기획하여 주체적인 철학교육에 박차를 가하였다. 그러나 의욕은 앞섰지만 아직 모든 여건이 교수와 학습을 위해 충분치는 못했다. 무엇보다도 정식으로 연구훈련을 받고 전문인으로서 강단에 설 수 있는 사람이 그리 많지 않았다. 대학을 마친 정도면 대학교수가 되어 철학을 가르쳤던 처지였다.

우리나라에서 서양철학이 수용되는 과정을 시기별로 특징지어 본다면 다음과 같이 단계별로 구분할 수 있을 것이다.

서양철학을 접하고 배우기에 전념하였던, 그러면서도 주어진 여건을 최대한 활용하여 전하려고 노력하였던 1900년부터 1945년까지를 초창기 '수용과 배움의 시기'라고 할 수 있겠다. 이때는 아직 모든 것이 초보 수준이었고, 정리 정돈이 되지 않은 상태에서 개인의 능력과 여건에 따라 서양철학을 수용한 시기인 셈이다. 해방 후 여러 대학에서 철학과를 개설하여 철학을 정식 교과목으로 가르칠 수 있게 되어 학문으로서의 철학이 자리를 잡아가기 시작하였다. 따라서 해방 이후 1960년까지를 대략 '정리 정돈의 시기'라고 부를 수 있을 것이다. 1960년대는 국내외에서 철학을 공부한 사람들이 철학의 필요성을 일반에게 알리며, 특히 지식층에게 철학이란 무엇인가를 가르쳐서 공감하도록 만들려고 노력했던 '계몽의 시기'라고 할 수 있다. 이 당시에는 온갖 종류의 철학교양강좌가 출간되어 지식층에게 철학에 대한 욕구를 불러일으켰다. 1970년대에 들어서면서 우리 것을 찾자는 전반적인 시대 분위기에 철학도 일조를 하게 되었다. 철학이 그저 일반인들의 지식욕이나 채워주는 도구적 역할에 만족할 수는 없고, 민족의 정체성을 찾는 데도 앞장을 서야 한다는 사명의식이 전면에 부각되었다. 따라서 1970년대를 '민족성 자각의 시기'라 명명하기로 하자. 1980년대에 들어서면서부터는 민주화의 열기가 이 땅을 강타하면서 자유, 평등, 인권을 외치게 되었다. 학계에서는 국내외에서 박사학위를 취득한 전문인력들이 학술적인 욕구에 맞추어 각종 학회를 설립하면서 학문적 연구와 토론의 장을 만들어 나갔다. 그래서 이 시기를 '의식화와 전문화의 시기'라고 부를 수 있겠다.[7]

위에서 말한 것을 정리해 보면 이렇다.

수용과 배움의 시기(1900~1945년)
정리 정돈의 시기(1945~1960년)
계몽의 시기(1960년대)
민족성 자각의 시기(1970년대)
의식화와 전문화의 시기(1980년대)

3) 수용 양상의 구분

우리는 서양철학의 수용을 그 양상에 따라 구분하여 고찰할 필요가 있다. 철학의 수용이 외국의 생활풍습이나 선진국의 발달한 기술과 과학이나 정치이론 또는 경제이론의 수용과는 전적으로 다르기 때문이다. 철학의 수용은 단순한 지식의 소화·섭취가 아니다. 그것은 넓게는

---

7) 조요한 교수는 서양철학 수용단계를 시기별로 뚜렷하게 구별하고 있지는 않지만 연대별 특징은 서술하고 있다. 그는 예컨대 1930년대를 "철학연구의 정초기"로 보고, 1960년대는 "자기확립의 터전을 마련하려고 노력한 시기"로, 1970년대는 "한국철학의 정립작업이 시작"되고 "영미분석철학의 새바람이 철학연구를 심화"시킨 시기로 기술하고 있다.[조요한, 〈우리의 삶, 우리의 현실. 한국 철학언어로의 모색〉, 《월간조선》(1982. 3), 332쪽 이하 참조] 조희영은 사회의 변동과 철학사상의 전개를 연계시켜 다음과 같이 서양철학의 수용과 전개의 시기를 구분하고 있다. 제1기는 "일제하의 암흑시대(1900~1945)", 제2기는 "해방후부터 한국동란까지(1945~1953)", 제3기는 "휴전후부터 兩次 혁명까지(1953~1961)", 제4기는 "군사혁명으로부터 남북평화공동성명까지(1961~1972)", 그리고 제5기는 "시월 유신 이후(1972~)"이다.[조희영, 〈현대 한국의 전기 철학사상 연구— 일제하의 철학사상을 중심으로〉, 2쪽 참조]

세계관 내지는 인생관의 수용이기 때문에, 수용하는 사람의 의식과 행동을 변화시키며 생활태도를 바꿔 놓는다. 거기에 그치지 않고 수용자는 철저한 자기확신에서 다른 사람을 설득시켜 공감하도록 만들고, 자기의 철학에 따라 사람들의 의식을 변화시켜 사회를 변혁하고 새로운 삶의 길을 열어 놓으려 한다. 따라서 서양철학의 수용을 고찰할 때에는 이 모든 점을 고려해야 한다.

우리는 먼저 서양철학을 수용해야 할 필요성을 절감했던 사람들이 서양철학을 배우고 익히기 위해 들였던 일련의 노력에 주목해야 한다. 19세기 초에 서양철학을 직접 접할 수 있는 기회나 여건이 전무한 상황에서 그들은 어떤 길을 택했는가? 국내에서 철학을 배울 기회가 없던 상황에서 유일한 선택의 길은 그 원산지로 유학을 가는 것이었다. 최초의 철학도들은 이렇게 해서 독일로, 프랑스로, 미국으로 유학의 길을 떠났다. 그럴 수도 없는 철학도들은 일본으로 가서 간접적으로나마 서양철학을 배울 수밖에 없었다. 경성제대에 철학과가 생긴 다음에는 철학을 배울 수 있는 기회가 확대되었다. 이러한 배움과 훈련의 연구 학습과정을 거쳐 이 최초의 철학도들은 철학활동을 전개하기에 이른다. 이들은 학회를 결성하고, 학회지를 발간하고, 학술발표회를 가지며, 학술적 토론과 담화의 장을 만들어 철학의 활성화를 위해 노력하였다. 이들의 노력의 결실인 철학활동 속에서 우리는 최초의 철학도들의 철학적 관심과 의도를 알아볼 수 있다. 또한 이들의 철학함의 특징과 방향을 읽어볼 수 있다.

해방 후 이들이 주축이 되어 마련한 교과과정에 따라 대학에서 철학을 정식교과목으로 가르칠 수 있게 되었다. 이제 자신들의 철학에 대한 확신을 아무 제약 없이 대학의 철학교육에 반영할 수 있게 된 것이다. 따라서 우리는 대학 교과과정을 살펴보면서 서양철학이 어떻게 어떤 양식으로 전달되었는지를 알 수 있을 것이다.

철학은 대학이라는 울타리에만 안주할 수는 없으며, 또한 그래서도 안 된다. 철학 학습의 장은 관심 있는 일반 대중에게도 열려 있어야 한다. 최초의 철학도들은 그들의 철학적 확신을 전할 수 있는 교수의 방법과 전달의 장이 제한되어 있는 상황에서 그들의 철학에 대한 생각들을 정리하여 책으로 발간하는 길을 택하였다. 그래서 일찍부터 철학개론서가 등장하여 지식인들과 일반인들의 철학에 대한 입문을 돕고 있었다. 우리는 이러한 철학입문서를 통해서, 서양철학이 어떻게 수용되고 소화 흡수되어 어떤 형태로 그 당시의 동시대인들에게 제공되었는가를 알 수 있다. 이 개론서에는 저자인 최초의 철학도들의 철학에 대한 이해가 녹아들어 있으며 그들의 철학적 사명감이 표현되어 있을 것이기 때문이다.

이제 우리는 여기서 구분지은 세 가지 수용 양태에 따라 이 땅에서 서양철학을 수용하고, 학습 연마하고, 가르치고, 일반에게 전달한 과정을 상세하게 추적하면서 서양철학이 어떤 모습으로 받아들여지고, 이해되고, 전달되었는지를 고찰해 보기로 한다.

3. 철학함의 학습과 연마

1) 최초의 철학도들과 그들의 철학적 관심

정규 대학의 철학과에 입학하여 정식으로 철학을 공부한 최초의 한국인 철학도는 최두선(崔斗善, 1894~1974)으로 알려지고 있다. 그는 1912년 일본 와세다(早稻田)대학의 고등예과에 입학하고 1917년 동대학 철학과를 졸업하였다. 그는 졸업 후 몇 년 동안 중앙학교의 교사로 활동하다가 1922년 독일로 유학을 떠났다. 마르부르크대학과 베를린대학에서 철학을 공부하다가 학업을 마치지 못하고 귀국하였다. 최두선은 "철학은 자연, 인생 및 지식에 관한 근본적 원리의 학이며, 철학의

主眼은 일반원리에 있다"고 철학을 정의하였다.[8]

우리나라 최초의 철학박사는 이관용(李灌鎔, ?~1934)이다. 그는 1921년 스위스 취리히대학에서 〈의식의 근본사실로서의 의욕론〉이라는 논문으로 박사학위를 받고 귀국하여 연희전문학교에서 논리학, 심리학, 철학을 가르쳤다. 이관용은 철학이 과학적 성질을 가진 것을 시인하며, 한정된 사실을 종합하여 우주의 원성(原性)과 원칙을 총괄적으로 연구함으로써 존재의 원유(原由)와 법칙과 목적을 발견하려고 하기에 철학을 원학(原學)이라고 부르는 것이 타당하다고 보았다.[9]

1920년대에 들어서면서 많은 젊은 학도들이 철학을 공부하기 위해 그 어려운 외국 유학의 길에 올랐는데, 그것은 아마도 두 세계적 석학의 철학강연에 고무되었던 것이 아닌가 싶다. 영국의 버트란드 러셀 (Bertrand Russell, 1872~1970)이 1910년대 말에 북경대학에서 〈마음의 분석〉이라는 철학논문을 발표하였고, 일본 《개조(改造)》지에 사회문제에 관한 논설을 실었으며, 미국의 존 듀이(John Dewey, 1859~1952)가 1919년에 일본 동경제대에서 "철학의 개조"라는 강연을 하고, 북경에 가서 "현대의 세 철학자"라는 강연을 가졌는데, 이 두 사건이 한국의 지식인들을 크게 자극하였다고 한다.[10]

1920년대에 프랑스의 파리대학 철학과에는 정석해(鄭錫海, 전 연세대 교수), 김법린(金法麟, 전 동국대 교수, 문교부장관 역임), 이창섭(李昌燮, 전 조선일보와 경성방송국 기자) 등이 철학을 공부하여 석사학위를 취득하였다.[11]

---

8) 진교훈, 〈서양철학의 전래기〉, 《한국철학사》 하권, 동명사, 1987, 399쪽 ; 조요한, 〈한국에 있어서의 서양철학 연구의 어제와 오늘〉, 《사색》 제3집(1972), 숭전대, 18쪽 참조.

9) 진교훈, 위의 글, 400쪽 참조.

10) 조요한, 〈한국에 있어서의 서양철학 연구의 어제와 오늘〉, 19쪽 ; 같은 필자, 〈서양철학의 도입과 그 연구의 정착〉, 448쪽 이하 참조.

11) 조요한, 〈한국에 있어서의 서양철학 연구의 어제와 오늘〉, 19쪽 참조.

1925년에는 백성욱(白性郁, 전 동국대 총장, 내무부장관 역임)이 독일 뷔르츠부르크대학에서 〈불교의 형이상학〉이라는 논문으로 철학박사 학위를 취득하고 귀국하여 그 다음 해 불교전문학교(현 동국대학교의 전신)의 철학교수로 취임하였다. 1929년엔 안호상(安浩相, 전 서울대 교수, 문교부장관 역임)이 독일 예나대학에서 〈헤르만 로체의 관계문제를 위한 의미〉라는 논문으로 학위를 받고 귀국하여 보성전문학교에서 철학을 강의하였다.[12]

일본유학생으로는 최현배(崔鉉培)가 1925년 경도제대(京都帝大) 철학과를 졸업하고 1926년에 연희전문 철학교수로 취임하였다. 1926년 채필근(蔡弼近)이 동경제대 철학과를 졸업하고 평양 숭실전문의 철학교수로 취임하였고, 같은 해에 윤태동(尹泰東)이 동경제대 철학과를 졸업하고 경성제대 예과 교수로 취임하였으며, 1929년에는 김두헌(金斗憲)이 동경제대 철학과를 졸업하고 이화여전 교수로 취임했고 일 년 뒤 불교전문학교로 옮겨갔다.[13]

미국유학생으로는 한치진(韓稚振)이 1931년 사우스캘리포니아대학에서 학위를 받고 귀국하여 1932년에 이화여전 철학교수로 취임하였고, 갈홍기(葛弘基)가 1934년에 시카고대학에서 귀국하여 연희전문 철학교수로 취임하였으며, 박희성(朴希聖)이 1937년 미시간대학에서 〈주관주의와 직관〉이라는 논문으로 학위를 받고 귀국하여 그 이듬해 보성전문 철학교수로 취임하였다.[14]

한편 우리나라에도 1923년 일제의 조선 총독부에 의해 경성제대 예과가 설치되고 1926년 법문학부에 철학과가 설치되었다. 1929년 경성제대 철학과의 제1회 졸업생으로 김계숙(金桂淑, 전 서울대 총장), 권세원(權世元, 전 성균관대학 교수), 조용욱(趙容郁, 전 동덕여대 총장), 배상

---

12) 위와 같음.
13) 위의 글, 20쪽 참조.
14) 위의 글, 23쪽 ; 진교훈, 앞의 글, 406쪽 참조.

하(裵相河), 박동일(朴東一) 등이 배출되었다. 그 뒤로 안용백, 신남철 (1931년 졸업), 고형곤, 박종홍, 박치우(1932년 졸업) 등이 경성제대 철학 과를 졸업하고 학계에서 활발한 학술활동을 전개하였다.[15]

1959년에 "나는 왜 철학을 하게 되었는가?"라는 설문에 답한 자료를 분석하여 발표한 정종의 〈한국 철학자의 철학연구의 동기에 대한 고구 (考究)〉라는 글에 따르면,[16] "韓日合倂으로 인한 조국 상실이라는 절망 적인 조건이 크게 영향을 주어" 철학을 선택하였거나 "3·1운동의 직접 간접의 가담자로서 그러한 민족적 수난의 역사적 사건의 一方의 擔載 者이기도 하였던 것"이 철학연구의 동기가 되었다고 밝히고 있다. 이것 이 1920년대에 철학을 공부하기로 결심한 우리나라 철학도들의 사정이 었다. 3·1운동 때 유치장 안에서 "우리는 왜 이런 고생을 하여야 하는 가? 발명(무한동력)은 해서 무엇하나? 이름이 세상에 나서 사람들의 칭 찬을 받으면 또 무엇하나? 어떻게 사는 것이 가장 옳은 것인가?"를 고 민하며 철학을 공부하기로 결심한 한 철학도의 고백에서 우리는 당시 의 상황과 철학도들의 관심의 방향을 짐작할 수 있다.

2) 최초의 철학활동과 그 영역

1929년에 경성제국대학의 모든 학과의 한국인 출신들이 합동하여 《신 흥(新興)》이라는 학보를 창간하였다. 이 학보에는 여러 분야의 글들이 실렸으나 철학에서는 서양철학에 관한 논문이 주축을 이루었다. 창간호 (1929. 7. 15)에는 김계숙의 〈코헨 철학에 관한 단편〉, 권세원의 〈진리

---

15) 조요한, 〈한국에 있어서의 서양철학 연구의 어제와 오늘〉, 20쪽 ; 같은 필자, 〈우리 의 삶, 우리의 현실. 한국 철학언어로의 모색〉, 329~351쪽 ; 진교훈, 앞의 글, 401~ 402쪽 참조.

16) 정종, 〈한국 철학자의 철학연구의 동기에 대한 考究〉, 《백성욱박사송수기념 불 교학논문집》, 1959, 823~868쪽.

와 정확의 구별〉, 배상하의 〈짜라투스트라〉가 실렸으며, 제2호(1929.
12. 7)에는 권국석(權菊石)의 〈현상학의 진리설에 대하여 ― 후설의 《논
리학연구》를 중심으로〉가 실렸다. 같은 해에 박동일은 〈칸트로부터 흄
까지 인과관계의 발전〉이라는 논문을 《불교》(제61호, 1929. 7. 1)에 발표
하였다. 1931년에는 헤겔 백주년을 계기로 '헤겔 부흥'을 꾀하기도 했
다. 《신흥(新興)》 제5호(1931. 7. 5)에 김계숙이 〈헤겔사상의 전사(前
史)〉, 신남철이 〈헤겔 백년제와 헤겔 부흥〉이라는 논문을, 제6호(1931.
12. 20)에는 신남철이 〈신헤겔주의와 그 비판〉이라는 논문을 실어 세계
의 흐름과 보조를 맞추려고 하였다. 김계숙은 제4호(1931. 1. 5)에 〈철학과
자연성과의 관계〉라는 논문을 발표했다.[17]

1932년에는 스피노자(B. Spinoza, 1632~1677) 탄생 삼백주년을 맞아
서 《신동아》는 스피노자 특집을 마련했다. 여기에 이관용은 〈스피노
자의 생활〉을, 이종우는 〈스피노자 철학의 특징〉을, 안호상은 〈스피노
자의 우주관〉을 실었다.[18]

1933년 3월 경성제대를 졸업한 고형곤, 박종홍, 박치우, 신남철 등과
해외에서 철학을 공부하고 귀국한 사람들이 모여 '철학연구회'를 발족
시켰다. 이들은 철학강연회를 열어 활동을 하다가 순수 철학 전문 학술
지인 《철학》을 간행하였다. 이 학술지가 이 땅에서 처음으로 선보인
철학전문 잡지이다.[19]

《철학》 창간호에는 다음과 같은 논문들이 수록되었다.

박종홍의 〈'철학하는 것'의 출발점에 대한 일의문(一疑問)〉

---

17) 진교훈, 앞의 글, 403쪽 ; 조요한, 〈한국에 있어서의 서양철학 연구의 어제와 오
   늘〉, 21쪽 참조.
18) 진교훈, 위의 글, 404쪽 참조.
19) 조요한, 〈한국에 있어서의 서양철학 연구의 어제와 오늘〉, 21쪽 이하 ; 위의 글,
   404쪽 이하 참조.

권세원의 〈철학이란 무엇이냐. 철학의 영원성에 대하여〉
이재훈의 〈구체적 존재의 구조〉
이종우의 〈외계실재의 근거〉
안호상의 〈객관적 논리학과 주관적 논리학〉
김두헌의 〈윤리적 평가의 이념〉
신남철의 〈헤라클레이토스의 斷片語〉

'철학연구회'는 1934년에 《철학》지 제2호를, 1935년에는 제3호를 발간하였다.[20] 그러나 1936년에 편집발행인이던 이재훈이 사상범 혐의를 받고 구속되자 발간이 중단되고 말았다.

우리는 이 세 권의 《철학》지에 실렸던 논문들을 통하여 최초의 철학도들의 폭넓고 다양한 관심의 영역을 확인할 수 있다. 철학 자체에 대한 문제제기에서 시작해서, 존재론 내지는 형이상학적 주제와 논리학, 윤리학 영역의 연구와 사회철학의 문제, 이론과 실천의 문제, 교육의 문제를 다루었고, 현대철학의 흐름도 소개하였다. 그야말로 철학의 모든 영역을 망라한 관심의 스펙트럼을 읽을 수 있다. 이 잡지에서 볼 수 있는 특징으로는 동양철학에 관한 논문이 한 편도 실려 있지 않다는 점과 철학자 중심의 글이 아니라 거의 전부가 문제 중심의 글들이라는 점이다.

---

20) 참고 삼아 《철학》지 제2호와 제3호에 수록된 논문을 소개하면 다음과 같다.
 《철학》 제2호 : 朴致祐의 〈위기의 철학〉, 朴鍾鴻의 〈'철학하는 것'의 실천적 지반〉, 李載壎의 〈존재-인식〉, 申南澈의 〈현대철학의 Existenz에의 전향과 그 것에서 生하는 당면의 과제〉, 李種雨의 〈생의 구조에 대하여〉, 李寅基의 〈개성 유형과 그 교육적 의의〉, 安浩相의 〈이론철학은 무엇인가〉, 金斗憲의 〈故 李灌鎔 박사 의욕론〉.
 《철학》 제3호 : 이인기의 〈교육원리로서의 개성과 사회와 문화〉, 전원배의 〈사회학의 이론적 구조〉, 이재훈의 〈철학의 문제 및 입장〉, 안호상의 〈이론철학과 실천철학에 대하여(知와 行에 대한 一考察)〉, 葛弘基의 〈회의주의의 이론적 방법〉 등이다.

《철학》지가 폐간되면서 '철학연구회'가 그 기능을 제대로 발휘하지 못하게 되자 경성제대 철학과 졸업생을 중심으로 하여 철학과 연구실에서 정기적으로 '철학담화회'를 갖게 된다. 1933년부터 시작한 이 모임의 회원은 김계숙, 권세원, 박종홍, 고형곤, 김용배, 박의현, 최재희, 김규영 등이었고, 여기에 안호상, 이종우(京都帝大 출신), 손명현(와세다대 철학과 출신) 등이 가담하였다. 이 담화회의 연구발표로는 김계숙의 〈헤겔 청년시대의 종교관〉, 이종우의 〈운명〉, 박종홍의 〈Das Man의 자기부정적 발전〉, 고형곤의 〈하이데거의 '휠덜린과 시의 본질'과 그의 철학〉 등이 있었다.[21]

일제는 1936년에 〈조선사상범보호관찰령〉을 내렸고, 1940년에는 〈조선사상범예비구금령〉을 내려 한국인의 철학사상 연구를 극도로 어렵게 하였을 뿐 아니라 또한 1940년부터는 이른바 황국신민화운동을 감행하여 철학연구가들에게 일본의 황도철학을 연구하도록 종용하여서 거의 학술적인 연구를 이룰 수 없도록 하였다.[22]

이러한 어려운 여건에서도 1935년에 박종홍은 일본에서 발간되는 철학잡지 《이상(理想)》지에 〈하이데거에 있어서의 지평의 문제〉라는 논문을 발표했고, 1941년에는 안호상이 일본의 경도제대에서 발간된 《철학연구》지에 〈헤겔에 있어서의 판단의 문제〉라는 논문을 독일어로 발표하였다. 1943년에는 일본 사회학회 연차대회에서 김두헌이 '조선의 예속(禮俗)'이라는 주제강연을 하였다. 일제의 탄압이 있었음에도 1936년에는 한치진이 우리말로 《철학개론》을 출간하였고, 1942년에는 안호상이 역시 우리말로 《철학강론》을 출간하여 처음으로 철학 전반에 대한 체계적인 서술을 시도하였다.[23]

---

21) 조요한, 〈한국에 있어서의 서양철학 연구의 어제와 오늘〉, 23쪽 ; 진교훈, 앞의 글, 407쪽 이하 참조.
22) 조요한, 위의 글, 24쪽 참조.
23) 위와 같음.

3) 최초의 철학함의 특징과 그 방향

앞에서도 잠시 지적하였듯이 철학전문 학술지인《철학》에 실린 글
들을 볼 때 동양철학에 대한 글이 한 편도 없다는 것과, 거의 대부분이
문제 중심의 논문들이라는 점이 눈에 띈다. 그런가 하면 그 이후 철학
담화회에서 발표된 연구나 기타 여기저기 흩어져 있는 발표된 글들을
볼 때, 그 글들이 대개 특정 철학자의 철학사상에 대한 소개라는 것을
알 수 있다. 이러한 사태를 우리는 어떻게 이해해야 하는가?[24]

동양철학의 논문이 전무하다는 것은 그 당시의 철학에 대한 이해와
무관하지 않을 것이다. 우리의 전통사상인 유학, 불교학, 노장사상 등을
'철학'의 범주 아래 귀속시키는 것이 익숙하지 않았을 것이다. 그래서
철학연구라고 하면 곧 서양철학 연구를 뜻하는 것으로 이해했을 것이
다. '철학'이라는 개념 자체가 앞에서 보았듯이 외래어인 'Philosophia'에
대한 번역에서 유래하였기에 어찌 보면 당연한 이해였다고 할 수 있을
것이다.[25]

《철학》창간호의 첫 번째 글인 박종홍의 〈'철학하는 것'의 출발점에
관한 일의문(一疑問)〉에서 우리는 그 해석의 실마리를 찾을 수 있을 것이
다. "우리의 철학하는 동기는 아리스토텔레스적인 얌전한 경이가 아
니오, 너무나 억울한 현실적 고뇌로부터 비롯하지 않는가. 거기의 문제
는 실천으로서 해결을 요구하는 그것이다." 박종홍은 철학함에 대해 논
의하며 그것이 현실적인 삶의 토대에 뿌리를 두어야 함을 역설하였다.
국권을 빼앗긴 억울한 현실 상황에서 최초의 철학자들이 문제 중심으
로 철학을 할 수밖에 없었던 것은 그들이 철학하게 된 동기와 뗄 수 없

---

24) 조요한, 〈서양철학의 도입과 그 연구의 정착〉, 454쪽 참조.

25)《강좌 한국철학》, 262쪽 이하 ; 이남영, 〈철학〉,《한국민족문화대백과사전》제
   22권, 한국정신문화연구원, 1991, 57∼69쪽 참조.

는 연관이 있을 것이다. 거기에는 우리의 전통사상에 대한 암묵적인 비판이 함축되어 있는 셈이다. 우리의 전통사상은 현실에 대해 속수무책이었으며, 그래서 종국에는 나라마저 빼앗기는 수모를 자초한 것이 아니었던가. 더욱이 일제 치하라는 이 엄연한 현실에서 해결의 열쇠를 전통사상에서 기대할 수 없다는 것은 자명했다.[26] 먼저 우리의 현실을 자각하여 문제를 올바로 꿰뚫어 보는 것이 급선무였다. 우리 자신을 알고 우리를 지배하고 있던 현실적 힘의 실체를 구명하여 대응할 수 있는 방안을 마련해야 했다. 이 모든 문제제기와 해답의 모색이 결국 '철학함'인 것을 최초의 철학도들은 알게 되었다. 그러나 일제의 식민통치 아래에서 철학함은 어쩔 수 없이 많은 난관에 봉착할 수밖에 없었으며 그래서 무엇보다도 그것을 슬기롭게 피해 나가야 하는 지혜를 발휘해야 했을 것이다.[27] 그러기 위해서는 문제를 일반적이고 포괄적인 방식으로 다루어 일제 통치에 어긋나는 현실 문제가 직접 표출되지 않도록 해야 했다. 그러나 이것도 《철학》지의 폐간으로 말미암아 끝났고 이제 남아 있는 길은 학문적인 차원의 철학연구였다. 위대한 철학자의 사상에 대한 깊이 있는 연구가 서양을 알고 배우는 데에 도움이 되면 되었지 손해는 아닐 것이라는 인식이, 실천의 문제에서 철학자의 사상으로 눈을 돌려 상황에 대처하게 만든 지혜였을 것이다.

조요한은 당시의 서양철학 수용의 문제를 이렇게 결론짓고 있다. "開化 이후 서양철학 연구의 기틀이 마련된 1930년대까지 우리의 사상계

---

26) 《강좌 한국철학》, 262쪽 이하 ; 이한우, 《우리의 학맥과 학풍》, 문예출판사, 1995, 61쪽 이하 참조.

27) 1934년 4월 1일에 발간된 《철학》 2호에 게시된 제2회 春期 철학공개강연의 제목이 "자유의 문제", "철학의 시대성"이었고, 1935년 6월 20일에 발간된 《철학》 3호에는 "문화의 장래"라는 제목으로 논문을 현상모집하고 있는데, 그 응모규정이 "번역 또는 소개적인 것이 아니고 될 수 있는 대로 독창적인 것"이라고 되어 있다.(조희영, 〈현대 한국의 전기 철학사상 연구 — 일제하의 철학사상을 중심으로〉, 5쪽 참조)

는 놀란 토끼 모양으로 향방 없이 서양사상을 흡수하는 일 외에는 여념이 없었다. 東道西器라는 목표와는 달리 너무 자기 넋을 지니지 못한 채 서양철학을 받아들이는 일에 급급하였다. 우리가 우리의 가락으로 노래할 때 세계무대에서 주목을 받듯이, 우리는 우리의 현실을 우리의 철학언어로 모색하여 정리해 놓아야 한다. 단 그때 보편언어화의 작업이 뒤따라야 할 것이다. 여기에 비교철학의 과제가 있을 것이다. 그러나 1920년 이후 우리는 전통사상과의 맥을 끊어버린 채 서양철학자들의 연구에 몰두하였을 따름이다. 그 같은 연구가 서구인들이 의식하지 못한 문제들을 파헤쳐 놓았다면 문제는 다르다. 그러나 오로지 그들을 뒤따라가면서 그들의 생각을 이해하는 일에 정열을 쏟았다."[28]

4. 대학의 철학교육

이 절에서는 대학의 정규 교과과정을 통해 서양철학이 어떻게 교수되어 전달, 수용되었는지를 살펴보기로 하겠다. 대학의 철학 교수 및 학습을 고찰할 때 1900년에서 1960년 사이에 크게 세 가지의 유형을 구별할 수 있다. 대학교에 철학과가 생기기 이전 전문학교에서 시행했던 교양인문교육 차원의 철학교육이 그 하나이고,[29] 1926년 경성제대 법문

---

28) 조요한, 〈서양철학의 도입과 그 연구의 정착〉, 455쪽.

29) 공식적으로 정식 교육기관에서 철학이 교육된 것은 1905년에 평양에 숭실학당이 설립되면서부터라고 조요한 교수는 전하고 있다. 그에 따르면 그때에 서양인 선교사 번하이젤(Bernheisel, 한국명 片夏薛)이 철학과 심리학, 논리학을 강의했으며, 그의 강의록이 《심리학교과서》(金夏鼎 역, 普成館, 1907)라는 이름으로 출간되었다. 그러나 한국인에게 서양철학교육을 정식 교육기관에서 처음 실시한 것은 그보다 훨씬 이전인 1855년이라고 진교훈 교수는 보고 있다. 즉 1855년부터 이미 가톨릭신학교의 대학과정에서는 철학을 가르쳐왔다는 것이다. 다만 여기서는 철학이 한글로 가르쳐진 것이 아니라 라틴어로 가르쳐졌다.(조요한, 〈한국에 있어서의 서양철학연구의 어제와 오늘〉, 17~18쪽 ; 진교훈, 〈서양철학의 전래

학부에 철학과가 생기면서 실시했던 전공교육으로서의 철학교육이 그 하나인데, 여기서는 철학교육이 아직 일제의 주도 아래 이루어지고 있었기에 한국인은 교과과정의 편성과 운영에 전혀 개입할 수가 없었으며, 그로 인해 수동적인 형태의 수용일 수밖에 없었다. 그 다음으로는 해방 후 몇몇 국공립 및 사립대학이 개편, 설립되면서 생긴 철학과에서 우리 손으로 편성한 교과과정에 따라 교수된 철학교육의 형태가 있다. 이 순서를 따라 고찰해 보기로 한다.

1) 전문학교의 철학교육

19세기 말부터 20세기 초에 일어났던 개화와 근대화운동은 구국과 민족각성을 위한 범민족적인 운동의 필요성을 절감하게 했으며, 민족의식을 굳건히 하고 애국사상을 고취시키기 위해 언론매체를 통한 국민계몽과 교육을 통한 지도자의 양성에 많은 노력을 기울였다. 이러한 시대적 기운 속에 뜻 있는 이들이 힘을 모아 정부나 일제보다 먼저 사립학교를 세웠다.[30] 이렇게 하여 국내에는 각종 학교 외에 고등교육기관인 사립전문학교들이 설립되었다. 1886년에 설립된 이화학당에 대학과가 설치된 것은 1910년 9월의 일이고(조선총독부로부터 대학과 설치인가를 받은 것은 1912년 5월이다), 이것이 이화여자전문학교로 승격된 것은 1925년이다. 1905년에 법학전문학과(1907년에는 법학과로 호칭됨)와 이재(理財)전문학과(1907년에 경제학과로 개칭되고, 1910년에 상학과로 대치됨)로 출발했던 보성전문학교는 10년 만인 1915년 6월에 사립 보성법

기〉, 389~390쪽 참조) 우리의 논의에서는 신학교와 신학대학의 철학교육은 배제하기로 한다.

30) 이러한 시대적 분위기에서 교육의 필요성에 대한 각성과 그에 대한 대응에 대해서는 〈식민지교육과 민족교육〉, 《한국사 : 식민지시기의 사회경제》 제14권, 한길사, 1994, 201쪽 이하 참조.

률상업학교라는 각종 학교로 격하되고 말았다. 1922년 4월에야 보성전문학교로 인가되었다. 연희전문학교는 일제가 1915년 3월에 〈전문학교규칙〉을 공포했던 그 해 4월에 경신학교 신학부로 출발하여 1917년 4월에 연희전문학교란 이름으로 인가되었다.[31]

이 기간 동안 이들 전문학교에서 개설했던 철학 관련 과목은 교과과정 기획에 의한 것이라기보다는 형편에 따른 것이었다. 이때의 교과과정은 선생이 생기는 대로, 사회의 필요에 따라 한 과목씩 늘려 단계적으로 발전해 갔던 것으로 보인다.[32] 1925년의 이화여자전문학교의 교과과정에서는 철학 관련 과목을 한 개도 발견할 수가 없다. 보성전문학교도 1905년을 전후한 교과과정에서는 철학 관련 과목이라고는 한 과목도 발견할 수 없다. 1907년의 교과과정에서 처음으로 법학과 2학년 1·2학기에 사회학이, 3학년 1·2학기에 논리학이 개설되었고, 경제학과 1학년 1·2학기와 2학년 1·2학기에 사회학이 개설되었다. 이들 전문학교에서 문과를 갖추고 있었던 유일한 학교인 연희전문학교의 1921년도 문학과의 교과과정에선 다음과 같은 철학 관련 과목들을 확인할 수 있다. 3학년에 교육사, 논리학, 이론 및 실험심리학이 있고, 4학년에 교육학, 철학개론, 윤리학 등이 개설되어 있었다.

1925년까지 사립 전문학교에서 개설한 철학 관련 교과목은 따라서 철학개론, 논리학, 윤리학, 심리학, 사회학, 교육학 등으로서, 인문교양의 수준을 벗어나지 못하는 것이었다. 서양 인문과학의 특징격인 학문들이(철학, 심리학, 사회학, 교육학 등) 그저 소개 차원에서 개설되어 교육되었다고 볼 수 있는데, 그 당시에는 무엇보다도 아직은 가르칠 만한 전문인력이 전무한 상태여서 교수가 확보되면 강의도 개설되는 정도였다.

---

31) 박영식, 〈인문과학으로서 철학의 수용 및 그 전개과정(1900~1965)〉,《인문과학》 26집(1972. 2), 연세대 인문과학연구소, 105~132쪽. 특히 107쪽 이하 참조.
32) 위의 글, 109쪽 참조.

1925년에 이화가 여자전문학교로 인가를 받고 철학 관련 교과목들을 개설하였다. 1925년도 문과 교과과정을 보면 철학, 심리학, 윤리학, 사회학, 교육학 등이 있었고, 음악과 교과과정에서 미학을 개설하였다. 1930년도 문과 교과과정에서는 윤리학입문, 윤리학사, 윤리와 현대생활, 논리학, 철학, 심리학 등을 볼 수 있고, 음악과 교과과정에서는 윤리학입문, 윤리학사, 현대생활윤리, 미학 등을 볼 수 있다.[33] 이 교과과정에서는 철학 관련 교과목이 다양해졌음을 알 수 있다. 눈에 띄는 점은 이제는 학문 소개의 차원을 넘어서 실제의 생활과 관련된 교과목들이 개설되었다는 사실인데, 윤리학, 미학, 현대생활윤리 등이 개설되어 직접적인 생활과 연관되는 실천철학 쪽의 교과목들이 교수되어 근대화를 위한 계몽의 작업에 고심했음을 알 수 있다.

보성전문학교에는 법과와 상과만이 있었을 뿐 문과가 없었기 때문에 1925년에 철학 관련 과목으로는 사회학, 철학개론, 논리학이 개설되어 있었을 뿐이다. 그러나 1932년에는 외국에서 교육받은 젊은 교수들이 많이 영입되었는데, 이들 가운데 철학을 전공한 교수로는 안호상(철학, 독일어)과 현상윤(윤리학), 오천석(영어, 심리학) 등이 있었다. 젊은 교수와 강사들에 의해 보성전문학교에는 보전(普專)학회가 조직되었고, 이 학회는 첫 번째 사업으로 학회논집을 간행하였다. 이 학회논집에 철학 관련의 글들도 실리게 되었으니, 제1집(1934년)에 실린 안호상의 〈헤겔의 철학의 시초와 논리학의 시초〉, 제2집(1935년)에 수록된 안호상의 〈物心에 대한 인식론적 고찰〉이 그것이다.[34]

연희전문학교의 1924년도 교과과정에서 보이는 철학 관련 과목으로는 사회학, 철학개론, 철학사, 심리학, 윤리학, 논리학, 교육학 등이다. 이 과목들은 해방에 이르기까지 확장되지 못하고 오히려 해를 거듭할

---

33) 위의 글, 114쪽 참조.
34) 위의 글, 115쪽 이하 참조.

수록 줄어드는 현상을 보였다. 이러한 감소현상은 물론 일제 말기의 학제·학교개편 및 국내정세와 밀접히 연관되어 있었다.[35]

전반적으로 볼 때, 아직은 교수할 만한 전문인력의 부족으로 가르칠 만한 선생이 생기는 대로 필요하다고 여겨진 과목이 개설되었고, 개설된 과목 전체가 교양인문의 수준에 해당하는 일반적인 개론격의 소개과목들이었으며, 학문으로서의 철학만이 아니라 계몽과 실천을 위한 철학 관련 교과목들이 전문학교에서 하나둘씩 선보이기 시작했다. 철학을 전공한 교수들이 영입되면서 입문 수준을 벗어난 학술적인 글들이 발표되기 시작하였다.

2) 최초의 철학과의 철학교육

1923년에 예과를 시작으로 하여 경성제국대학이 설립됨으로써 한국의 대학교육은 새로운 장을 맞게 되었다. 1926년 법문학부에 철학과가 설치되면서 철학교육도 새로운 국면을 맞이하게 되었다. 경성제국대학이 한국 최초의 대학교육기관이라는 점, 철학과가 설치된 최초의 대학이라는 점, 그리고 철학 관련 과목이 그 양에서 풍부하게 개설되고 체계적으로 강의되었다는 점에서 그것의 중요성을 인정해야 할 것이다.[36]

예과의 문과에 개설되었던 철학 관련 과목은 심리학, 윤리학, 철학개론, 논리학이었다. 1925년도의 경성제국대학 통칙과 학부과정에 나타난 법문학부 철학과의 기본과목들은 다음과 같다. 철학·철학사, 윤리학, 심리학, 종교학·종교사, 미학·미술사, 교육학·교육사, 지나철학, 사회학 등이며, 이 기본과목은 1945년까지 변하지 않았다.

더욱 구체적으로 철학과의 각 전공별 학과목과 그 단위수를 살펴보

---

35) 위의 글, 116쪽 이하 참조.
36) 위의 글, 117쪽 참조.

자. 1930년도에 개설된 강의는 다음과 같다.(괄호 안의 숫자는 단위수임)[37]

철학 · 철학사 전공자 학수과목
철학개론(1), 서양철학사개설(2), 논리학 · 인식론(1), 철학연습(3),
철학특수강의(2).

윤리 전공자 학수과목
윤리학개론(1), 윤리학사(2), 윤리학특수강의(2), 윤리학강독 및 연습(2).

심리학 전공자 학수과목
심리학개론(1), 심리학연습(4), 심리학실험연습(1), 심리학특수강의(2).

종교학 · 종교학사 전공자 학수과목
종교학개론(1), 종교사개설(1), 종교철학(1), 종교학 · 종교사특수강의(4),
종교학 · 종교사강독 및 연습(3).

미학 · 미술사 전공자 학수과목
미학개론, 미학 · 미술사연습, 미학특수강의, 미술사(각 1단위 이상 합해서 8
단위).

교육학 전공자 학수과목
교육학개론(1), 교육사개설(1), 각과교수론(各科敎授論)(1), 교육행정(1),
교육학연습(2), 교육학특수강의(1).

지나(중국)철학 전공자 학수과목
지나철학사개설(1), 지나윤리학개론(1), 지나철학 · 지나윤리강독 및 연습(3),
지나어(1).

이 과목들의 명칭과 종류는 1938년까지 아무런 변화가 없다가 1939
년에 약간 바뀌었다. 근본적으로 변한 것은 없고 개론격의 강의들이 보
통강의라는 명칭으로 바뀐 것을 확인할 수 있다. 예를 들어 철학개론이
철학보통강의로 바뀌었고, 윤리학개론이 윤리학보통강의로 바뀌었다.

---

37) 위의 글, 118쪽 이하 참조.

이렇게 바뀐 것이 1943년에 가서 또 한번 약간 수정되었다. 예를 들어 '철학·철학사전공'을 보면, '철학·철학사강의 및 연습(9), 희랍어·라틴어 중 택일(1), 그 밖의 문학과목(10)'이라고 되어 있고, '지나철학전공'은 '지나철학강의 및 연습(9), 지나문학(2), 지나어(1), 그 밖의 문학과목(8)'이라고 되어 있다.

　이상을 볼 때 경성제국대학 철학과에서 개설한 철학의 기본과목들과 전공별 과목들은 1925년에 작성했던 것을 거의 그대로 1945년까지 지속했음을 알 수 있다. 이렇게 20년 동안 철학과의 기본과목들과 전공별 세부과목들이 거의 변화가 없었다는 것은 학문적 정체성을 드러내 보여주는 것이며 사회적 제한성을 반영하는 것으로 볼 수 있다.[38]

　전반적으로 볼 때, 전문학교 시기보다는 개설과목이 양적으로 비교할 수 없을 정도로 많아졌고 과목도 세분화되었음을 알 수 있다. 지나(중국)철학 관련 과목들도 개설되어 서양철학과 대비하여 동양철학 연구의 길이 열리기도 하였다. 다시 말해 '철학'이라는 개념 아래 동양의 사상적 유산도 정리해 보려는 시도가 모색되었다. 철학이라는 서양의 학문 개념을 동양에도 적용시켜 '지나(중국)철학'이라는 철학의 한 분과를 열었던 셈이다. 교과과정을 보면, 기본이 되는 기초과목들을 해당 분과의 역사와 함께 읽은 뒤 조금 세분화한 전공과목을 배우고, 연습(세미나)이라는 과정을 통해 해당 철학자들의 텍스트를 강독하여 배우는 식으로 전개하였음을 알 수 있다. 이런 정도의 기본적인 윤곽만이 대충 잡혀 있었을 뿐 많은 것이 규정되지 않은 채 폭넓게 개설되어 부족한 교수의 인력에 맞추어 탄력성 있게 운영되도록 배려하였음을 볼 수 있다. 그래서 많은 경우 '연습', '강독', '특수강의'와 같은 식으로 열려 있었을 뿐이다. 따라서 교과과정만을 보고서는 구체적으로 무엇이, 어떤 내용이 강의되고 교수되었는지는 알 수가 없다.

---

38) 위의 글, 120쪽 참조.

3) 우리 손으로 만든 교과과정에 의한 철학교육

해방 이후 대학교 철학과의 서양철학 수용의 실상은 어떠했는가? 더 이상 일제 식민지 교육정책의 통제 아래 놓여 있지 않았기에 자유롭게 주체적으로 서양철학의 수용을 계획했을 것이고, 이것을 교과과정에 반영시켰을 것이라고 짐작할 수 있겠다. 여기서는 철학교육의 선두주자격이었던 서울대학교, 연세대학교, 고려대학교 세 대학에 국한하여 논의를 전개해 보기로 한다.

그럼 먼저 서울대학교부터 살펴보기로 하자. 해방 이후부터 한국전쟁 전까지 서울대학교 문리과대학 문학부 철학과에서 개설된 강의들을 조사해본 결과는 아래와 같다.(괄호 안의 숫자는 학기당 단위수임)[39]

●1945~1949년 서울대학교 철학과에서 개설된 강의목록
철학개론(4, 2+2), 철학연습(4, 2+2), 철학특강(2+2).
논리학 인식론(4), 논리학(2+2), 인식논리학(2+2), 인식철학(2+2),
서양논리학사(2+2), 일반논리학(2+2).
윤리학개론(2+2), 윤리학연습(2+2), 서양윤리학(1), 윤리학특강(2+2),
서양윤리학사(2+2), 일반윤리학(2), 인식윤리학(2+2), 근대윤리학사(2+2).
형이상학(2+2), 서양철학사(2+2), 서양고대철학사(4+4, 2+2),
서양근세철학사(4+4, 2+2), 중세기철학특강(3+3), 현대철학의 과제(4),
현대철학(2+2), 듀이연구(2+2), 프라그마티즘연구(2+2), 실존철학특강(2+2).
종교철학(3+3), 심리학개론(4), 교육학특강(4), 자연과학개론(2+2),
사회학개론(4+4), 인류학개론(2+2), 미학(2+2), 사회사상사(2+2), 정치철학(2+2),

---

39) 다음의 이 자료는 — 이 당시의 철학과 교과과정에 대한 기록을 찾을 수가 없어서 — 1945년부터 1963년 사이에 서울대 문리과대학 철학과에 다녔던 졸업생 42명의 학적부를 조사해 그들이 그 기간 동안에 수강신청해서 학점을 취득했던 철학강의들을 수집 정리하여 분류하는 식으로 작성한 것이다. 따라서 더욱 생생하게 강의 개설의 흐름을 파악할 수 있었다.

국가론(2+2), 종교학개론(2), 사회의식론(2+2).

초급 · 중급 · 고급단계로 구분한 외국어 교육과목으로는 독어, 불어, 라틴어, 희랍어 등이 개설되었다.

조선유학사(4), 조선사상사(2+2).
중국철학연습(4), 중국철학사(3, 2+2), 노장철학(2), 근대중국철학(2),
중국근세철학(2+2)), 동양논리학(2+2), 동양윤리학(2+2), 주역강독(2+2),
인도철학(2+2), 불교(유식철학)(2+2), 구사(俱舍)철학(2+2).

● 1950~1953년에 개설된 강의목록
합동강의(16).
철학개론(2+2), 철학문제(4), 철학특수강의(4), 철학연습(칸트)(2+2),
철학연습(헤겔)(2+2), 철학연습(데카르트)(2+2), 철학연습(하이데거)(2+2),
철학연습(야스퍼스)(2+2), 철학연습(사르트르)(2+2), 논리학(2),
윤리학개론(4), 윤리학특강(2), 기호윤리학(2), 서양철학사(2),
서양고대철학사(2), 서양근세철학사(2+2), 스콜라철학(2), 변증법연구(2),
정치철학(2), 민주주의원론(2), 현실주의론(2).
한국근세유교사(2), 중국철학사(2), 중국철학특강(2+2), 중국고대철학연습(2),
유교와 노장철학(4), 인도철학(2).

● 1954~1959년에 개설된 서울대 철학과 강의목록
철학개론(2), 철학특강(2, 2+2), 철학연습(2+2), 철학세미나(2+2).
인식론(2), 인식논리(2), 수리논리(2+2), 논리학(2), 논리특강(2), 지식문제(2),
현대인식이론(2), The Logic of Modern Physics(2).
윤리학개론(2+2), 윤리학연습(2+2), 사회윤리(2+2), 윤리사상사(2+2),
윤리특강(2), 윤리강독(2+2).
형이상학문제(2), 마리땡의 형이상학(4), 하이데거의 형이상학(2+2).
철학사개설(2), 서양고대철학사(2+2), 서양근세철학사(2+2), 중세철학사(2+2),
중세철학(2).
Vorsokratiker(2), 플라톤강독(2), 아리스토텔레스강독 : Organon(2), Augustine(2),
데카르트연습(2), 칸트철학연습(2+2), 헤겔윤리연습(2), 헤겔강독(2+2),

헤겔 법철학(2+2), 라이프니츠단자론(2), 니체강독(2), 듀이의 윤리연습(2),
듀이 : Human Nature(2), Huxley강독(2), 영미철학(2+2), 베르그송연습(2),
베르그송강독(2), 마리땡의 형이상학강독(2), 브렌타노(2), 카시러강독(2),
하이데거강독(2+2), 실존주의개설(2), 변증법연구(2+2), 현대철학과 변증법(2),
부정에 관한 연구(2+2), 등차시간록과 절대시간(2+2).
법철학(2), 미학(2), 미학 및 미술사(2), 교육심리학(2+2), 교육사상사(4),
정신분석학(2+2), 사회사상사(2+2), 국가와 윤리(2).
동양고대철학사(2), 동양철학특강(2+2), 중국철학사(2+2), 고대중국철학사(2),
송대성리학(2+2), 제자강독(2), 노장철학(2), 노장사상(2), 불교학개론(2+2),
인도철학(2), 유식철학(2), 禪과 Ek-Sistenz(2+2), 퇴계와 율곡의 교육사상(2).

이 당시 서울대학교 철학과 강의를 책임졌던 교수진은 고형곤, 김두
헌, 김준섭, 박종홍, 박홍규, 박의현, 이인기, 조명기, 최재희, 김규영(강
사), 김용배(강사) 등이다.

교과목 개설과 교수 전반에 대한 흐름을 일별해 볼 때, 해방 직후 초
기에는 철학개론, 논리학, 서양윤리학, 중국철학사개설과 같이 일반적
인 입문격의 강의가 많이 개설되다가 해가 지남에 따라 교과목들이 세
분화하고 전문화한 것을 알 수 있다. 그리고 학생들의 입장에서 보면,
처음에 개론을 통해 해당 분과에 대한 전반적인 지식을 획득하고, 철학
사를 통해 해당 문제에 대한 철학적 논쟁의 흐름을 배우며, 특수강의를
통해 해당 분과의 현대적 의의와 특별한 문제점을 교수 받은 뒤, 연습
이나 강독을 통해 그 분야의 원전을 강독하면서 해당 철학자의 논의를
직접 연구하여 학생들 자신의 철학함을 심화시켜 나갈 수 있는 교과과
정으로 짜여진 셈이다.

경성제대 철학과의 교과과정과 비교해 볼 때 다음과 같은 점들이 두
드러짐을 알 수 있다. 무엇보다도 개설과목의 양과 그 다양함에서 비교
가 안 될 정도로 획기적인 변화를 보이고 있음을 지적할 수 있다. 철학
일반, 논리학·인식론, 윤리학, 형이상학, 철학사, 동양철학 등 철학분
과를 고루 배려한 강의 개설을 볼 수 있다. 특히 유학, 불교학, 노장철

학 등 동양사상과 한국사상에 대해 교수해야 할 필요성을 인식하고 있었음을 볼 수 있다. 이 분야를 근대적 방식으로 가르칠 수 있는 인력이 부족했던 탓인지, 아니면 '철학'이라는 개념 아래 동양사상을 포함시키는 것이 익숙하지 않아서였는지는 몰라도 전체 개설과목의 숫자를 염두에 둘 때 동양사상 관련 교과목은 20퍼센트 선에 그쳤을 뿐이다.[40] 특강, 연습, 강독 등은 교수의 재량에 맞추어 강의내용이 정해졌음을 고려할 때, 개설된 많은 교과목들이 강의를 맡았던 교수에 따라 방향이 잡혀 있었음을 알 수 있다. 강의가 세분화, 전문화하면서 강독의 경향을 띠었는데, 그로 인해 원문 강독을 위한 외국어 습득이 가르치는 사람에게나 배우는 사람 모두에게 중요한 과제로 부각되었음을 알 수 있다. 원전 해독을 위한 희랍어, 라틴어, 독일어, 불어 등의 외국어들이 초급·중급·고급단계로 개설되어 학생들의 강독을 돕고 있었다. 한국전쟁 이후에는 이러한 추세가 심화되어 거의 모든 교수들이 하나 정도의 강독이나 연습을 개설하고 있었다. 따라서 우리는 어떤 철학자의 원전이 강독의 원문으로 선택되었는지를 살펴봄으로써 그 당시의 철학적인 관심을 읽어낼 수 있다. 독일철학에 대한 압도적인 관심을 확인할 수 있는데, 그것은 독일철학에 관심을 가진 교수가 많았기 때문이다. 칸트, 헤겔, 니체, 라이프니츠, 카시러, 브렌타노, 야스퍼스, 하이데거, 변증법과 부정에 대한 연구 등이 독일철학에 대한 관심을 반영하고 있다. 그러나 영미철학과 프랑스철학에 대한 관심 역시 만만치는 않았던 듯싶다. 듀이, 마리탱, 베르그송의 철학원전들도 강독에서 채택되었음이 그것을 입증하고 있다. 그 밖에도 물론 희랍철학강독, 중세철학강독도 개설되어 있었고 이러한 추세에 맞추어 동양철학에서도 주역강독, 제자강독 등의 원전강독이 개설되었다.

---

40) 해방 직후 한국철학계의 동양철학의 연구 또는 교수동향에 대해서는 이한우, 앞의 책, 61쪽 이하 참조.

이러한 원전강독의 추세는 단순한 개론이나 입문 차원의 소개만으로는 제대로 서양철학을 수용할 수 없다는 깨달음이 확산되었음을 보여주고 있는 셈이다. 정확한 원전에 대한 이해와 해석을 바탕으로 해서만 이 서양의 위대한 철학자의 사상을 제대로 우리 것으로 만들 수 있다는 것을 초기의 철학교수들은 절감하고 있었던 것이다. 철학의 중요한 고전들은 고사하고 변변한 소개서마저 전혀 한글로 번역이 되어 있지 않은 열악한 상황에서 원전강독은 유일한 선택이었을 것이다.

다음은 연세대학교와 고려대학교의 철학교육을 살펴보기로 하자.

연희전문학교는 해방 후 경성공업전문학교를 거쳐 1946년 8월 15일에 연희대학교로 승격되었다. 연희대학교는 문학원 안에 철학과를 설치하였는데, 그 당시의 철학과 학정표(學程表)를 보면 다음과 같다.

> 철학개론(3+3), 동양古代·中古철학사(3+3), 동양근세철학사(3+3), 서양고대·중세철학사(3+3), 서양근세철학사(3+3), 논리학(3+3), 인식론(3), 현대철학사조(3), 인도철학사(3+3), 철학연습1(4+4), 철학연습2(4+4), 철학특수강의(3), 미학개론(3+3), 미술사(3+3), 윤리학개론(3+3), 윤리사상사(3+3) 등.

학정표는 이러했지만 실제로는 이 학정표에 따라 강의되지 못하였다. "그러나 해방 후 얼마동안은 각 학과에서 개설하는 강좌가 학정표대로 순조로이 실시되지 못했다. 그것은 교수의 충분한 확보에 시간을 요했고 학부에도 1학년에서 4학년까지의 학생수가 고르게 있지 못하여 규칙적인 강의를 할 수 없었다. 따라서 교수 본위로 강의과목이 개설되었다. 따라서 특수과목이 개설되는 사례가 많았다."[41] 1946년 연희대학교 철학과 교수 명단은 다음과 같다. 고형곤, 정석해, 성백선(교육심리), 전원배, 김두헌(윤리).

보성전문학교도 해방 후 1946년 8월 15일에 미군정청 문교부의 인가

---

41) 《연세대학교사》, 514쪽 ; 박영식, 앞의 글, 122쪽 참조,

를 얻어 고려대학교로 설립되었다. 고려대학교는 문과대학 안에 철학과를 설치하였다. 이 당시의 고려대학교 철학과의 학과과정을 보면 다음과 같다.

> 논리학(4), 심리학(4), 철학개론(4), 서양철학사(4), 중국철학사(4), 윤리학(4), 사회학(4), 서양철학특강(4), 서양철학사특강1(3+3), 서양철학사연습1(2+2), 윤리학특강(4), 미학(4), 종교철학(4), 조선사상사(4), 중국철학사특강1(4), 중국철학사연습1(2), 서양철학특강(2+2), 서양철학연습(2+2), 서양철학사특강2(3+3), 서양철학사연습2(2+2), 인도불교철학(2+2), 윤리학연습(2+2), 중국철학사특강2(4), 중국철학사연습2(2+2), 중국윤리학사(4) 등.

그 당시의 철학 담당 교수로는 이종우, 박희성, 이상은 등이 있었다. 고려대학교의 경우도 전문 교수인력의 부족으로 학정표에 따라 강의가 이루어졌으리라고 보기는 힘들다.

대학교육이 자리를 잡기 시작한 것은 한국전쟁이 끝나고 대학교들이 피난지에서 서울의 본교로 돌아온 뒤인 1953년 9월경부터이다.

1956년도의 개정된 연세대학교 학칙에 나타난 철학과의 교과과정을 보면 다음과 같다.

> 논리학(형식)(3+3), 논리학(방법)(3+3), 서양고대중세철학사(3+3), 서양근세철학사(3+3), 사회학개론(3+3), 사회학(특수)(3+3), 중국고대중세철학사(3+3), 중국근세철학사(3+3), 중국철학강독I(3+3), 중국철학강독II(3+3), 플라톤철학(3+3), 아리스토텔레스철학(3+3), 서양중세철학강독(3+3), 17세기합리론(3+3), 윤리학(3+3), 윤리사상사(3+3), 인도철학사(3+3), 형이상학(3+3), 현대철학(3+3), 경험론(3+3), 인식론(3+3), 관념론(3), 현대철학강독(3+3), 과학철학(3+3), 역사철학(3+3), 미학(3+3), 유학(3+3), 도교(3+3), 철학특강(3+3).

이 당시 연세대학교 철학과 교수로는 정석해, 임하태, 김형석, 조우현, 안병욱, 최재희(강사), 김준섭(강사), 김흥호(강사) 등이 있었다.[42)]

1954년도 개정된 고려대학교 학칙에 나타난 고려대학교 철학과 교과과정은 다음과 같다.

> 철학개론, 논리학개론, 서양고대철학사, 중국고대철학사, 심리학개론, 윤리학개론, 수리논리학, 미학, 종교철학, 교육학개론, 교육심리학, 서양근세철학사, 중국근세철학사, 인불(印佛)철학사, 인식론, 윤리학특강, 서양철학특강, 제자강독(諸子講讀) 1, 서양철학연습, 경서강독(經書講讀), 한국사상사, 서양철학특강, 서양중세철학사, 중국중세철학사, 독불철학특강, 영미철학특강, 중국불교사상사, 제자강독(諸子講讀) 2, 형이상학, 현대철학, 서양철학사연습, 윤리학연습, 중국근세철학특강, 불교철학특강, 청대(淸代)사상사 등.[43]

연세대학교와 고려대학교 철학과에서 개설한 교과목들을 보아도 서울대학교와 큰 차이가 없음을 알 수 있다. 아직은 전문인력의 부족으로 이 학교들의 전임교수들이 다른 학교에 강사로 출강해서 강의를 할 수밖에 없던 처지이기도 했기 때문이다. 눈에 띄는 것은 고려대학교 철학과 교과목들이 동서철학 교과목 개설 비중을 고려해 볼 때 다른 대학보다 동양철학 관련 교과목에 더 중점을 두었다는 점이다.[44]

5. 철학함의 전수를 위한 노력

지금까지 최초의 철학도들에 의해 서양철학이 학습되고 그들의 학술활동으로 어떻게 표출되었는지를 살펴보았고, 이어서 정식 교육기관을 통해서 철학을 어떻게 가르쳐 왔는지를 전문학교와 대학교의 철학과 교과과정을 고찰함으로써 조사해 보았다. 이제는 서양철학을 정식으로

---

42) 박영식, 위의 글, 125쪽 이하 참조.
43) 위의 글, 126쪽 이하 참조.
44) 이한우, 앞의 책, 64쪽 이하 참조.

배워 자기 것으로 만든 이들 철학자들이 확신감을 가지고 소화한 서양
철학을 어떻게 글로 정리하였으며 그것을 통해 다른 이들을 설득하려
고 노력하였는지를 알아보자. 다시 말해 그들이 쓴 철학안내서를 통해
그들이 이해하고 전수하려고 노력한 서양철학의 내용을 고찰해 보기로
하자. 이러한 철학개론서도 시대적 상황의 영향을 받기에 해방 전까지
의 책들과 해방 후의 책들을 구분하여 고찰하고, 해방 후의 개론서들도
한국전쟁을 전후로 구분하여 정리해 보기로 한다.

1) 억압된 상황 아래에서

해방 전에 발간된 철학개론서로는 다음과 같은 책들이 있는 것으로
조사되었다.

안국형의 《생활철학》(일학관, 1929년, 143쪽), 한치진의 《신심리학개론》
(선광인쇄, 1930년, 236쪽), 《논리학개론》(철학연구사, 1931년, 238쪽), 《인생과
우주》(철학연구사, 1933년, 335쪽), 《종교철학개론》(철학연구사, 1934년, 319
쪽), 《윤리학개론》(철학연구사, 1934년, 310쪽), 《최신철학개론》(조선문
화연구사, 1936년, 250쪽), 그리고 안호상의 《철학강론》(동광당서점, 1942
년, 286쪽) 등이다.[45] 이 가운데에서 한치진의 《최신철학개론》과 안호상
의 《철학강론》을 자세히 살펴보자.

가) 한치진의 철학에 대한 이해

한치진은 그의 《최신철학개론》을 이렇게 시작하고 있다. "사람마다
살기를 좋아하나 살자니 괴롭다. 왜 사람들은 괴로운 것을 자꾸 살려
할까? 결국 살자니 괴로운 것이 아니라 괴로우니 살려 하는 것이 아닌

---

45) 주상희, 〈한국철학서적출판에 대한 실태분석 — 해방 이후부터 1990년까지〉, 중
　앙대학교 신문방송대학원 석사학위논문, 1991, 17쪽 참조.

가?"[46] 그는 자신이 철학에 입문하게 된 것을 이렇게 토로한다. "나는 인생의 무상함과 생활의 전후 모순상태를 볼 때에 疑訝가 생겨서 철학 세계에 들어왔다."[47] 그런 뒤 그는 철학을 다음과 같이 정의한다. "철학 은 생활의 일반경험과 과학적 연구로써 얻은 모든 사실을 종합하고 이 해하여 철학연구자의 심리적 욕구와 일치하는 합리적 세계관과 인생관 을 작성하려는 지적 분투라 할 수 있다."[48] "철학의 목적은 인생과 우주 의 진의를 알려 하고 실행하려 한다."[49]

이러한 이해 아래에서 그는 그의 철학개론을 다음과 같이 전개시켜 나갔다.

그의 철학개론은 5부로 구성되어 있는데, 제1부는 '총론'으로서 철학 전반에 대해 다룬다. 즉 철학의 정의와 방법에 대해 이야기한다. 제2부 는 '본체론'으로서 존재자의 '본체'가 무엇인가에 대한 여러 철학적 논 의를 정리한다. 유물사관과 유심사관을 다루고 개체와 전체의 관계를 설명한다. 제3부에서는 '우주론'이라는 제목 아래 우주만물의 기원과 목 적, 생명의 기원과 진화에 대해 서술한다. 제4부 '인식론'에서는 인식의 문제, 지식의 기원, 지식의 성질에 대해 다룬다. 제5부 '가치론'에서는 도덕철학, 예술철학, 종교철학을 다룬다.

위의 분류에서 드러나고 있듯이 그는 철학의 고전적 분류법을 그대 로 따랐다고 할 수 있다. 형이상학의 분야로서 본체론(일반형이상학에 해당한다고 할 수 있겠다)과 우주론(특수형이상학에 해당한다)을 다루며, 근세철학 특히 칸트의 문제제기를 받아들여 인식의 문제를 독립적으로 다루고, 그 다음 현대철학의 흐름을 따라 그 당시 제기되던 가치철학적 인 관점에서 실천의 문제를 다루었다. 철학에 대한 정의에서 우리는 한

---

46) 한치진, 《최신철학개론》, 조선문화연구사, 1936, 15쪽.
47) 위의 책, 16쪽.
48) 위의 책, 2쪽.
49) 위의 책, 4쪽.

치진의 '과학주의적' 경향을 알아볼 수 있으며, 이것은 그가 철학을 공부했던 미국의 철학의 추세가 반영된 것이라 볼 수 있다. 한치진은 철학에 대한 이러한 이해에 기초해서 자신이 재구성한 세부적인 철학의 내용을 소개하였다.

나) 안호상의 철학하기

한치진이 미국에서 일반적으로 받아들여졌던 철학에 대한 이해를 소개하려고 노력했다면, 안호상은 소개의 단계에서 한걸음 더 나아가 서양철학을 주체적으로 수용하여 자기 것으로 만들어서 그것을 독자에게 설득력 있게 제시하려고 시도했다고 할 수 있다. 이러한 안호상의 '철학하기'를 그의 《철학강론》을 따라가며 살펴보기로 한다.[50]

안호상은 모든 것을 '움직임' 내지는 '되어감'의 관점에서 보아야 함을 역설한다. "살아나며 사라짐은 만유의 근본성격이다. 살아남은 없던 것이 있게 되는 것이며, 사라짐은 있던 것이 없어지게 되는 것이다. 우주 안의 일체의 것은 없던 것이 있게 '되는 것'이며, 또 있는 것이 없게 '되는 것'이다."[51] 현실에 있는 모든 것은 움직여서 된 것뿐이다. 움직이지도 않으며 되지도 않은 것은 오직 죽은 것뿐이다. 있는 것이 없게 되며, 없는 것이 있게 된다는 '됨'은 결코 단순히 있음을 통하여 된 것도 아닐 뿐더러, 단순히 없음을 통하여 된 소동적(所動的) 됨이 아니라, 도리어 있음과 없음을 다 같이 되게 하는 그 능동적 됨이다. 있음과 없음은 항상 됨을 통하여 된 것들이며, 또 됨은 있음과 없음의 두 계기들을 지닌 전체이다. 일체 현실계에서는 오면 가고, 가면 와서, 옴과 감은 오직 끝없이 돌아다닐 뿐이다. 이 돌아다님, 곧 돎[循環]은 만물의 불멸의

---

50) 조희영, 〈현대 한국의 전기 철학사상 연구 ─ 일제하의 철학사상을 중심으로〉, 9쪽 이하 ; 같은 필자, 〈서구사조의 도입과 전개 ─ 철학사조를 중심으로〉, 《한국사상사대계》제6권, 한국정신문화연구원 1993, 187쪽 이하 참조.

51) 안호상, 《철학강론》, 동광당서점, 1942, 2쪽.

생명이요, 우주의 불변의 원리이다. 이 돎의 이치가 있음과 없음을 조금도 구별 없이 다 같이 규정하는 까닭에, 있음과 없음으로부터 이루어진 이 우주는 하나의 돎의 이치의 표현에 지나지 않는다. 이 현실계는 움직이는 현상이며 돎의 과정이다. 현실계는 됨의 현실이요 돎의 현실이다. 현실의 본성격인 그 됨은 다시 돎의 이치를 전제하는 까닭에, 됨의 안에서는 하나(一者, 곧 있음)가 다른 것(他, 곧 없음)으로, 또 이것이 저것으로 서로서로 끝없이 돌 뿐이다.

현실의 일체 것은 돎의 과정이 아닌 것이 없다. 돎의 이치는 자연 현실에만 해당되는 것이 아니라 사람과 역사의 현실에까지 보편타당성을 갖는다. 사람 생활은 한 개의 모순 덩어리이며, 사람 사회는 수많은 모순들의 혼성체에 더 지나지 못한다. 현실계의 모든 것은 작으나 크나 구별 없이 모순의 계기들을 지니지 아니한 것이 없다. 모든 것은 모순을 통하여 생겨나며 자라가다가 다시 사라져 버리고 만다.

모든 것은 노력의 결과이며 결정이다. 노력의 희생을 거절하는 이는 결국 저 자신의 발전과 생존조차 거절하는 결과를 낳게 된다. 개인의 인격과 지식이라든지, 또는 인류의 문화는 결코 감 따듯이 따온 것도 아닐 뿐더러, 돌 줍듯이 주워온 것이 아니며, 오직 사람의 노력으로 흘린 땀과 눈물과 피의 결정체인 것이다. 어찌 비단 사람의 일만이 그러하리오. 자연 만물이 역시 끊임없이 움직이며, 꿈적이는 필연적 결과임이 틀림이 없다.

"현실 안에 적고 큰 모든 것을 이와 같이 보며 또 생각하여서[思考] 그것의 최후의 근본인 '참'을 찾으며[索] 알려 하는 것이 곧 철학적 사색이요, 또 '철학하는 것'이다. 철학하는 것은 일체 대상을 근본적으로 사색하는 것으로서 곧 그것의 최후의 참을 인식하는 것이다. 이 철학하는 것의 대상은 결코 '일부(一部) 것'이 아니라, '일절(一切) 것'인 고로 그것은 비단 자연의 현실만이 아니라, 인간의 현실계까지 되는 것이며 또 그로 말미암아 자연의 법칙과 자유의 법칙이 다 같이 되는 것이다.

철학하는 것은 대상을 궁극적으로 추구하며 또 '인식하는 것'으로서 '아는 것'이며 '하는 것', 곧 인식[앎]이며 행위[함]인 것이다. 그리하여 철학하는 것은 인식행위일 뿐만 아니라, 다시 행위인식으로서 곧 인식과 행위의 통일 전체다."[52]

철학하기라는 것이 무엇인가를 알자면, 먼저 철학할 줄을 알아야만 한다. 철학하지 아니하고 철학하기를 말한다는 것은, 마치 빛 못 본 이[色盲者]가 빛을 말하며, 또 잠 안 깬 이가 깬 이야기를 하는 것과도 같은 것이다. 철학하지 아니하고는 철학하는 것이 어떠한 것이며, 또 무엇인가를 깊이 알기가 어렵다.

안호상은 철학 개념의 역사적 변천을 고찰하고 나서는 이렇게 결론 짓는다. 대체로 철학은 학으로서 앎의 중요성을 강조한 것이 사실이다. 그러나 앎의 중요시함은 결코 실천의 도외시함이 아니라, 진정한 의미에서는 실천의 중요시함까지 되는 것이다. 왜 그런가 하면, 실천 곧 행하려면 먼저 실천할 길, 곧 행할 길[道]을 알지 않으면 안 되는 까닭이다. 철학은 맨 높은 의미에서 학으로서 이론과 실천을 동시에 대상 삼아, 이들의 맨 끝 원리를 알며 배우는[學] 것이다. [53]

안호상은 철학의 분류에 대한 역사적 체계적 관찰을 기초로 하여 철학의 모든 체계를 다음과 같이 분류한다. 즉 이론철학과 실천철학으로 분류하고, 이론철학을 다시 형이상학과 인식론으로 나누고, 실천철학은 예술철학(미학), 종교철학, 도덕철학(윤리학)으로 나눈다.

그가 1942년에 발행한 《철학강론》은 이러한 철학의 분류에서 이론철학 부분만을 다룬 셈이다. 형이상학을 다루는 장에서는 크게 '존재론'과 '우주론'을 논하고 있다. 인식론을 다루는 장에서는 인식에 관계된 여러 문제, 즉 인식의 기원, 타당성, 바탕, 대상 등을 논의한다.

52) 위의 책, 16쪽.
53) 위의 책, 26쪽.

우리는 안호상의 《철학강론》에서 헤겔의 변증법적 사유방식의 영향을 확인할 수 있으며, 그가 독일에 유학하여 공부할 당시 널리 가르쳐지고 있었던 빈델반트와 리케르트의 가치철학적 철학에 대한 이해를 수용하고 있음을 알 수 있다. 안호상은 자기가 배운 것을 나름대로 자기 것으로 만들어 우리의 상황에 맞추어 소개하려고 노력한 흔적이 역력하며, 이것은 우리의 서양철학 수용에서 높이 평가받아야 할 부분이다. 특히 전문철학용어를 일본어를 통한 번역이 아닌 전통철학적인 맥락에서 우리말로 표현하려고 노력한 것은 주체적인 철학함의 좋은 본보기이다.

2) 혼돈의 와중에서 : 좌우 이념의 대립 속에서

해방 직후에는 출판 자유의 물결을 타고 많은 종류의 책이 출간되는데 철학 관련 도서로는 마르크스주의 책들이 주종을 이루기도 했다. 해방 후부터 1948년 11월 20일에 국회에서 국가보안법이 통과되고 1949년 남로당 등 공산주의정당 및 단체들이 불법화되기까지 한국역사에서 가장 거리낌없이 유물론사관에 입각한 서적이 대거 출판되었다.[54] 해방 이후 전문학교가 대학으로 승격됨에 따라 하나뿐이었던 철학과가 여러 대학에서 생기면서 철학개론서, 논리학, 윤리학 등의 대학교재 출판도 활발해졌다. 일제 아래에서 우리말로 출판되었던 한치진의 《최신철학개론》과 안호상의 《철학강론》이 잘 팔렸던 것은 너무도 당연한 일이었을 것이다. 그 밖에 김준섭의 《철학요론》(웅변구락부,

---

54) 주상희, 앞의 글, 20쪽 이하. 이 당시의 마르크스철학의 수용에 대해서는 다른 연구자가 서양철학의 수용이라는 큰 틀 안에서 별도의 연구주제 아래 자세하게 논의할 것이기에 여기서는 그 부분을 다루지 않겠다. 신남철과 박치우의 마르크스주의 수용에 대해서는 조희영, 〈현대 한국의 전기 철학사상 연구〉, 12~47쪽 ; 같은 필자, 〈서구사조의 도입과 전개 ─ 철학사조를 중심으로〉, 189쪽 이하 참조.

1946)과 《철학개론》(세계서림, 1946), 김용배의 《철학신강》(금용도서, 1947), 이종우의 《철학개론》(을유문화사, 1948) 등이 있는데, 김용배의 《철학신강》은 1947년에만 6쇄 이상이 출판될 정도였다.[55] 우리는 이 가운데에서 이종우의 《철학개론》과 김용배의 《철학신강》을 살펴보기로 하자.

가) 이종우의 철학개론

이종우의 《철학개론》은 저자 자신이 밝히고 있듯이 대학에서 강의한 내용을 토대로 하여 교재용으로 출간한 것이다. 따라서 우리는 이 책을 통하여 해방 후 강단에서 어떤 내용의 철학개론이 학생들에게 가르쳐졌는지를 알 수 있다.

이종우는 자신의 《철학개론》의 성격을 이렇게 기술하고 있다. "좁은 개인적 신념의 범위를 떠나서 될 수 있는 대로 과거 및 현재의 철학 전체에 시선을 향하려고 하는 노력을 가진 개론이다."[56] 이러한 개론서는 역사적으로 나타난 철학적 사고방법, 철학적 술어, 철학적 문제설정 및 제반 철학문제에 대한 해결의 기도에 독자를 안내할 수 있다고 본다. 그럼에도 서술에서 주관적 견해가 다분히 나타나고 있음은 인정하고 있다. 이종우의 주관적인 철학적 입장은 한 마디로 가치철학적이며, 이것은 그의 철학의 구분과 《철학개론》의 목차에서 분명하게 드러나고 있다.

이종우는 "존재에 관한 지식은 가치에 관한 지식을 요구한다"고 말하면서 존재와 가치의 관계에 대해 이렇게 말한다. "가치에 관한 지식은 존재에 관한 지식을 떠나서 얻을 수 없으며, 존재에 관한 지식은 가치에 관한 지식에 의하여 추진되는 것이다. 양자는 인간 본성의 내오(內奧)에서 필연적으로 결합되는 것이다."[57] 이러한 근본적 입장에서 출

---

55) 주상희, 위의 글, 22쪽 참조.
56) 이종우, 《철학개론》, 을유문화사, 1948, 1쪽.
57) 위의 책, 5쪽.

발하여 그는 철학을 이렇게 정의한다. "현실적 인간은 그 존재의 내면
으로부터 통일된 전체적 지식을 그 존재에 즉하여 요구하며, 역시 존재
에 즉하여 情意의 충족을 욕구하는 것이다. 다시 말하면 전체적 지식과
지혜가 요구되는 것이다. 따라서 현실적 존재로서의 인간은 그 존재의
근저에 있어서 지식과 지혜의 愛로서 Philosophia를 가지며 항상 철학
하는 자, 즉 철학자이다. 따라서 철학은 인간의 본성에 대응하는 학문,
다시 말하면 인간의 완성을 꾀하는 학문이다. 이러한 광의에 있어서는
특수한 인간만이 철학자인 것이 아니고 인간은 누구나 그 본성에 있어
서 철학자라 할 수 있다."[58] "철학은 근원성과 철저성을 표방하는 無假
定의 학문이다."[59] 한 마디로 요약하여 정리하면, "철학은 천재의 행복
된 순간에 얻은 체험, 즉 비전적(esoteric)인 것이 아니고 누구나 참여할
수 있는 만인의 공유재산으로서의 공개적(exoteric)인 학문이다. 이 철
학은 근원성과 철저성을 표방하는 무가정의 학문으로서 전체적인 것을
구하는 학문이다."[60]

　이러한 이해 아래에서 그는 철학을 현실학(존재학, 세계관학), 가치학
(논리학, 인식론, 방법론, 윤리학, 미학), 종교철학으로 구분하고 있다.[61]
이 구분에서 우리는 이종우가 추종하였던 철학의 향방을 가늠할 수 있
다. 현상학의 영향을 받은 니콜라이 하르트만의 철학적 입장과 빈델반
트, 리케르트 등의 가치철학을 수용하였다고 할 수 있다.

　이러한 입장을 견지하면서 이종우는 본론에 들어가서 인식론과 형이
상학을 다룬다. 그리고 말미에서 철학의 특수부문의 하나로서 역사철
학을 다루는데, 이것이 그의 《철학개론》의 특이한 점이다. 역사철학에
대한 소개를 곁들이게 된 저자 자신의 변을 직접 들어보자. "역사에 대

---

58) 위의 책, 18쪽.
59) 위의 책, 19쪽.
60) 위의 책, 21쪽.
61) 위의 책, 24쪽.

한 논의와 관심은 해방 후 우리 나라의 정치적 사회적 불안과 2대 관념
체계의 세계적 충돌로 인하여 필요 이상으로 고조되어 있으므로 역사
철학에 대하여는 다소 상세하게 논하여 보려고 한 것이 저자의 당초의
의도였다."[62] 그는 역사철학의 유형을 몇 가지 소개한 뒤 사회학적 역사
철학으로서의 유물사관을 비판적으로 정리하고 있다. 마르크스에 대한
비판이 《철학개론》의 말미에 붙기 시작하였고, 이제 철학은 이 땅의
이념논쟁에서 자신이 맡은 몫을 해야 하는 상황에 놓이게 된 셈이다.

나) 김용배의 《철학신강》

김용배의 《철학신강(哲學新講)》도 일반교양서와 대학교재용으로 집
필되었음을 저자 자신이 천명하고 있다.

이종우가 철학사에 나타난 철학적인 문제를 나름의 분류에 따라 비
교적 객관적으로 소개하려고 노력한 반면에, 김용배는 자신의 철학에
대한 이해를 따라서 중요한 철학의 문제를 '주관적으로' 서술하고 있다.

김용배는 철학을 이렇게 설명하고 있다. "인생과 사회가 단순하지 않
고 복잡한 데서, 합리치 못하고 불합리한 데서 학문이 필요하게 되고
학문의 총결산인 철학이 필요하게 되는 것이다. 환언하면 복잡한 것을
단순화하여 보고 불합리한 것을 합리화하려고 우리는 학문을 하고 기
술을 배우는 것이다. 그런데 단순화와 합리화의 최대 비결은 모든 현상
의 유일한 근본원인을 구명함에 있다. 만유의 근본원인의 탐구 — 이것
이야말로 철학이라는 학문의 주제다. 사람 — 우수한 사람일수록 — 이
철학에 대하여 깊은 동경을 갖게 됨은 이러한 근본원인 탐구의 욕망 —
쇼펜하우어의 이른바 형이상학적 욕구에 충동되는 때문이다."[63] "上下
三千載의 동서철학사는 실로 이러한 고상한 충동에 몰려서 우주만상의

---

62) 위의 책, 2쪽.
63) 김용배, 《哲學新講》, 금용도서, 1947, 7쪽.

본질적 구명에 일생을 바친 고금사상가들의 심혈의 결정으로 건립된 금자탑이다."

김용배는 동·서양의 철학사를 두루 살펴오다가 동·서양을 막론하고 명칭은 달리하되 실질은 동일한 어떠한 존재로서 우주의 보편자 ― 세계의 본질 ― 즉 만유의 원소라고 본 일련의 사상의 연쇄가 존속하고 발전하여 온 것을 발견하였다. 그리고 그것이 그가 오랫동안 찾아오던 "철학 본래의 실질적 내용과 과학적 방법"을 함께 갖춘 가장 본격적인 세계관, 유일하게 진정한 철학이라고 감복하였다. 그것은 다른 것이 아닌 서양의 에네르게이아 또는 에너지, 동양의 기(氣), 원기(元氣), 정(精)인 것이다. 그에 따르면 삼라만상의 본질을 구체적으로 개시해야만 철학 본래의 실질적 내용이라 할 수 있으니, 추상적이고 형식적인 내용이 없는 공론으로 시종하는 관념적 철학은 철학의 사도로서 배격되어야 한다.[64] 철학 본래의 과학적 방법이 될 수 있는 것은 실증적 엄밀성과 보편적 타당성과 체계적 구조성의 세 요소를 구비하였기 때문이다. 이러한 시각에서 김용배는 현대철학의 대가들이라고 불려온 하이데거, 베르그송, 후설이나 키에르케고르류의 철학은 용두사미, 중도반파적 사상이며 결코 완성된 철학이라고 할 수 없음을 강조한다.

이러한 감복 속에서 김용배는 "만유의 본질은 에네르기이다"라고 말하며 이것이 그가 필생의 과제로서 전개해야 할 과학적 철학 '에네르게틱'(Energetik) ― 힘철학, 원기론(元氣論) ― 의 최고 명제임을 천명한다. 원기론에서 쓰는 에네르기 개념은 물질에네르기, 생명에네르기, 정신에네르기의 삼자를 전면적으로 포함한다고 설명하며, 그것이야말로 원기론을 이해하는 데 필요불가결의 전제라고 본다. 그는 에네르기를 이렇게 정의한다. "에네르기란 것은 물질적 생명적 및 정신적 일체 존재가 현재 일(활동 동작 작용 등)을 하며, 또는 일을 할 수 있는 가능을 이르는 것이

---

64) 위의 책, 9쪽.

다."[65] 이렇게 해서 물심(物心) 양자는 동일한 '에네르기'의 두 가지 속성, 또는 두 가지 면으로서 결코 별개의 근원이나 성질을 가진 것은 아니다. 단적으로 말해 물심일여(物心一如)이며 물심동체라는 것이다.[66]

김용배는 이러한 확신에서 먼저 '기초구조론 ― 본질론'에서 만유의 본질인 에네르기의 기초구조에 대하여 상론한다. 세계의 본질인 에네르기에는 물질, 생명, 정신이 있는데, 이 가운데에서 물질과 생명은 만유의 진화과정에서 기초구조를 이루고 있으며, 정신적 산물인 문화는 이 기초구조의 토대 위에 건설된 상부구조라 할 수 있다고 저자는 본다. 따라서 그 다음의 주제로 '상부구조론 ― 현상론'을 다루는데, 여기에서는 일체의 정신적 산물이 그 대상이 되고 있는 셈이다. 김용배는 상부구조 또는 문화라 하는 것은 그 본질이 "인류의 정신 에네르기 ― 詳言하면 인간의 知能, 情能, 意能을 근간으로 삼아 거기에서 피어난 문명의 꽃과 문화의 열매를 가르치는 것"이라고 설명한다.[67] 그런데 상부구조, 즉 문화는 그 내용이 학술·도덕·예술·종교로 되어 있으며, 그것들의 원천은 다 같이 정신작용에 있는 것인데, 구체적으로 말하면, 학술의 원천은 지능(知能)에, 도덕과 종교의 원천은 의능(意能)과 정능(情能)에, 예술의 원천은 정능(情能)에 있는 것이다. 이러한 구도 아래 김용배는 먼저 지정의(知情意)의 본질을 다룬 뒤 그러한 정신작용에 의해 이루어지고 있는 각종 철학들을 소개한다. 즉 지식철학, 예술철학, 종교철학, 사회철학 역사철학, 법철학 정치철학, 교육철학, 인생철학 등이 그것이다.

'인생철학'이라는 장에서 인간존재의 본질에 대하여 설명한 것을 보면 그가 얼마나 에네르기론에 빠져 있는가를 알 수 있다. 인간을 단적으로 단순화하여 본다면, "인간은 형식적으로는 자극과 반응의 과정이

---

65) 위의 책, 16쪽.
66) 위의 책, 16쪽 참조.
67) 위의 책, 63쪽 이하.

오 내용적으로는 에네르기의 取入과 사용의 과정일 뿐이다. 비유하여 말하면 에네르기 펌프다."[68] 지구상에는 아직 인간의 에네르기 펌프를 능가할 만한 펌프가 없다. 하루에 겨우 일천사오백 칼로리 내외의 에네르기의 공급으로서 체력과 미소한 그 정신작용에 이르기까지의 높은 능률을 내는 개체는 인간 이외에는 없다. 사람은 과연 만물의 척도가 될 자격이 이런 점에도 있다고 저자는 감탄하고 있다.[69] 김용배가 보는 이상적인 인간, 즉 인간 중의 인간은 "최고 능률을 가진 최대 에네르기 ― 물질·생명·정신 삼자의 에네르기 ― 를 구비하여 갖춘 사람"이다.[70] 그런 사람에게서는 지능(知能)·정능(情能)·의능(意能)의 세 가지 힘이 함께 우월한 동시에 삼자가 가장 조화적 중용적으로 작용할 것이다. 공자, 석가, 예수, 소크라테스 같은 사람들이 그러한 최대 에네르기를 갖춘 위대한 분들이다.[71]

이와 같이 김용배는 독특한 시각을 가지고 나름대로 일관성 있게 철학의 체계를 구축하려고 노력하였다. 단순히 서양철학을 답습하지 않고 독창적인 안목을 찾아보려고 노력한 시도는 높이 살 만하다. 김용배는 동·서양을 관통할 수 있는 철학의 개념을 주체적으로 모색하고 있는 셈이며, 그런 의미에서 철학하기를 실천하였다고 할 수 있겠다. 이러한 주체적인 철학함은 많은 사람의 공감을 얻어서 출간되자마자 인기리에 읽혀졌을 것이다. 그리고 그의 이러한 독특한 '주체적인' 또는 '한국적인' 철학함은 현대 한국철학의 전개 과정에서 나름대로 한 흐름을 형성하고 있다.[72]

---

68) 위의 책, 146쪽.

69) 위의 책, 147쪽.

70) 위의 책, 153쪽.

71) 위와 같음.

72) 예를 들어 김상일의 "한철학"을 그런 유형의 철학함이라고 할 수 있겠다. 김상일의 저서들 《한철학》, 《세계철학과 한》, 《한밝문명론》, 《현대물리학과 한국철학》 등 참조.

3) 자리매김을 위한 노력 속에서

한국전쟁으로 전국이 또 한번 혼란의 도가니 가운데 잿더미로 변한 상태에서 휴전이 되고 피난을 갔던 대학들이 하나둘 돌아온 뒤, 각 대학교는 학사운영의 정상화를 위해 노력하였다. 나라를 잃은 망국의 서러움 속에서 35년을 지내고 난 뒤 이념으로 인하여 동족끼리 피흘리며 싸워야 했고 그 결과로 전국이 피폐화된 상황이었지만, 그럼에도 철학의 필요성은 오히려 전보다 더욱 강하게 피어오르기 시작했다.

1950년대 말까지의 특징은 대학의 철학개론용 교재가 다양하게 출간된 동시에 일반 지성인의 교양을 위한 교양철학 시리즈물이 활기를 띠고 출간되었다는 점이다. 그리고 이러한 강의와 계몽이라는 작업이 철학하는 사람들의 공감대 속에서 공동의 작업으로 이루어졌다는 점도 특기할 만한 사실이다.[73] 철학개론서도 공동집필식으로 저술되는 경향이었고, 교양철학도 다양한 전공의 철학교수들이 폭넓은 스펙트럼으로 철학의 동향과 문제들을 소개해 주었다.

여기에서는 1960년대까지 나온 철학개론서 가운데 주체적으로 철학함의 표본을 보여준 결정판이라 할 수 있는 박종홍의 《철학개론강의》를 살펴보고, 대학교재로서의 철학개론서에 새 장을 열었던 서울대교재편찬위원회가 펴낸 《철학》을 간략하게 소개하기로 한다. 이 밖에도 이 당시에 출판된 철학개론서로는 한국철학회에서 펴낸 《교양과 철학》(대동당, 1956), 전남대에서 펴낸 《철학개론》(전남대 출판부, 1957) 등이 있다.

---

73) 김형석 외 몇 사람의 편집위원의 기획 아래 1959년부터 1960년까지 여러 철학자들이 공동으로 글을 모아 집필한 《현대사상강좌》(전10권, 동양출판사)가 출간되어 젊은이들의 철학적 사색에 길잡이가 되었다.

가) 박종홍의 《철학개론강의》

박종홍은 1953년에 대학의 강의록을 《철학개론강의》(한국대학통신 교육부)라는 이름으로 출간하여 관심 있는 모든 독자에게 철학을 위한 입문적인 지표를 제시하였다.[74]

박종홍은 이미 1933년 〈'철학하는 것'의 출발점에 관한 일의문(一疑 問)〉이라는 논문에서 "우리의 '철학하는 것'의 출발점은 이 시대의, 이 사회의, 이 땅의, 이 현실적 존재 자체에 있다"는 확신을 피력하였다. 그래서 그는 이렇게 말할 수 있었던 것이다. "아리스토텔레스는 철학은 경이로부터 시작한다고 하였다. 그러나 그 경이는 무지를 면하면 만족 되는 그것이었다. 우리의 철학하는 동기는 그런 얌전한 경이가 아니오, 너무나 억울한 현실적 고뇌로부터 비롯하지나 않는가."[75]

이렇듯 '철학하는 것'의 현실적 토대를 강조한 박종홍은 1934년 〈'철 학하는 것'의 실천적 지반〉이라는 글을 발표한다. 우리의 철학하기의 출발점은 바로 우리의 현실적 존재이다. 여기서 현실적 존재란 '실천적 인 제1차적 근원적 존재'를 말한다. 우리는 일상의 현실적 생활을 영위 하면서 비록 개념적으로는 아니더라도 현실적 존재를 숙지하고 있다. 바로 이렇게 숙지는 하되 개념적으로 충분히 인식하지 못하고 있는 것 을 충분히 인식하려고 노력하는 곳에 철학하는 것의 의의가 있다.[76] '철 학하는 것'에서 문제가 되는 현실적 존재란 학술적 호기심의 대상이 아

---

74) 박종홍의 서양철학 수용에 대해서는 조희영, 〈현대 한국의 전기 철학사상 연구〉, 10쪽 이하 ; 같은 필자, 〈서구사조의 도입과 전개〉, 184쪽 이하 ; 같은 필자, 〈현대 한일 철학사상의 비교연구 — 1930년대의 박종홍과 三木淸의 철학사상을 중심으 로〉, 《용봉논총》 제12집(1982), 전남대, 21~40쪽 ; 같은 필자, 〈한국과 일본에 있어 서의 서양철학의 수용형태에 관한 비교연구〉, 《용봉논총》 제7집(1977), 전남대, 169~ 195쪽 참조.
75) 박종홍, 〈'철학하는 것'의 출발점에 관한 一疑問〉, 《지성과 모색》, 박영사, 1967, 221쪽.
76) 박종홍, 〈'철학하는 것'의 실천적 지반〉, 《지성과 모색》, 224쪽 이하 참조.

니라 "현실적 생활에 있어서 실천이 해결을 요구하는 바의 문제"이다. 따라서 우리의 문제는 실천 자체가 요구하는 바 필연적으로 생기는 문제인 것이다. 이러한 현실적 존재의 존재성은 얌전한 순수사유나 순수감정 같은 것으로 규정되는 것이 아니요, 인간의 현실적 실천의 양태로 말미암아 근원적으로 규정되는 것이다.[77] 그래서 박종홍은 철학의 과제를 현실적 존재에서 출발하여 그것을 개념적으로 명백히 파악하는 것으로 본다. 따라서 우리 철학하기의 출발점은 "우리가 일상 생활에서 그로써 살고 있는 가장 현실적인 사회적 실천, 다시 말하면 감성적 사회적 실천 그대로"이다.[78] 그리고 이러한 감성적 사회적 실천으로서의 생활이 현실적 존재의 파악을 어떠한 양태로 제약하며, 따라서 그 현실성을 어떠한 성질로 규정하고 있는가를 파악하는 것이 철학의 몫이다.

이러한 확신은 한국전쟁 직후에도 변함이 없었고 오히려 더욱 강화되었다. 그는 초미(焦眉)의 현실적 문제가 우리로 하여금 철학을 하도록 만드는 것이지, 육체적 노동에서 해방되고 아무 근심걱정도 없는 여유 가운데 이론이나 정립하며 즐기자는 것이 철학이 아님을 강조한다. "근심 걱정이 없기 때문에 철학을 하는 것이 아니라, 너무나 고난에 찬 인간이기 때문에 철학이 요구되는 것이오. 무사태평한 시절이니까 철학이나 해볼까 하는 것이 아니라, 너무나 다사다난한 비상시니까 철학을 아니할 수 없게 된다"고 박종홍은 말한다.[79] 철학은 본래 현실과 유리될 수 없는 학문이다. "현실로부터 출발하였다가 다시 현실로 돌아온다는 것이 올바른 철학의 코스인 것이다."[80] 해결이 강요되고 있는 문제를 가지면서도 이미 알고 있는 나의 지식으로는 목적 달성을 꾀할 수 없을 때 나는 당면하고 있는 현상을 경이의 눈으로 대하게 되며, 이미

---

77) 위의 글, 226쪽.
78) 위의 글, 227쪽.
79) 박종홍, 《철학개론강의》, 한국대학통신교육부, 1953, 4쪽.
80) 위의 책, 7쪽.

획득한 나의 지식이 결국은 무지를 폭로하는 것임을 느끼지 않을 수 없
게 된다. 그럴수록 나는 문제 해결에 초조하지 않을 수 없고, 따라서 나
의 무지가 더욱 절실히 자각되는 동시에 참된 해결의 열쇠가 될 수 있
는 진지(眞知)는 가일층 더욱 절실히 요망되지 않을 수 없는 것이다. 무
지(無知)의 자각으로부터 진지(眞知)에 대한 갈망이 생기는 것이니, 이
와 같이 하여 지를 사랑함이 다름 아닌 필로소피아(Philosophia, 愛知),
즉 철학의 본령인 것이다.[81] 그리하여 마치 사랑의 체험 없이 사랑을 알
수 없음과 같이 진지한 철학적 요구와 태도 없이, 즉 참[眞(知)]에 대한
사랑의 정열 없이 철학이 무엇인지 알 수 없는 것이다.

철학하는 것은 현실에 대한 관망이 아니라 현실적 존재의 문제 해결
을 위한 실천적 개입이며, 그렇게 해서 철학은 현실의 새로운 건설에
기여하려 한다. 현실적 정세가 위기일수록 그 자체로부터 비판이 요구
되고, 이러한 현실의 자기비판, 자기반성의 태도를 매개로 하여 철학은
새로운 건설의 길을 개척하게 된다. 박종홍의 철학하기의 귀결은 이렇
다. "철학은 그저 주어진 지식의 종합이나, 개념의 체계에 그치는 것이
아니다. 현실의 자기비판, 따라서 현실의 자기부정을 매개로 하여 현실
을 새로이 건설, 창조하여 가는 활동 그것인 것이다."[82]

이러한 확신을 가지고 박종홍은 살아 있는 현실이 무엇인지, 그 산
현실 가운데 주체적으로 적극적으로 대처해 나가는 인간의 철학적 삶
은 어떤 것인지를 구명한다. 박종홍은 먼저 현실의 역사적 성격을 고찰
하는데, 그는 역사가 전통의 형태로 우리의 현실을 규정하고 제약하지
만 우리에게는 이러한 과거의 제약으로부터 벗어나 가능성을 미래로
기획투사할 수 있는 자유가 있음을 강조한다. 인간의 현실은 하나의 필
연적인 생성인 동시에 행위를 매개로 형성되는 삶의 장이다. 그러므로

---

81) 위의 책, 11쪽 참조.
82) 위의 책, 15쪽.

우리는 이 현실을 그저 초목이 필연적으로 성장하는 것처럼 무의식적으로가 아니라, 필연적인 과거를 의식적으로 일단 단절하고 새로운 미래적 계획에 의하여 행위적으로 통일, 형성시키는 것이다. 이 현실에는 단절적 비약적으로 통일이 가능한 양극이 대립하여 있기 때문에 힘의 대항이 있고, 고민이 있고, 다시금 긴장된 통일을 이루려는 과감한 행위가 요구되는 것이다. 인간의 행위는 필연적인 과거와 자유로운 미래가 전환, 통일하는 현재에 성립하는 것이요, 우리의 이 현실의 산 모습을 볼 수 있는 것이다.[83] 여기에 역사적 존재로서의 인간의 모습을 볼 수 있는데, 다시 말해 인간은 역사에 의하여 만들어진 존재, 즉 역사적 산물인 동시에 역사를 만들어 나가면서 사는 존재인 것이다.

만들어진 과거로서의 역사는 만들었던 행위의 반영이나 표현에 그치지 않고 만들어진 순간에 벌써 그 자신의 법칙을 가지고 움직이고 있어서 독자적인 의미와 저항력을 가지면서 현재에 영향을 주고 있다. 따라서 현실은 직선적이고 연속적인 흐름의 과정일 수 없으며, 그래서 이미 주어진 것, 이미 만들어진 과거에 대하여 이를 단절하고 부정하는 태도를 취하지 않을 수 없게 된다. 모든 만드는 노동이나 제작 내지 건설이 벌써 자연적인 본능이나 충동의 자의적인 발현으로 되는 것이 아니다. 오히려 이것을 일단 억제하는 곳에서 인간의 지성이 싹트며, 이 지성을 매개로 하여 새로운 행위로 전환, 진전시킬 때에 비로소 진정한 건설이 전개된다. 우리는 새로운 만듦의 행위로 들어가기 위하여 인습적인 것이나 구태의연한 잔재를 끊어버려야 한다. 주어진 과거를 무력하게 하여야 한다. 이처럼 끊는 것이 다름 아닌 결단이다. 새로운 건설에는 결단이 앞선다.[84] 현실은 미래의 계획과 이상을 끌어당김으로써 이미 주어진 과거를 그 근원성에서부터 살리는 건설적인 싸움의 마당이다.

---

83) 위의 책, 18쪽.
84) 위의 책, 23쪽 이하.

"이 현실이 나로 하여금 절망의 초조 속에 허덕이게 하는 현실이건, 또는 삶의 만족과 환희를 구가하게 하는 축복된 현실이건 간에, 그것은 틀림없는 나의 현실이오, 이 현실의 주체는 분명히 나다."[85] 그러나 이렇듯 자명해 보이는 나의 주체성은 그냥 주어지는 것이 아니다. 사람들은 대개 남들이 살듯이 그렇게 산다. 사람들은 그가 속한 사회의 일원으로서 — 독자적인 나로서이기보다는 — 의식적으로 또는 무의식적으로 남을 모방하며 일상 생활을 영위해 나간다. 현실의 문제에 부딪히면서 자기비판적으로, 자기반성적으로 현실존재를 파악하기 위해서는 무엇보다도 주체적인 자각이 필요하다.

박종홍은 철학함에서 자각과 현실파악이 뗄 수 없는 밀접한 관계가 있음을 강조한다. 철학하는 데에서는 자각이 곧 현실파악의 과정이요, 현실파악이 다름 아닌 자각의 계제(階梯)가 되는 것이다. 현실의 자각을 철학이라고 하여도 좋을 것이다. 밖으로 나감과 속으로 들어옴이 서로 다른 것으로되, 이것 없이 저것이 있을 수 없고, 저것이 무시될 때 이것만이 행세할 수는 없다. 이러한 주체적 자각 속에서 현실파악의 유형을 그 자각이 향하는 방향에 따라 크게 두 가지로 나눌 수 있는데, 하나는 향내적(向內的) 자각이요 다른 하나는 향외적(向外的) 자각이다.

이렇게 현실에서 출발하여 현실로 돌아가는 철학함을 강조한 박종홍의 철학하기는 나름대로 시대와 문화마다 다르게 전개되어 온 철학의 역사를 해석하여 정리할 수 있는 틀을 갖춘다. 향내적 자각과 향외적 자각이라는 현실파악의 두 유형을 갖고 박종홍은 한편으로 철학의 역사적 전개를, 다른 한편으로 철학의 주요 문제를 비판적으로 조망하면서 현재의 우리 철학함을 위한 기틀을 마련하려고 노력하였다.

철학의 소임은 현실을 창조적으로 건설하는 것이라 했다. 그런데 이 건설은 향외 향내를 지양하는 것이 아닐 수 없다. 그것은 향외 향내의

---

85) 위의 책, 30쪽.

어중간한 절충이 아니다. 가장 구체적인 살아 있는 현실로서의 건설 과정에서 향외 향내가 각기 궁극적으로 부정·매개됨으로써 진정으로 살려짐을 의미한다. 여기에 이르러 철학은 비로소 구체적인 현실의 건설에까지 나올 수 있는 길을 암시하고 있는 것이나 아닌가. 하나의 예술적 창작을 비롯하여 인간의 세계사적인 모든 활동에 이르기까지 이 향내 향외의 변증법적인 통일의 구체적 현성(現性) 아님이 없다고 생각된다. 이러한 이치를 누구보다도 깊이 깨치고, 아니 깨치는 데 그친 것이 아니라 일생을 그 실천궁행(實踐躬行)에 바친 사람이 다름 아닌 공자요 또 소크라테스다.[86]

마지막으로 박종홍은 우리가 나아갈 길에 대해 이렇게 묻는다. 우리의 현실은 어떠한 정세에 처해 있는가? 그는 오늘의 우리가 겪고 있는 이 고난은 이 땅 위에 유례가 없을 것이라고 말하면서 지난 반세기를 반추하며 우리의 나아갈 길을 모색한다. "우리의 3·1운동은 향내적인 실존이 향외적인 투쟁적 건설로 용감한 첫 걸음을 내디딘 거룩한 시범이 아닐 수 없다. 우리의 선인들은 향내 향외 지양의 길을 이미 걸어온 것이다."[87] 오늘날 우리의 새로운 사상적 움직임은 대체로 볼 때에 미국의 향외적인 사고방식과 유럽의 향내적인 사색태도가, 우리가 처하여 있는 독특한 정세를 기반으로 하여, 서로 얽히어 착잡한 혼선을 이루며, 하나의 도가니 속에서 뒤끓고 있다.

"우리는 지금 새로운 사상을 받아들이기에 우선 바쁘다. 무슨 신기한 묘방이나 없을까 하여 목마른 자와도 같이 이것을 향하여 달리고 저것을 향하여 좇는다. 물론 힘 자라는 대로 하루 속히 배워야 한다. 그러나 새로운 사조라 하여 외래 사상을 그저 추종함으로써 또는 어중간하게 절충 조화함으로써 그것이 그대로 우리의 사상이 되며 우리를 이끌고

---

86) 위의 책, 148쪽 이하 참조.
87) 위의 책, 156쪽 이하.

나갈 힘이 될 것인가는 의문이 아닐 수 없다. 우리의 활로는 우리의 힘으로 개척하여야 되고, 우리 스스로 걸어가는 도리밖에 없기 때문이다."[88] 박종홍은 우리의 활로, 우리 자신의 힘으로 우리 스스로가 개척하며 걸어가야 할 길, 그것은 향내적인 자각을 통하여 무(無)에 부딪혀 다시 향외적으로 돌아오는 창조의 길일 수밖에 없다고 강조한다. 공자도 "사람이 길을 넓히는 것이요, 길이 사람을 넓히는 것이 아니다"라고 말했지 않은가. 막다른 길은 절망의 신호가 아니다. 둘도 없는 창조력의 시련이다. 해답이 강조되고 있는 하나의 도전이다. 우리는 새로운 역사 창조의 선봉으로 태어난 것이다. 우리는 모름지기 막힌 길을 트고, 우리의 창조, 우리의 건설에 의하여, 우리의 정의를 선양하는 천하의 공로(公路)를 밝혀야 할 것이다. 그러나 이것은 현실적인 힘을 요구한다. 박종홍은 향내적인 자각을 간단히 양심의 소치라 하고, 향외적인 자각을 과학적인 기술, 지(知)의 소임이라고 명한다. 그런데 양심이 따로 있고 기술이 따로 있어서 향내와 향외가 갈리는 한 진정한 힘이 발휘될 수 없으며, 새로운 활로가 열릴 리 만무하다. 향내적인 양심을 결여한 기술은 얼빠진 모방이 아니면 사람을 해치는 흉기에 그칠 것이요, 향외적인 기술을 무시한 양심은 부질없는 애상이나 비분에 그치지 않으면 한계를 모르는 오만한 자의 저돌적 만용을 부추기는 데 불과할 것이다. 양쪽 모두 진정한 힘의 발로라고 할 수 없다. 박종홍은 다할 줄 모르는 현실적인 힘을 향내 향외가, 양심과 기술이 하나의 절대적인 행동 가운데 지양되는 데서만 찾을 수 있다고 본다. 거기에서 창조가 가능하고, 건설이 이룩된다는 것이다.[89]

박종홍은 그의 《철학개론강의》를 이렇게 끝맺는다. "철학은 글로 씌어진 지식의 축적을 의미하는 것이 아니다. 나의 생명과 더불어 약동할

---

88) 위의 책, 157쪽.
89) 위의 책, 159쪽 이하 참조.

수 있는 것이어야 할 것이요, 우리의 건설에 추진력이 될 수 있는 것이어야 할 것이다. 철학이 한번 주체적 파악을 떠나는 순간, 그것은 무용의 공념불이요, 불모의 사막으로 변하고 말 것이다. 모든 외래 사상의 섭취도 우리를 일깨우는 자극이 되어 우리가 본래의 우리로 다시 돌아와, 우리의 길을 우리 자신의 힘으로써 개척하며 걸어가는 때, 그 길은 세계성을 띠고 천하의 公路로 통하게 될 것이요, 우리의 창조적 건설은 동시에 새로운 세계 건설에 참여하는 소이가 될 것이다. 나는 모든 철학의 궁극적 과제가 여기에 있다고 본다."[90]

박종홍의 서양철학적 배경과 토대는 잘 알려져 있듯이 실존철학이다. 그는 자각, 자기변화와 실천이 없는 철학은 삶에 아무 의미도 주지 못하는 죽은 철학임을 누차 역설한다. 그러나 박종홍은 실존철학이 너무 자기 한 개인만의 자기실현과 실존적 결단을 강조하고 있다고 비판하면서 인간의 실제 현실적인 삶에서 간과할 수 없는 사회적 차원과 민족적 차원을 강조하면서 삶의 물질적 토대도 중요시한다. 이러한 것들을 자기 나름의 독특한 철학적 체계 안에서 고려하여 종합해 보려고 시도한 것이 그의 향내 향외적인 변증법적 통일인 셈이다.

박종홍은 이렇듯 단순한 서양철학의 수용을 넘어서, 우리의 현실에 비추어 창조적으로 재해석하여 새로운 현실 파악의 발판을 마련해 보려고 노력하였다. 우리의 현실을 제대로 파악하고, 합당하게 대처해 나갈 수 있기 위하여 우리에게 고유한 새로운 현실 해석의 논리를 수립하려고 시도했으며, 그것에 대한 구체적인 구상이 '역학(易學)의 논리' 또는 '창조(創造)의 논리'였다. 창조의 논리는 우리 한국의 현실을 창조적으로 살리고 성공적인 미래를 건설하기 위한 지적 탐구작업이라 할 수 있다.[91] "주체성이 상실된 곳에 창조는 있을 수 없다"고 역설한 박종홍의 철학함

---

90) 위의 책, 160쪽.
91) 이남영, 〈열암철학 ─ 향내적 철학과 향외적 철학의 집합으로서의 한국철학〉
    (1995년 5월 20일 철학연구회 발표논문) 참조.

에서 주체적인 서양철학 수용의 전형을 볼 수 있다. 그가 그 후 한국철학의 정립에 혼신의 노력을 기울였던 것은 당연한 귀결인 셈이다.

나) 서울대학교의 철학개론교재 《철학》

서울대 교양교재 《철학》의 출판준비위원회는 교양과목으로서의 철학에 대한 이해를 다음과 같이 피력하고 있다. ─ "교양과정은 학생들의 일반적인 교양에 관심을 가져 전인적 인격형성을 염두에 두어야 한다. 이를 위해서는 개별적 지식만으로는 부족하기에 지식의 통일로서 철학과정이 필요하다." "인간생활에서 가장 필요한 지식인 자연과학과 문화사를 어떠한 관련으로 통일하며, 어떻게 그것들로 하여금 그 실용에 있어서 조화롭게 하며, 그 본질에 있어서 整齊케 하느냐"에 힘쓰는 것이 철학의 소임이다.[92] 그런데 종래의 철학개론은 여러 학설의 나열이나 편협한 주장을 진술하여, 여러 과학의 기초로서 교양과목의 임무를 다하기에 매우 부적당한 것이었음은 적어도 대학강단에서 교양과목으로서의 철학을 담당한 사람이면 누구나 절실히 느끼는 사실이다. 무릇 철학개론은 대개가 독특한 사상가들의 사상체계인 만큼 자기의 주장을 고집할 수밖에 없을 뿐 아니라 인간사상사에 대한 공정한 서술이 될 수 없고, 또한 전문분야의 고루(固陋)를 벗어날 수가 없는 것이다. 이것이 '교양과정으로서의 철학'이 출간된 이유의 하나이다.

이러한 취지에서 발간된 《철학》은 제일 먼저 '의식의 현상학'이라는 제목 아래 인류가 세계와 자기 자신을 의식해 온 역사를 간략하게 소개하고 난 뒤 많은 분량을 할애하여 현대철학의 양대 흐름인 과학철학과 실존철학을 '논리와 사실', '이성과 실존'이라는 이름 아래 다루었다. 이제1부의 제목에서 우리는 벌써 현상학의 영향을 강하게 감지할 수 있다. 간략한 철학사 서술을 마치고, 제2부에서는 이러한 철학사적 지식을 갖

---

92) 서울대 교양교과목교재출판위원회, 《철학》, 1958, 1쪽.

고 어떻게 사유해야 하는가를 철학에 대한 이론적이고 체계적인 서술을 통해 제시해 주려고 시도한다. 주어진 상황에서 경험을 바탕으로 하여 합리적이고 조직적으로 사유하는 체계적 방법을 얻도록 형식논리학과 기호논리학을 다루었다. 그 다음 사유의 내용과 관련된 것으로서 형이상학과 인식론을 소개하였다. 그런 뒤 이론의 세계에서 행위의 세계로 넘어와 현실세계의 실천적인 삶과 관련된 윤리학을 다루었다. 마지막 제3부에서는 간략하게 동양적 사유를 소개하였다. 편집자는 동양사상을 추가로 싣게 된 변을 이렇게 술회하고 있다. "이른바 '빈곤의 시대'에 처하여 동양적인 것에 대한 갈망이 절실한 이 즈음에, 우리는 우리가 살아오던 또 우리가 생각해오던 고장이요, 또 우리의 생활의 근원이 되는 동양사상에서 '동방의 빛'을 보아야 하기 때문이다."[93] 그런 의도 아래 원시불교의 철학사상과 노장철학, 그리고 성리학을 소개하고 있다.

이 책은 고형곤을 비롯한 18명의 교수가 공동으로 집필한 것이 그 특색의 하나이다. 나름대로 '심화된' 또는 '전문화된' 철학개론서라고 할 수 있겠다. 그리고 이 책은 또한 그 뒤에 발간된 한국의 모든 교양대학교재 《철학》의 표본이 되었다는 점에서 그 의의가 크다. 그 뒤의 모든 교양철학은 먼저 간략하게 철학사 — 물론 서양철학사 — 를 서술하고 그 다음 체계적인 철학의 분야로서 논리학, 형이상학, 인식론, 윤리학을 다루었다. 그리고 뒷부분에 간략하게 동양사상을 조망해 주고 끝난다. 지금까지의 철학개론서의 시대적 전개를 고려해 볼 때, 이러한 '백화점식' 철학개론의 집필은 '주체적인 철학함'에 역행하는 추이이며 '한국철학의 정립'을 더욱 어렵게 만든 잘못 인식되고 적용된 '전문화'라고 할 수 있다.

---

93) 위의 책, 4쪽.

6. 주체적인 철학함의 필요성

우리는 지금까지 20세기의 반세기가 넘는 시간의 흐름에서 '서양철학의 수용'이라는 시대적인 사건이 어떻게 전개되어 왔는지를 철학개론서와 대학의 철학과 교과과정을 통해 살펴보았다. 우리의 주제와 관련지어 이와 같은 짧은 형태의 글로서는 다 다룰 수 없는 많은 중요한 문제들이 산적해 있음을 알게 되었고, 그래서 이 장에서는 그저 대충으로라도 큰 윤곽을 그려 놓아서 나중의 상세한 연구를 위한 방향표지판이 되는 것으로서 소임을 다하는 것으로 만족할 수밖에 없겠다.

앞으로 계속하여 1960년대, 1970년대, 1980년대 철학개론서와 교과과정에서 나타나고 있는 서양철학의 수용을 조사하여 그 시대 철학자들의 주체적인 철학적 자각과 현실파악의 노력, 창조적 대안제시 등을 살펴보면서 그때 그때의 사회적 민족적 문제에 그들이 어떻게 능동적으로 대처했는지를 연구 조사하며, '한국철학의 정립'을 위한 초석마련의 과정을 재구성해야 할 것이다.

1960년대까지 서양철학 수용의 역사에서 우리가 배울 수 있고 또 배워야 하는 가장 중요한 사실은 결국 '주체적으로 사유함'이고 이 주체적인 사유함이 모국어인 우리말을 떠나서는 거의 불가능하다는 점일 것이다.

수용과 배움의 시기(1900~1945), 정리 정돈의 시기(1945~1960)를 거치면서 과연 우리는 '서양철학의 수용과 한국철학의 모색'을 위한 확고한 발판을 마련하였는가? 중국을 통해서나 일본을 통해서가 아니라 직접적인 서양철학의 수용을 위한 여건은 마련되었는가? 초기의 철학도들이 어쩔 수 없이 서양철학의 원산지인 독일, 프랑스, 미국 등지로 유학을 가서 서양철학을 배울 수밖에 없었다면, 그 후대의 철학도들은 좀

더 나은 여건에서 유학을 가지 않고서도 서양철학을 한국에서 '우리말'로 배울 수 있도록 상황이 나아졌는가? 다시 말해 초기의 철학도들이 '우리말'로 서양철학을 접할 수가 없어서 한문이나 일본어로 볼 수밖에 없었고 그것도 극소수의 철학원전에 국한되었기 때문에 유학의 길을 떠날 수밖에 없었다고 한다면, 그로부터 70년이라는 긴 세월이 지난 지금 우리의 형편은 어떠한가?

'철학함'은 언어를 떠나서는 할 수 없다. '주체적인 철학함', 아니 듣기 좋은 말로, '한국적인 철학함'이라는 것도 결국은 '우리말로 철학함'을 말하는 것이다. 우리는 지금도 충분히 우리말로 철학할 수 없는 처지이기 때문에, 철학하는 사람의 '전공'을 분류할 때에 그 사람의 철학함의 주된 언어를 보고 중국철학 전공이니, 인도철학 전공이니, 희랍철학 전공이니, 독일철학 전공이니, 프랑스철학 전공이니, 영미철학 전공이니 하고 구분한다. 이러한 사고방식과 철학적인 여건에서 '한국철학'을 위한 입지가 좁은 것은 당연하고, 그래서 이 땅에서는 아직도 무엇이 한국철학인지를 규정하는 '한국철학의 정체성'을 둘러싼 기이한 주도권 싸움이 벌어지고 있다. 한 가지 확실한 것은 '한국철학의 정립'을 위해서는 무엇보다도 먼저 동·서양을 모두 포괄하는 철학의 주요한 고전 텍스트들이 전부 우리말로 번역되어야 한다는 사실이다. '번역'은 단순히 이 나라말에서 저 나라말로 낱말의 옮김이 아니다. 번역 자체가 이미 번역되는 언어로써 행하는 주체적인 철학함이고 창조적인 해석인 것이다. 이러한 기본적인 철학함이 없이는 '주체적인 철학함'은 요원한 일이다.

조요한 교수의 다음과 같은 말은 우리의 주제와 관련하여 시사하는 바가 많기에 길지만 우리 연구의 마무리말로 삼을까 한다.

"우리 앞에는 우리의 선조들이 제기했던 철학적 유산과 더불어 다른 나라의 사상가들이 제기했던 허다한 문제들이 동시에 주어져 있다. 우리는 이 모든 철학적 언어들을 우리의 사유세계에 넣어 우리의 것으로 흡수하고 나아가 새로운 것을 창조하는 작업을 해야 한다. 원래 순수한 우리 것이란 없다. 무속신앙, 불교사상, 유교사상, 그리고 서구사상이 융합되어 우리의 의식구조를 형성해 오고 있다. 그러나 우리의 조상들은 모든 종파주장을 歸合하고 會通하는 원리를 찾아 나갔다.…… 모든 문화현상에서 교류는 보편적 현상이요 또 불가피한 요소이다. 우리가 중국을 통하여 유·불·선은 물론, 서양사상을 받았지만, 그것들이 우리 고유의 것이 아니라고 부끄러워할 필요는 없다. 문제는 우리의 철학적 전통에서 보는 대로 여러 사상이 회통하는 원리를 우리가 찾아 인류의 사상으로 창조해내야 한다. 남의 여러 철학들을 우리의 사유세계에 넣어 우리의 것으로 소화하여 우리의 철학언어로 만들어 내놓아야 한다."[94]

▌▌▌ 철학개론서 목록 (1960년대까지, 연도순)

안국형, 《생활철학》, 일학관, 1929.
한치진, 《신심리학개론》, 선광인쇄, 1930.
──, 《논리학개론》, 철학연구사, 1931.
──, 《인생과 우주》, 철학연구사, 1933.
──, 《윤리학개론》(증보판), 철학연구사, 1934.
──, 《종교철학개론》, 철학연구사, 1934.
──, 《최신철학개론》, 조선문화연구사, 1936.
안호상, 《철학강론》, 동광당서점, 1942.
김준섭, 《철학요론》, 웅변구락부, 1946.
──, 《철학개론》, 세계서림, 1946.
박치우, 《사상과 현실》, 백양당, 1946.
김용배, 《철학신강》, 금용도서, 1947.

94) 조요한, 〈서양철학의 도입과 그 연구의 정착〉, 456쪽 이하.

신남철, 《역사철학》, 서울출판사, 1948.

―――, 《전환기의 이론》, 백양당, 1948.

안호상, 《논리학》, 문화당, 1948.

이종우, 《철학개론》, 을유문화사, 1948.

박종홍, 《철학개론강의》, 한국대학통신교육부, 1953.

한국철학회, 《교양과 철학》, 대동당, 1956.

전남대, 《철학개론》, 전남대 출판부, 1957.

서울대 교양교과목교재출판위원회, 《철학》, 1958.

김석목, 《현대사회와 인간》(현대사상강좌), 동양출판사, 1959.

김형석, 《현대인의 세계관》(현대사상강좌), 동양출판사, 1959.

―――, 《회의와 종교》(현대사상강좌), 동양출판사, 1959.

박종홍, 《지성과 모랄》(현대사상강좌), 동양출판사, 1959.

김형석, 《고독이라는 병》(수상선집), 동양출판사, 1960.

박종홍, 《지성과 모색》, 박영사, 1967.

제2장 1980년대 이후 이 땅에서 철학하기

1. 생활세계적 상황

1) 삶의 맥락 : 민주화와 근대화의 한가운데

1980년 이후 우리의 생활세계에서 전개되어 온 가장 눈에 띄는 변화의 추이는 민주화와 근대화이다. '잘 살아보세'라는 염원 속에 추진되어 온 경제성장이 짧은 시간 안에 괄목할 만한 성과를 이룩해 국민들이 최저 생활수준을 벗어나게 되자 조금씩 삶의 질로 눈을 돌리게 되었던 때이다. 경제성장이라는 지상적 명령 때문에 유보되어 온 많은 것들이 눈에 들어오기 시작했는데, 그 가운데 가장 큰 이슈는 정치형태에 대한 반성과 논쟁 그리고 그에 따른 대립과 투쟁이었다. 국민에 의한, 국민을 위한, 국민의 나라인 민주국가를 설립해야 한다는 공감대가 서서히 확산되고 군사정권에 대한 비판, 독재정치에 대한 항거, 정권의 정통성에 대한 항의 등 정치형태의 민주적 개혁을 바라는 국민들의 염원이 고조되면서 다양한 형태의 시위로 표출되기 시작했다. '민주화의 열풍'은 사회의 곳곳으로 퍼져 나갔고, 사회 전체가 거듭 태어나기 위한 극심한 진통을 겪어야 했다. 이러한 사회적 움직임 속에서 철학계의 지성인들은 다양한 방면에서 다각적으로 대응한다.

2) 대학 안의 움직임 : 의식화와 전문화

1980년대의 우리 대학이 해결해야 했던 가장 중요한 과제는, 사회 전반이 근대화됨에 따른 당연한 변화인 사회 전체의 민주화와 모든 분야가 세분화하고 분업화되어 감에 따른 학문의 전문화였다. 그런데 아직제대로 민주화되지 않은 정치체제가 핵심 현안에 대한 자유로운 대화와 토론을 허용하지 않았기 때문에 민주화를 위한 대학인의 노력은 두갈래로 나뉘었다. 하나는 제도권에 머물면서 제도권이 허용하는 한도안에서 학생들을 계몽시키면서 자립적이고 주체적인 의식을 갖춘 시민으로 키우려는 노력이었고, 다른 하나는 제도권 밖에서 학생들을 상대로 또는 일반인(특히 노동자)들을 상대로 하여 의식을 일깨워서 변혁의필요성을 깨닫도록 하여 변혁의 주체가 될 수 있도록 교육하는 의식화가 그것이었다.

서양철학의 수용도 이러한 추세 속에서 이루어졌음을 감안하여 고찰하기로 한다.

철학교육과 관련지어 1980년대에 대학에서 일어난 괄목할 만한 변화는, 1980년대의 교육개혁이라는 조치로 많은 대학이 종합대학교로 승격하면서 철학과가 거의 모든 종합대학교에 설치되었으며 그로 인해철학이 명실상부한 기초학문으로서 발돋움할 수 있는 기회가 왔다는사실과, 거의 모든 대학들이 교과과정을 개편하여 교양철학 강좌를 대폭 강화하면서 대학생들의 의식화 욕구에 간접적으로나마 부응하려 했다는 사실이다.

그리고 또 하나는 고등학교에서도 철학교육을 부활시켜야 한다는 여론에 힘입어 비록 교양선택과목의 하나로서이기는 하지만 고등학교에'고교철학'이 개설되었다는 사실이다. 서양철학의 수용에서도 이러한세 차원의 변화를 고려에 넣어야 할 것이다.

2. 철학개론서의 분석

1) 철학개론서 분석의 의미

철학의 역사란 철학이란 무엇인가라는 철학의 정체성을 둘러싼 논란과 논쟁의 역사라 해도 과언이 아니다. 이것은 한 마디로 철학을 규정하기가 어렵다는 사실에 대한 철학사적인 증거이며, 또한 철학에 대한 확정된 영원불변한 보편적 정의란 없음을 보여주는 것이다. 철학은 시대와 문화적 맥락에 따라, 삶의 조건에 따라 사회적 존재이며 상황 속의 존재인 인간이 자신의 주위 세계를 인간다운 생활세계로 만들어 나가면서 더 나은 삶을 영위하기 위해 이론적 실천적으로 대응해가는 대처방식의 하나이다. 그렇기 때문에 철학이란 무엇인가라는 철학에 대한 정의는 철학하는 사람의 시대적인 삶의 여건과 문화적 맥락을 떠날 수 없다.

따라서 우리는 철학개론서를 통해서 개념으로 파악된 그 시대의 정신과 생활세계의 모습을 재구성해낼 수 있다. 저자들의 철학에 대한 이해를 통해 그 시대의 문제상황에 대한 이들의 철학적 대응을 알아볼 수 있는 것이다. 철학개론서는 단순히 저자 자신의 학술이론서가 아니라 자신의 철학에 대한 이해를 매개로 하여 학생들과 대중들을 철학적으로 일깨우려는 계몽 또는 의식화의 의도를 그 밑바탕에 깔고 있다. 저자는 철학개론서를 통해 자신의 철학에 대한 이해를 널리 전파시켜 독자들이 읽고 공감하여 자신이 제시하는 의식개혁과 사회변화에 동참하도록 하려고 하는 실천적 의지를 그 책에 싣고 있다. 철학개론서는 저자가 처한 문제상황에 직면해서 피력하고 있는 철학 본연의 역할에 대한 그 자신의 변론서라고 할 수 있다.

철학개론서를 통해서, 철학개론서에 나타난 저자의 철학행위를 통해서, 우리는 다음과 같은 여러 가지 사실을 읽어낼 수 있다. 첫째, 철학 자체에 대한 반성적 대자적 정의를 찾아볼 수 있다(철학의 정의). 이러한 정의는 순전한 저자의 상상력의 산물이 아니라, 그가 처해 있는 삶의 맥락에서 표출되어 나온 문제의식의 결과물이다. 그래서 둘째, 철학에 대한 이해의 차원에만 머물러 있지 않고 자신의 그러한 이해를 구현하고자 하는 저자의 실천적 의지를 통하여 좁게는 그가 사는 생활세계의 문제상황, 넓게는 그 시대가 처한 문제상황을 유추해낼 수 있다(문제상황). 셋째, 문제상황에 대처하는 그 시대와 사회 속에 사는 인간들의 주체적 대응방식을 찾아볼 수 있다(주체적 대응). 넷째, 문제를 해결하려는 노력에서 보이는 미래의 전망과 대안적 해결책을 알아볼 수 있다(미래의 전망).

"철학사나 철학개론의 서술은 그 사회의 문화적 욕구나 서술자 자신의 철학적 깊이 및 입장에 따라 내용이나 편집방식이 판이하게 달라진다. 너무 과장된 표현이라고 비난받더라도 그 사회에서 사용되는 철학개론의 수준이 일반적으로 그 사회의 사상적 수준을 반영한다고 해도 지나치지는 않을 것이다. 왜냐하면 철학개론의 필자는 자기가 관심을 갖는 각론적 문제보다도 지식층의 문제에 공통분모적인 실마리를 주는 데에, 특히 중요한 사상가와 사유방식에 주목할 것이기 때문이다."[1]

2) 철학개론서의 범위

이 장에서 고찰의 대상이 되는 철학개론서는 1980년 이후에 발간된 책들이다. 철학개론서는 철학 일반에 대한 안내서를 모두 포괄한다고 할 수 있다. 다시 말해 철학에 대한 일반적인 이해를 돕기 위해 씌어진 모든 종류의 개론서와 입문서가 모두 해당된다고 할 수 있다.

---

1) 홍윤기, 〈실천철학의 가능성〉, 務臺理作, 《철학개론》, 한울, 1982, 261쪽.

철학개론을 서술하는 데에는 두 가지의 방식이 있을 수 있다. "하나는 초학자들을 철학적 사상의 세계로 안내하는 '입문서'이고, 또 하나는 철학의 내용을 그 전체에 걸쳐서 체계적으로 전개한 '개요서'이다."[2] 그러나 이 장에서는 이러한 구별을 염두에 두고 책제목을 엄격하게 선택하지는 않았다.

철학개론서를 통념적인 구별에 따라 분류한다면, 첫째, 철학의 중요한 문제를 중심으로 초학자들을 철학의 이해로 안내하는 입문서가 한 부류를 이루고, 둘째, 사적인 고찰을 통해 철학이 무엇인가를 설명해주는 개론서가 다른 부류이고, 셋째, 이 둘을 적절하게 활용하여 철학의 중요한 문제와 분과가 철학사적으로 어떻게 전개되어 왔는지를 보여주는 혼합절충형의 개론서가 또 다른 종류이다. 철학에 대한 일반인의 관심에 부응하기 위해 시중에는 다양한 종류의 철학사들이 출간되어 있지만 우리의 관심이 서양철학의 수용이기에 주체적인 시각이 결여된 순전한 철학사는 이 장의 고찰에서 제외한다.

체제와 형식상의 이러한 구별밖에도 개론서의 필자가 어떤 의도를 가지고 어떤 독자를 염두에 두고 책을 썼는가 하는 점을 유의해야 한다. 이에 관하여는 크게 네 부류로 나눌 수 있다. 첫째는 대학에서 강의 교재로 쓰기 위해 집필된 개론서들이다. 둘째는 일반인들을 독자로 생각하고 씌어진 일반교양서로서의 교양철학서들이다. 셋째는 학생들과 일반대중들을 계몽 또는 의식화시키기 위해 발간된 입문서들이다. 넷째는 수학능력고사와 고등학교의 철학 교과목을 위해 씌어진 다양한 형태의 교재와 교양서적들이다.

필자는 이 연구를 위해 철학개론서에 해당되는 책들을 조사하여 목록을 작성하였다. 필자가 조사한 총 156권의 책 가운데에서 저술서가 106권이고 번역서가 50권이다. 저술서도 공동집필인지 단독저술인지를

---

2) 하기락, 《철학개론》, 합동교재공사, 1985, 5쪽.

구분해 보면, 단독저술이 55권이고 공동집필이 51권이다. 대학강의 교재에 해당되는 책은 저술서만 찾아볼 때 63권 가량인데 이 가운데에서 단독저술은 19권에 불과하며 나머지 34권이 공동집필이다. 그 밖에도 강의교재로 번역된 것이 10권 가량 된다. 따라서 총 156권 가운데 대학의 철학개론을 위해 발간된 것이 거의 절반에 이르는 73권 가량이다. 일반교양서로 발간된 철학입문서는 35권 가량인데 저술서가 19권이고 번역서가 16권이다.

여기서 특기할 만한 사실은 저술서 가운데 단독저술이 17권으로서 강의교재와는 대조적이라는 점이다. 대학의 강의교재가 많은 경우 또한 일반인들도 겨냥한 교양철학서이기도 한 점을 감안한다면 교양입문서의 숫자는 실제로는 이보다 훨씬 더 늘어날 것이다. 이른바 '의식화'를 위한 책들은 26권 가량이며 이 가운데 15권이 번역서이다. 지하에서 발간되고 유통된 책들을 고려한다면 이 숫자도 훨씬 더 늘어날 것이다. 번역서가 많고 저술서도 대개는 편집부에서 엮어낸 얼굴 없는 책들이 주종을 이루고 있다. 이것은 그 당시의 정치 사회적인 분위기를 반영하고 있다고 할 수 있다.

그 다음 청소년을 위한 철학책들이 21권이다. 여기서는 표본이 될 만한 책만을 선정한 것이며 실제로는 이에 해당되는 책이 굉장히 많은 셈이다. 선별된 책 가운데 고교철학 교재가 7권이고 미국과 유럽의 청소년을 위한 책을 번역한 것이 8권이다. 의식화를 위해 활용된 책 가운데 몇 권의 책이 중국이나 소련의 청소년을 위한 교양서적임을 감안하면 이 숫자도 정확한 것이라고는 할 수 없다.

이제 먼저 대학 강의교재로 출간된 철학개론서를 살펴본 뒤, 의식화 교재로서의 철학입문서를 고찰하고 일반인들을 위한 철학교양서를 조사하기로 한다. 그리고 마지막으로 간략하게 청소년을 위한 철학개론서들을 살펴보기로 한다.

3. 철학개론서에 나타난 서양철학의 수용

1) 대학 철학개론서

필자가 분석의 대상으로 삼은 책은 다음과 같다.

　가) 서울대 교양교재편찬위원회,《철학개론》(서울대 출판부, 1988)

　나) 최동희 외,《철학개론》(고려대 출판부, 1980) ;

　　　최동희·김영철·신일철,《대학교양 철학》(일신사, 1983)

　다) 김여수·차인석·한전숙,《철학개론》(한국방송통신대 출판부, 1982) ;

　　　한전숙·이정호,《철학의 이해》(한국방송통신대 출판부, 1996)

　라) 성균관대 철학과 편역,《철학입문》(성균관대 출판부, 1985) ;

　　　소광희·이석윤·김정선 편역,《철학의 제문제》(지학사, 1984)

　가) 서울대 교양교재편찬위원회,《철학개론》(서울대 출판부, 1988)

　서울대 필진들은 철학하는 출발점으로 다음 세 가지를 고려하여 자신들의《철학개론》의 밑바탕으로 삼았다. "첫째는 나를 둘러싸고 있는 자연환경의 요소이다. 둘째는 그것에 겹쳐져서 움직이고 있는 횡적 사회환경이다. 셋째가 이 두 환경의 근본 지반이라고 할 수 있는 종적인 역사세계이다."(iv) 그리고 철학하는 태도로서 자아의식과 가치판단을 중요시한다. 그러면서 철학도들에게 다음과 같은 주문을 하고 있다. "철학하려는 현재의 인간 정신은 무엇보다도 주체적으로 성실한 정신을 지녀야 한다. 실존적 자아라는 것도 실은 성실한 정신을 지시할 수 있다. 성실한 정신은 객관적 존재가 아니라 경험적 생존을 가공하고 세련하는 원천인 것이요, 본래적 자아를 형성해 가도록 하는 것이다. 성실한 정신은 보편타당한 도덕적 당위에 복종할 수 있다. 그러나 그 어떤 상황 중에 처해 있는 정신은 실존적 자유에서 도덕적 당위에 반드시 복종하지 않을 경우도 있다."(vii) "성실한 정신이 기초에 먼저 있은 연후에 '인식'이 무엇이며 '존재'가 무엇인가도 참으로 터득할 수 있다. 성실한 정신이 근원에 먼저 있은 연후에, 우왕좌왕하지 않는 단호한 행위를 결단할 수도 있다."(viii)

이러한 기본적 입장에서 출발하여 《철학개론》을 두 편으로 나누어 다루었다. 제1편에서는 철학도들을 철학의 중요 문제로 안내하는 '철학입문'을 서술하고 있고, 제2편에서는 서양의 철학사상을 개괄적으로 소개하였다. 우리의 관심을 끄는 것은 제1편이다.

제1편은 서장에서 삶과 철학과의 연관을 다루고 철학의 정신이 무엇인지를 밝히고 난 다음 철학의 중요 문제들을 상세하게 다룬다. 철학의 중요 문제를 가치의 문제, 사회와 역사의 문제, 인식의 문제, 존재의 문제 등 크게 넷으로 나누어 서술하였다.

철학이 일종의 사유 또는 사유의 산물임은 의심의 여지가 없지만, 모든 사유가 그렇듯이 철학도 인생을 살아가면서 절실히 요구되는 필요에 따라서 생긴 것이다.(15쪽) 이렇게 이 개론서는 현실을 살아가면서 부딪히는 문제들을 해결하기 위한 차원에서 철학을 고찰하면서 철학이 맺고 있고 맺을 수밖에 없는 삶과의 연관을 출발점으로 삼는다. "인간은 처음에는 어떤 실용적 필요에 몰려서 지식을 탐구하지 않을 수 없었고, 실용적 지식을 얻기 위해서 사색하지 않을 수 없었을 것이다. 지식이 소중하다는 것을 수 없이 거듭 경험하는 사이에, 나중에는 지식 그 자체에 대하여 깊은 흥미를 느끼는 동시에, 지식을 단순한 수단으로서 존중함에 그치지 않고 그 자체를 목적으로서 욕구하기에 이르렀다.……진리를 동경하는 인간의 욕구는 중도에서 중단될 수 없는 성질의 것인 까닭에 우리는 끝없이 사유에 사유를 거듭하는 것이며, 이같이 보다 깊고 정확한 지식에로의 접근을 꾀하는 노력이 다름 아닌 철학의 출발점이요 또 그 과정이 되는 것이다."(17쪽)

오늘과 같이 고도로 발달한 인간사회에서는 그 안에서 일어나는 문제들도 복잡다난하며, 따라서 그 해결을 위해서 요구되는 지식도 매우 높은 정도의 것이 아닐 수 없다. "철학이 현실문제의 해결을 위해서 큰 도움이 되는 것은 철학의 학설 가운데 담긴 지식의 내용에 의해서보다도 철학 공부를 통해서 길러진 통찰력과 사고력에 의해서 이루어진다. 철학에는 '전일(全一)의 학(學)'으로서의 측면과 '비판의 학'으로서의 측면이 있다.…… 사태를 총체적으로 바라보는 저 넓은 시야와 이론을 따라서 빈틈없이 분석하는 이 날카로운 사고력은 인간이 부딪히는 온갖 문제들을 올바르게 처리하기에 항상 귀중한 도구의 구실을 한다. 학문적 이론의 문제를 다루는 마당에 있어서나 현실적 실천의 문제를 다루는 경우에 있어서, 판단이 빗나가지 않기 위해서는 넓은 시야와 정확한 사고력이 지극히 필요하거니와, 철학은 바로 이 두 가지의 역량을 함양하기에 매우 적합한 학문인 것이다."(18~19쪽)

필자들은 현대가 처한 문제상황이 한 마디로 물질문명에서는 놀라운 발전을 기록하였지만 반면 인간의 정신이 위축되고 인격의 가치가 쇠퇴했다는 사실로 기술될 수 있다고 말한다. 이러한 현대의 상황은 시대의 요구에 적합한 새로운 가치관의 수립을 요청하고 있으며, 이 요청을 만족시키고자 하는 인간적 노력의 과정에서 우리는 또한 철학의 힘을 빌려야 한다. 왜냐하면, "과학은 오직 '있는 대로의 사실'을 밝히는 일에 종사할 뿐이요 '있어야 할 당위'에 관해서는 직접 대답하는 바 없으며, 가치 내지 당위의 근본 원리를 체계적으로 탐구하는 일은 오늘도 여전히 철학에 맡길 수밖에 없기 때문이다."(21쪽)

철학에 대한 이러한 이해에서 출발하여 필자들은 가치의 문제, 사회와 역사의 문제, 인식의 문제, 존재의 문제를 다루고 있다.

나) 최동희 외, 《철학개론》(고려대 출판부, 1980) ;
   최동희·김영철·신일철, 《대학교양 철학》(일신사, 1983)

다음은 고려대 철학교수들이 발간한 철학개론서를 살펴보자.

필자들은 자신의 의도를 이렇게 기술하고 있다. "이 책은 오랜 철학
교육의 경험을 가진 네 공저자가 보다 덜 난해한 철학에의 초대를 위해
집필한 것이다. 그러면서도 철학의 개요를 철학사적 접근에 의해서가
아니라 문제지향적 접근으로 전개하여 읽는 이들에게 중요한 철학문제
와 가깝게 만나게 하고, 그러는 동안에 '철학하는 것'을 체득하게 하려
고 의도했다. 그리고 최근의 철학개론 편집방법을 따라서 과학적 지식
과 인식론의 이해에 중점을 두면서 철학 전공자가 아닌 다른 독자들에
게도 학문의 기초를 다지는 데 유용하고 필수적인 철학지식을 되도록
많이 제공할 수 있도록 힘썼다."(《철학개론》, iii)

이 책에서는 철학이 삶과 맺고 있는 맥락을 이렇게 기술하고 있다.
"우리는 이 세상에서 태어나서 이 세상에서 생활하고 이 세상에서 죽
어간다. 우리가 이 세상에서 태어난다는 것은 이미 나를 둘러싼 자연을
비롯해서 사회라고 하는 환경 속에 태어난다는 뜻이며, 우리가 이 세상
에서 생활한다는 것도 나와 환경과의 상호작용이라고 할 수 있다."(1쪽)
오늘날에 와서는 한 사람의 삶이 작게는 한 마을, 크게는 국가나 민족
의 현실과 연결되어 있으며, 나아가서는 국제적인 관계에 따라서도 좌
우될 만큼 우리의 환경은 국경의 테두리를 넘어서고 있다. 어제의 현실
은 오늘의 삶에 커다란 제약을 가하며 오늘의 현실은 또한 내일의 삶을
좌우한다는 것을 알고 있다. 이렇게 보면 우리의 환경이란 이미 시공의
차원을 넘어서 있다고 하겠다.

우리는 살아가면서 갈등과 좌절, 회의와 모순을 느낀다. 이것은 우리
와 우리를 둘러싼 환경과의 상호작용이 순탄하지 못함을 나타내고 있
는 것이다. 우리와 우리 환경과의 상호작용이 순조롭지 못한 상황을 문
제상황이라고 부를 수 있다. 우리가 문제상황에 놓여 있다는 것은 곧

우리에게 문제가 제기되었다는 뜻이며, 문제가 제기되었을 때의 우리의 상황은 불확실하며, 마음은 평정을 잃고 고민하게 되며 생활에 차질이 생긴다. 따라서 문제는 해결되어야 한다.(2쪽) 현실적인 여러 가지 크고 작은 문제들로부터 인생의 근본 문제에 이르기까지 헤아릴 수 없이 많은 문제들이 우리들 앞을 가로막고 해결을 요구하고 있다.

　현대를 사는 우리는 저마다 자기의 삶에 불안을 느끼며, 사회와 역사에 대해서 모순과 위기를 느끼고 있다. 현실에 민감하면 할수록 여러 가지 문제들이 우리들을 엄습한다. 인생에서 문제를 갖는다는 것은 철학적 요구를 갖고 있다는 뜻이다. 그러므로 철학은 소수 철학전문가의 것이 아니라 모든 사람의 생활의 도구인 것이다.(5쪽)

　사람이 이 세상에 태어나서 살아가려면 크고 작은 끝없이 많은 문제에 부딪히게 마련이다. 쇠털같이 많은 문제들이 서로 얽히고 또 얽혀 좀처럼 갈피를 잡을 수 없게 된다. 그러므로 이 문제들을 올바로 풀고 보람 있게 살려면 많은 지식과 끊임없는 실천이 따라가야 한다. 이 지식이나 실천도 자연히 숱한 분야와 단계를 품고 있으며, 지식과 실천의 관계도 미묘하여 매우 까다롭다. 그래서 이 세상에는 많은 학문들이 있게 되었고 사람들은 그것을 배우고 익혀야 한다.(5쪽) 사람들은 일찍부터 가장 근본적인 문제들에 대해 숙고해 왔는데, 이러한 가장 근본적인 문제를 제대로 다루는 학문이 이른바 철학이다.

　현실 속에 주어져 있는 철학들은 그 어느 것도 완전한 철학일 수 없다. 때와 곳 그리고 사람에 따라 다르게 마련이다. 그 어느 것도 어떤 제한 속에서만 어떠한 의미를 지니게 마련이다. 그러나 이렇게 제한되어 있는 철학들을 비판하고 그 값어치를 매기는 기준으로서의 철학은 어떠할까? 그것은 어느 누구도 가질 수 없고 어디에도 주어져 있지 않기 때문에 본래 가르칠 수 없는 무엇이다. 그것은 영원한 이념으로서의 철학일 것이다. 철학은 '철학하는 것' 곧 사랑으로서의 철학일 뿐이다.(9~10쪽)

철학에서 가장 중요한 문제는 가장 참된 것을 아는 것이다. 가장 참된 것도 때나 곳에 따라 다르고 사람이나 관점에 따라 다르다. 아는 방법도 마찬가지로 서로 다르다. 플라톤의 제자인 크세노파네스는 철학을 자연학, 윤리학, 논리학으로 나누었다. 이것을 스토아학파가 이어받음으로써 하나의 전통적인 분류가 되었다. 칸트도 이 분류에서 벗어날수 없다고 말했다. 우리는 이 분류를 바탕으로 하여 철학을 크게 형이상학, 인식론, 가치론으로 나눌 수 있다. 위에서 말하는 논리학의 철학적인 부분은 인식론에 속한다고 볼 수 있다. 그리고 논리학이나 윤리학의 나머지 부분은 가치론에 속한다고 볼 수 있기 때문이다. 형이상학은 참된 실재를 다루는 영역이다. 이리하여 철학의 중요한 문제는 크게 실재에 대한 문제, 인식에 대한 문제, 가치에 대한 문제로 나눌 수 있게된다.(34~35쪽)

이러한 이해에서 고려대의 《철학개론》은 그 세 가지 중요 문제를 해당 문제에 대한 유명 철학자의 전형적인 학설을 설명하는 식으로 구성하고 있다. 그리고 책의 끝머리에 현대철학의 흐름을 개괄하고 난 뒤동양의 전통철학을 간략하게 소개하고 있다.

비슷한 시기에 다른 출판사에서 나온 같은 저자들의 강의교재인 《대학교양철학》도 전반적인 기조는 같다고 할 수 있다. "철학은 언제나 다시 짜기 시작하는 페넬로페의 베짜기처럼, 항상 새롭게 출발해야 한다. 이 철학의 출발점은 바로 물음이며 문제의 제기이다. 상식이나 과학들이 아무런 회의도 없이 승인하고 있는 기성원리나 근본적 전제에 대해, 새로운 시각에서 문제를 발견하는 우상파괴작업이 산 철학의 힘이기도 하다."(《대학교양철학》, 18쪽) "야스퍼스의 표현을 빌린다면 '철학하는 것'의 의미는 인간이 그때 그때 놓여진 상황 속에서 이 현실을 자기 것으로 하는 것"이다.(19쪽) "한 마디로 말해서 '철학하는 것'은 바로 저 '애지활동'이며, 회의정신이요, 비판정신이라 하겠다. 항상 현실의 부조리와 결함을 비판하여 보다 참되고 보다 완전하게 되려는 '완전성에 도달하

려는 지적 모험'이 철학정신인 것이다."(19쪽)

이러한 기본적인 이해에 바탕하여 제1편에서는 철학에 대한 전반적인 이해와 철학의 방법과 분과를 소개하고 있으며, 제2편에서는 유럽의 철학사조를 시대별로 구분하여 개괄적으로 설명하고 있으며, 제3편에서는 '철학의 제문제'라는 표제 아래, 존재, 지식, 종교, 윤리, 인간, 역사를 다루고 있다. 제4편에서는 현대의 (서양)철학사조를 개괄하고, 제5편에서는 중국과 한국의 사상을 간략하게 소개하고 있다.

다) 김여수·차인석·한전숙, 《철학개론》(한국방송통신대 출판부, 1982) ;
　　한전숙·이정호, 《철학의 이해》(한국방송통신대 출판부, 1996)

다음으로 우리는 한국방송통신대학의 교재인 《철학개론》을 살펴보기로 하자. 이 교재는 학습목표를 다음과 같이 설정하고 있다.

"모든 학문은 우리의 생을 보다 풍부하게 하기 위한 노력이다. 과학은 생을 편리하게 하면서 풍부하게 하는 데 대해서 철학은 생을 뜻 있게 하면서 풍부하게 하며 그럼으로써 보다 알찬 것으로 하고자 한다. 이 책은 철학을 전공하지 않는 독자들에게 선철들이 어떤 문제들을 어떻게 다루어 왔는가를 극히 제한된 범위 내에서 될 수 있는 대로 쉽게 소개하는 것을 그 과제로 하고 있다. 그럼으로써 이 책은 독자들의 뜻 있고 알찬 생을 위해서 스스로 문제를 세우고 이것을 올바르게 해결해 나가는 데 도움이 되도록 하고자 한다. 그러므로 독자들은 이 책을 학습하고 배움에 있어서 언제나 비판적 태도를 견지해야 한다. 즉 선철들의 말을 그대로 옳다고 받아들이지만 말고 그것을 하나의 의견으로 알고 자기 자신의 근거 있는 견해를 확립하도록 훈련을 쌓아야 한다." (《철학개론》, iii쪽)

이러한 학습목표 아래 서론에서 간략하게 철학하는 태도와 철학의 연구대상을 설명한 뒤 크게 세 가지 중요한 철학문제를 폭넓고 짜임새 있게 서술하고 있다. 제1부에서는 인식과 진리라는 주제를 다루고, 제2

부에서는 세계와 언어라는 주제를, 제3부에서는 인간과 사회라는 주제를 다루고 있다.

저자들은 변화의 필요성을 이렇게 설명하고 있다.

"본 교재가 대부분 삶의 현장에서 일과 학업을 병행하는 우리 대학 학생들을 위한 교양교재이고 이른바 이론철학 분야라고 일컬어지는 인식론, 존재론의 문제영역이 우리 학생들의 철학적 문제의식과 소양을 길러 주기에는 다소 적합하지 않다는 점을 고려하여, 본 《철학의 이해》는 최대한 실천철학 내지 가치론적인 문제영역을 늘여 싣고 존재론, 인식론 분야는 가장 기본이 되는 내용만을 추려 싣게 되었다."(《철학의 이해》, 1쪽)

여기에서도 삶의 문제에서 출발하는 것은 다른 철학개론서와 같다고 할 수 있다.

"인간은 자연과 사회라는 환경세계 속에서 회피할 수도 포기할 수도 없는 문제상황에 항상 처해 있다. 이러한 문제상황에 대한 인간의 대응 방식은 여타 생물과는 달리 이성적이고 창조적인 특성을 갖는다. 여타 생물들의 환경에 대한 대응방식은 본능에 구비된 방식에 한정되어 있으나 인간은 본능 이외에 원리적인 생각과 판단, 즉 이성적 사고를 통해 제반 문제상황에 대처한다.…… 요컨대 항상 문제상황에 던져져 있는 인간에게 지식 또는 지혜에 대한 사랑은 인간존재의 본질적인 특성상 근원적이고도 필연적인 것이다. 따라서 지혜에 대한 사랑(philo-sophia)이라는 그리스 말에서 유래된 철학의 어원적 정의가 그대로 보존되는 한, 철학 역시 인간에게 근원적이고도 필연적인 것이다."(6쪽)

철학은 "제반 환경세계 속에서 인간 삶의 보존과 향상을 위해 우리의 문제상황을 구성하는 인간 자신 및 세계를 포함한 제반 문제에 대해 보다 전체적인 관점에서, 보다 보편적인 관점에서, 동시에 보다 근원적인 관점에서 그 답변을 획득하고자 하는 이성적인 노력이자 그 소산"이다.(8쪽)

이러한 이해에 바탕하여 제2장에서는 존재를, 제3장에서는 인식을, 제4장에서는 논리를, 제5장에서는 인간을, 제6장에서는 윤리를, 제7장에서는 정의(正義)를, 제8장에서는 역사를, 제9장에서는 현실을, 제10장에서는 종교를 다루고 있다.

현대에 우리가 부딪히고 있는 현실적 문제들로는 어떠한 것들이 있으며 그 해결책으로는 어떤 것이 강구되고 있는지를 이렇게 서술하고 있다.

"오늘날 우리들의 현실 속에는 수많은 사회문제들이 존재한다. 그 중에는 고대사회 이래 줄곧 있어 온 문제들도 있지만 현대사회로 접어들면서 제기되어 심화된 문제들이 더 많다. 자본주의와 물질문명의 발달에 따른 인간소외의 문제, 환경파괴의 문제, 현실사회주의의 붕괴 이후 이데올로기적 갈등을 대신하여 분쟁의 주된 원인으로 등장한 민족문제와 제국주의 문제, 전쟁과 핵문제 등이 그 대표적인 예이다."(312쪽) 이러한 문제 중에서 오늘날 우리의 제반 현실문제의 근원적 토대가 된 자본주의적 현실 일반에 대한 문제로서 소외의 문제와 대중문화의 문제를 다루고 이어서 성차별의 문제와 환경위기의 문제를 다룬 것이 다른 개론서와는 다른 점이다.

라) 성균관대 철학과 편역, 《철학입문》(성균관대 출판부, 1985) ;
　　소광희·이석윤·김정선 편역, 《철학의 제문제》(지학사, 1984)

마지막으로 대학의 철학개론 강의를 위한 교재이기는 하지만 앞에서 소개한 것들과는 체제가 다른 것을 살펴보기로 하자.

《철학입문》의 편저자들은 자신들의 의도를 이렇게 설명하고 있다.

"대학 교양과목으로서의 철학 연구에 가치가 있다면, 그것은 학생들의 독립적인 사고와 비판 능력을 계발하는 데 있다고 할 수 있겠다. 철학에 있어서의 문제가 무엇이며 또 철학에서의 여러 선각자들이 이 문제를 해결하기 위하여 어떻게 철학하였는가를 제시함으로써 우리 자신의 문제의식에 좀더 구체적인 방향과 내용을 부여하게 되는 것이다. 이들 선각자들의 철학적 노력을 이해하고 또 비판함으로써 이들의 철학의 영원성과 진리뿐만 아니라 동시에 이들의 철학이 지닌 시대성과 오류를 발견하게 된다. 그렇게 함으로써 우리의 문제의식은 좀더 심오하고 체계적인 것으로 되는 것이다."(iii) 그런데 이미 나와 있는 입문서나 개론서로는 이런 목표를 실현시킬 수가 없음을 깨닫고 새로운 체제를 시도하게 되었다는 것이다. 중요한 철학문제를 놓고 선철들과 창의적인 논쟁을 벌이며 주체적으로 철학하기 위해서는 무엇보다도 선철들의 철학원전에 대한 독해와 이해가 필수적이다. 이러한 동기에서 중요한 철학문제에 대한 중요 철학자들의 해당 원전들을 발췌해서 번역하여 편집해 놓은 것이 바로 성균관대학 철학과에서 발간한 새로운 체제의 철학개론서이다.

철학의 중요문제를 형이상학, 인식론, 윤리학, 사회철학, 종교철학, 미학, 철학의 방법 등의 분과에 따라 분류하고, 해당분과에서 많이 읽히고 인용되는 철학자들의 원전들을 발췌하여 번역하였다.

소광희 등이 펴낸 《철학의 제문제》도 같은 유형의 철학개론서이다. 이들이 제시하고 있는 의도를 직접 들어보자.

"우리는 날이 갈수록 철학에 대한 요구가 고조되고 있음을 본다. 그것은 물질문명에 억압된 정신문명의 자기회복을 갈망하는 시대적 요청이기도 하다. 이에 호응하여 우리나라에서도 철학이 다방면으로 연구되고 있다. 그러나 우리는 평소에 철학에 있어서 중요한 것은 철학적 지식이기보다는 오히려 철학적 정신의 함양과 철학적 사유의 훈련이라고 생각하였다. 철학적 정신이 함양되고 철학적으로 사유할 줄 아는 자에게는 철학적 지식이란 마땅히 따라오게 마련이요, 그것도 대단히 비판적으로 음미되어서 따라오게 되는 것이다. 이 점에서 우리는 철학에 있어서 에토스(ethos)를 중시하는 바이다. 이를 가리켜서 흔히 '철학함'(Philosophieren)이라고 일컬어 왔다. 이러한 입장에서 우리는 독자의 문제의식을 자극하여 스스로 문제를 제기하고 스스로 사유할 수 있도록 배려하였다." 이러한 의도 아래 서양철학에서 가장 크게 문제되어 온 주제를 선정하여 29개의 장으로 배열하고, 독자로 하여금 그 주제가 안고 있는 문제점과 사유의 방향 등 근본문제를 가지고 여러 철학자들과 직접 토론해 볼 기회를 마련하였다. "철학적 사유란, 제3자가 요점만 간결하게 정리해 놓은 것을 기계적으로 암기하는 것보다는 위대한 철학자와 직접 대화하는 편이, 비록 시간적으로는 더 걸리겠지만 철학적 사유를 체득하는 성과는 전자와 비교할 수 없으리만큼 크다."

여기서 분류되고 있는 중요 철학문제는 다음과 같다. 즉 철학이란 무엇인가, 진리와 인식, 존재의 탐구, 가치의 세계, 현실과 역사 등 크게 다섯 주제이다.

마) 비판적 평가

우리는 이상의 철학개론서들로부터 몇 가지 시사점들을 찾아낼 수 있다.

우선 눈에 띄는 특징으로 철학은 곧 서양철학이라는 관점에서 출발하고 있음을 알 수 있다. 몇 개의 철학개론서가 뒷부분에서 동양철학과 한국철학을 다루기는 하지만, 그것은 전혀 구색 맞추기에 불과할 뿐 앞에서 논의한 철학의 규정 내지는 철학하는 행위와는 아무 연관 없이 그냥 지식이나 자료로서만 제공하고 있을 뿐이다. 따라서 문제 중심이 되었건 철학사 중심이 되었건, 그것은 어디까지나 서양에서 철학사를 통해 굵은 획을 그었던 문제들을 철학의 중요 문제와 근본문제로서 다루는 태도를 보여 준다. 철학의 분과나 근본문제를 분류함에서 플라톤적인 전통을 벗어나지 못하고 있다.

둘째로 철학함을 강조하고 있는 점이 두드러진다. 철학적 논증과 방법을 중요하게 다루고 있으며, 현대를 살아 나가는 데에 철학적 사유, 즉 종합적(전체적)이고 분석적인 사유, 일관적이고 체계적인 사유, 비판적인 사유, 주체적인 사유, 합리적인 사유, 가치판단적인 사유 등이 필요함을 부각시키고 있다.

셋째, 철학이 구체적인 현실상황에서 문제를 올바로 풀어 나가려는 실천적인 필요에 의해서 생겨왔음을 부각시키면서 철학이 삶과 맺는 실천적 연관을 강조한다. 그래서 철학이 자연환경, 사회환경, 역사적 배경과 뗄 수 없는 관계에 있음을 거듭해서 천명한다. 특히 인간의 정치경제적, 사회적 연관이 중요한 철학적 문제로 대두되고 있다.

넷째, 그러면서도 철학이 갖추어야 할 학문[과학]성에 관심을 보인다. 다시 말해 상식과의 차별성을 드러내 보이면서 동시에 과학과의 연관과 차이도 부각시키고, 또한 종교와 예술과 갖는 연관과 차이도 강조한다. 철학의 문제해결이 이성적이어야 하고 방법적으로 과학적이어야 하며 체계적이어야 함을 강조한다.

그런데 대학생들의 교양을 위해 시행된 대학의 철학개론이 여러 가지 면에서 학생들로부터 별 호응을 받지 못했다. 그 가장 주된 이유는 역설적이게도 강단철학이 현실과 아무 연관이 없는 현학적인 이론만을 주입식으로 가르친다는 점이었다. 철학이 현실의 문제상황에서 출발해야 하며 철학하는 사람의 주체적인 사유에 의한 문제해결의 노력이 철학에서 무엇보다도 중요하다고 강조는 하고 있으면서도 실제의 철학교수와 학습은 이러한 주장과 너무나 거리가 멀다는 것이다.

첫째, 철학개론서는 그저 현학적이며 현실과는 괴리된 이론만을 나열하고 있을 뿐이라는 비판을 받는다. 그것이 단지 지식의 과시일 뿐 나 자신의 삶의 변화, 사회의 변화에 아무런 도움이 안 되는 이론들인데, 그것을 배워야 할 이유가 무엇인가?

둘째, 우리의 문제상황과 아무 연관이 없는 철학적 문제들이 주종을 이루고 있다. 현실적인 문제상황에서 출발한다고 말은 하지만 그 문제상황이라는 것이 보편적인 현대의 서양인들이 처해 있는 문제상황이기에 우리와는 직접적인 연관이 없음을 절실하게 깨닫게 만든다.

셋째, 주체적인 사유, 스스로 사유함을 강조하지만 철학개론서 자체가 주체적인 사유와는 거리가 먼 남의 나라, 남의 역사와 문화에서 생겨난 산물들로 가득히 채워져 있을 뿐이다. 철학함을 입버릇처럼 말하지만 그저 수많은 인물들, 학파들, 이론들, 개념들을 듣고 외워야 할 뿐이다.

넷째, 한 마디로 모든 내용이 너무 어렵다. 고등학교를 다닐 때까지 철학이라고는 배워 본 적이 없는— 고작 국민윤리 시간에 나오는 약간의 내용을 제외한다면— 학생들에게 철학개론에 등장하는 그 모든 이론들, 개념들은 생소하여 이해하며 접근할 수 있는 길이 원천적으로 봉쇄되어 있다.

사실 1980년대에 들어서면서 철학에 대한 자성의 소리가 여기저기에서 울려 나왔다. 곳곳에서 철학의 빈곤을 한탄하며 철학교육의 필요성을 역설하였다. 주입식 위주의 내용이나 철학사 일변도의 철학 교수법에 대한 비판의 소리도 커졌고, '한국철학'에 대한 자리매김의 필요성도 거론되었다. 상황이 배제된 철학이 아닌, 주어진 현실 속에서 현실과 더불어 부대끼며 더 나은 삶을 위해 노력하는 철학을 기대하게 되었다. 당시 우리 사회 곳곳에서 증대하고 있던 일반인의 철학에 대한 관심은 전적으로 실천적이고 대중적이었다. 이들 평범한 사람들은 철학이 의미부재의 현실생활 속에서 방향을 못 잡고 헤매는 사람들에게 균형을 잡아줄 수도 있다고 기대하였다. 이것은 순수한 철학을 이제 한번 삶에 결부시켜 결실을 맺어 보자는 식의 단순한 적용의 문제가 아니었다. 더 근원적으로 철학이 뿌리박고 있는 삶의 연관과 실천적 맥락, 그리고 철학이 지니고 있는 개인적 실천적 사회적 중요성 자체가 날카로운 토론의 대상으로 되고 있었던 것이다. 이것은 일반인들의 철학에 대한 관심을 그대로 반영하고 있었던 것이다. 그 외에도 《시대와 철학》이나 《철학과 현실》 등의 잡지들은 철학이 가져야 했을, 그러나 가지지 못했던 상황과의 연관을 강력하게 부각시켰다. 그런데 이러한 기대를 대학의 철학개론은 여지없이 짓밟아 버린 셈이 되었다.

이 점은 대학의 교양철학 강의에 대한 학생들의 의견을 알아보기 위해 1989년 실시한 설문조사에서도 분명하게 드러나고 있다.[3]

철학이 일반적으로 사회에 매우 유용(51.7%) 또는 유용(32.3%)하다고 여기기는 하지만 실제로 사회에 공헌하고 있다고 생각하는 사람은 14.8 퍼센트밖에 안 된다. 우리 사회의 문제에 철학이 너무 방관자적인 자세에 있었음을 시인하고, 적극적이고 다각적인 관심을 쏟도록 노력해야 할 것이다. 내용적으로 볼 때, 예술 문학의 발전에 철학이 유용하다 (95.5%)고는 보지만 실제로는 별로 큰 공헌이 없다(33.5%)는 것이다. 학문의 발전에 매우 유용(82%) 또는 유용(15%)하다고는 여기지만, 실제로는 약간의 도움만을 주고 있을 뿐(46.5%)이다. 사회 안정을 위한 이념의 발전에도 철학이 매우 유용(52%) 또는 유용(27.5%)하다고 보아 사회 안정에도 일익을 담당하기를 기대하고 있지만, 실제로는 전혀 아무런 공헌을 하고 있지 못한다(17%)는 것이다. 사회 개혁 내지는 이상 사회 건설에도 철학은 매우 유용(58.5%) 내지는 유용(31%)해야 하지만, 실지로는 아무런 제 구실을 못하고 있다고 생각한다(17%). 자주와 통일의 자세 위에 민족 공동체의 구성을 위해서도 철학은 매우 유용(45.5%) 또는 유용(38.5%)해야 하건만, 전혀 아무런 도움을 제공하지 못하고 있는 실정(12%)이다. 따라서 학생들은 모든 점에서 한국에서 철학자가 하고 있는 역할에 대해 대체로 불만족(59.8%)이거나 전혀 불만족(32.2%)임을 표시하고 있다.(15쪽)

철학개론과 관련된 이러한 독특한 우리의 문제상황을 홍윤기는 이렇게 기술하고 있다.

"(한국과 같이 근대화가 늦게 시작된 사회는) 주로 서양의 철학사상을

---

3) 이 설문조사는 1989년 철학과 교육프로그램 개발연구를 위해 실시한 것이다. 심재룡 · 김광수 · 이기상, 《철학과 교육프로그램 개발연구》, 한국대학교육협의회, 1990 참조.

문화적 수용의 한 종류로 하여 나열식으로 소개하는 시기를 거쳐 그 수용이 어느 정도 끝난 다음 제 나름대로 소화한 입장에 따라 재편성하는 과정을 거친다. 더군다나 이런 사회는 어떤 모습으로든 심각한 전통의 단절을 겪었기 때문에 자국의 사상적 전통까지 철학사의 흐름에 편입시키려면 상당한 시간의 경과를 요하는 것이 일반적이다. 한국에서 나오는 대부분의 철학개론은 아직도 소개 단계를 벗어나지 못하는 것 같다. 연대순으로 철학자를 배열하는 초보적 편성방식을 벗어나 문제점 중심으로 관련되는 문헌을 번역, 편집한 책이 나오고 있긴 하지만, 그러한 종류의 책을 읽음으로써 그 저술자의 철학행위(Philosophieren)을 느껴 독자들이 그런 방식으로 구체적으로 적용할 만하다는 의욕을 불러일으키지 못하고 있다. 말하자면 한국철학은 아직, 철학으로서 해결해야 할 자기의 문제를 갖지 못하고 있다. 이것은 곧 한국에서 이루어지는 철학행위가 현실적인 위기에 처해 있다는 것을 의미한다. 즉 한국의 사상적 상황이 철학의 개입을 강력하게 요구하고 있는데도 철학은 이러한 상황을 문제시하지 않고 있다고 생각된다. 개입의 요구를 가장 단적으로 보여 주는 전형적인 실례로는 문학에서 나타나는 철학적 사유의 빈곤 현상이 있다."[4]

그는 계속해서 이렇게 말한다. "철학의 요구가 비단 문학에만 국한된 것은 아니다. 근대화의 적정수준, 인간의 욕구를 제3세계의 현실적 수준에서 가장 적절하게 균형 맞추어 주는 가치적정선의 설정, 소외로부터의 인간화가 뜻하는 의미, 정정당당한 부의 축적을 뒷받침하는 윤리적 근거, 종속적인 국가구조를 주체적으로 변환시키는 데 필요한 정치적 의식의 개발 등 철학의 비판적 기능과 대안제시적 역할이 기대되는 문제는 도처에 깔려 있다."[5]

---

4) 홍윤기, 앞의 글, 261~262쪽.
5) 위의 글, 265쪽.

이러한 우리 나름의 여건을 감안하여 홍윤기는 철학개론이 갖추어야 할 조건을 이렇게 말하고 있다. "철학개론이라고 한다면 최소한 이러한 상황이 던지는 질문에 대하여 모종의 시사점을 줄 수 있는 사상적 맥락을 예감하는 가운데, 거기에 대해 대답할 수 있는 논리적 역량을 갖추려고 노력해야 한다. 그것은 곧 철학개론에서 다루는 여러 사상들이 그러한 요구에 부응할 수 있게끔 자기 나름의 분류 기준에 따라 재편성되어야 한다는 형식적 요구가 제기된다는 의미이다. 또한 내용상으로도 그 사상이 구체적으로 표현된 문헌들을 다른 각도에서 해석해야 한다."(265쪽)

대학생들과 지식인들을 포함한 일반 대중의 철학적 욕구를 간과하고 있는 대학의, 즉 제도권의 철학교육에 대한 반발로서 등장하기 시작한 것이 지하 써클의 의식화 교육이며 그 부산물이 이른바 '의식화' 교재들이다. 따라서 우리는 이러한 의식화 교육도 하나의 훌륭한 철학적 행위임을 간과해서는 안 될 것이다.

그래서 필자는 그 당시 철학교육의 문제점을 지적하는 자리에서 다음과 같이 이야기하였다.

"우리는 최근 이른바 운동권 내부에서 벌어지고 있는 이념투쟁을 주의깊게 살펴보아야 한다. 이것은 철학을 하는 철학인들에게 강 건너 불이 아니다. 오히려 철학인들에게 직접 관계되는 중대한 문제이다. 혹자는 대학이 어쩌다 이 모양으로 온통 '공산주의화'되어, 대학에서 나온다는 학보는 한결같이 마르크스, 레닌, 김일성으로 도배를 하고 있느냐고 한탄을 할 것이다. 더욱이 마르크스-레닌주의의 계급투쟁의 노선을 따라야 하느냐 김일성 주체사상의 민족해방의 길을 택해야 하느냐 하는 운동권의 노선투쟁을 대하고는 벌린 입을 다물지 못하고 혀를 내두를 것이다. 이런 시각에서 보면 사회안정을 내세워 좌경세력 척결을 주장하는 공안정치도 나름대로의 충분한 이유를 확보하고 있는 셈이다. 그렇지만 한번 사태를 좀더 냉정히 근원적으로 검토해 보아, 사태가 이

지경에까지 이르게 된 데에는 이른바 제도권 내의 철학인들의 책임이 없는지를 엄중히 반성해 보아야 한다. 제대로 알지도 못하면서 편식만 하여 세상을 온통 빨갛게만 본다고 한 마디로 일축해 버리기에는 문제가 너무 심각하다. 무비판적으로 교조적으로 자기들의 이념적 확신을 선언적으로 내뱉어 전혀 말이 먹혀 들어가지가 않아 이야기 상대도 되지 않는다고 무시해 버리기에는 그들의 각오가 너무나 섬찍할 정도이다. 자기들끼리 똘똘 뭉쳐 지하에서 번뜩이는 감시의 눈초리를 피하여 독학을 하며 배운 혁명이론들, 가슴의 피를 끓게 하고 심장의 맥박을 고동치게 한 매혹적인 이론들. 철학이론이 이렇게 가슴의 피를 끓게 하며 이렇게 현실의 문제를 설득력 있게 분석 진단하고 그 해결책을 그럴 듯 호소력 있게 제시할 줄을 그들은 제도권의 철학교육에서는 꿈에서도 상상할 수 없었을 것이다. 이렇게 온몸으로 배운 실천적 이론을 이들은 비슷한 처지의 후배들에게 소개하여 가르쳐 주어 끈적한 공감대를 얻을 수 있었고, 이러한 지하 철학교실은 젊은 층들 사이에 급격히 확산되어 갔고, 이제는 기존의 제도권 철학에 도전장을 내던질 정도의 위세에 이르렀다. 이러한 추세는 대학교의 교양과목에도 파장이 미치게 되었다. 여기에서도 제도권의 철학인들이 문제의 심각성을 깨달아 장외의 철학적 논쟁을 장내로 이끌어 온 것이 아니라, 학생들 자신이 교양 교과과정 자체를 문제 삼아 자신들이 관심을 갖는 과목들을 도입하라고 강력히 주장한 결과로 이루어진 것이다. 이제 뒤늦게 교과과정 속에 이들 사회철학적 이론들을 편입시켜 공개적인 교수의 장으로 만들 수밖에 없는 처지에 몰려 개설하고는 있지만, 학생들의 불신의 눈초리는, 선생은 그대로인데 교수 내용만이 '국민윤리'에서 '마르크스의 철학' 식으로 바뀐 눈 가리고 아웅 식의 대응책을 못마땅하게 여겨 강하게 반발하였다. 그들의 피를 끓게 하고 심장의 맥박을 고동치게 한 것은 단순한 지적 호기심이 아니었기 때문이다.

이 젊은 철학도들의 주체적인 문제의식, 상황인식은 전혀 고려하지 않고 하나의 교양과목으로 또 하나의 내용을 개설하여 주입식으로 가르치려는 식의 처방은 그야말로 안이한 권위주의적 발상의 발로라 할 수 있다. 이들이야말로 어떤 의미에서는 정말 철학이 아닌 '철학함'을 실천하고 있는 셈이다. 이들 철학도들은 우리나라의 현실을 위기의 문제상황으로 인식하고, 그 위기를 어떻게 주체적으로 대처해 나갈 것인가를 진심으로 걱정하고 나름대로의 해결방안을 찾아 헤매고 있는 것이다. 이제 우리는 문제의식, 상황인식, 현실인식 없이 가치중립적인 객관성을 내세워 방관자적인 자세로 지적인 호기심이나 일깨워주고 채워주려는 그러한 안이한 철학교육의 태도를 지양해야 한다. 철학은 철학함으로 이해되어야 하고, 그럴 때 철학은 단순히 이론적 앎만을 의미하지 않고 실천적 능력도 함축한다. 철학은 '주어진 상황 속에서 문제해결을 위해 공동체적으로 행위하는 주체들이 전개시켜 나가는 비판적이고 논증적인 상호이해의 과정'이다."[6]

2) '의식화' 교재

필자가 분석 대상으로 삼은 책은 다음과 같다.

가) 편집부, 《철학에세이》(동녘, 1983)

나) 빅토르 아파나셰프, 《대중철학개론》(사상사, 1990) ;
   한수영 외, 《대중을 위한 철학》(한길사, 1989)

다) 편집부 엮음, 《세계와 인간. 주체의 존재·인식·실천》(한마당, 1988) ; 김경식, 《사람과 세계》(대동, 1989)

라) 한국철학사상연구회, 《철학강의. 삶, 사회 그리고 과학》(동녘, 1991)

---

6) 이기상, 〈우리말로 철학하기. 철학함의 대상-주체-실천연관〉, 《한국인문과학의 제문제》, 한국정신문화연구원, 1989, 119쪽 이하.

가) 편집부, 《철학에세이》(동녘, 1983)

1980년대에 전국 거의 모든 대학 총학생회가 추천한 대학신입생들을 위한 필독서인 《철학에세이》를 먼저 살펴보자. 이 책은 철학책으로는 아주 드물게 출간되자마자 베스트셀러가 되어 몇 년 동안 수십만 권이 팔렸을 정도로 대학생들 사이에서 절대적인 철학입문서로 군림해 왔다. 무엇이, 이 책의 어떤 점이 젊은 학생들을 매료시켰는가?

이 책이 여타 철학개론서와 다른 차별성은 편집부에서 밝힌 이 책의 특성에서 잘 드러나고 있다. 편집인들은 철학이 현재 우리의 현실 속에서 차지하고 있는 위치와 모습을 볼 때 철학이 본래 가져야 할 위치나 모습으로부터 다음과 같은 점에서 크게 벗어나 있다고 지적하며, 그것에 대한 대안으로 이 책을 펴내고 있음을 밝힌다.

첫째, 기존의 철학은 진정 철학을 이해하고 활용해야 할 우리 사회의 대다수 사람들로부터 동떨어진 것이 되어 버렸다는 점이다. 철학이 철학을 전문으로 하는 소수의 사람들에게만 통하는 암호 같은 것이 되어 버린 점은 마땅히 극복되어야 한다는 것이다. 철학이 많은 사람들로부터 유리된 원인으로는, 첫째 그 내용이 어렵게 설명되어 있다는 점, 둘째 생활과 직접적인 연관성을 가지지 못하고 있다는 점을 꼽고 있다.

둘째, 모든 철학이 그러한 것은 아니지만 대부분의 철학이 우리가 접하는 것들을 해석하고 설명하려고 하지, 그것들을 과학적으로 이해하고 새롭게 발전시켜 나가는 원리를 직접적으로 제공하고 있지 못하다. 철학이 설명으로 그쳐 버리는 것이라면 이 또한 의미가 없다는 것이다.

셋째, 철학적 내용이나 지식이 구체적인 생활 속에서 활용되지 못하고 몸에 달고 다니는 장식품에 불과한 것으로 되는 경우가 많다는 것이다. 철학은 과시하는 사치품이 아니라, 당연히 생활의 곡괭이가 되고, 삽이 되고, 또한 나침반이 되어야 한다.

이러한 점을 극복하여 생활에 관련되는 문제를 좀더 쉽게 과학적으로 설명함으로써 생활에 구체적으로 보탬이 되도록 하겠다는 의도에서

이 책은 내용을 모두 아홉 마당으로 구성하였는데, 중요한 내용만 열거하면 다음과 같다. ― 철학이란 무엇인가, 세계를 어떻게 볼 것인가, 세계와 어떠한 관련을 맺는가, 변화는 왜 일어나는가, 생각이란 무엇인가 등이다.

여기서 규정하고 있는 철학의 정의를 간략하게 살펴보자.

이들은 철학은 곧 세계관이라고 정의하며, 세계관은 우리가 세계를 어떻게 보는가, 그리고 어떻게 생각하는가를 가리킨다고 말한다.(13쪽) 사람들은 그 사람이 어떤 생각을 가지고 있느냐에 따라, 다시 말해 이 세상을 어떻게 생각하느냐에 따라 그의 행동이 달라진다. 즉, 세계관에 따라 사람의 행동이 달라지는 것이다. 이처럼 세계관은 우리의 머리 속의 생각으로만 그치지 않고 구체적인 우리의 행동까지도 결정한다. 따라서 세계관은 실천적 성격을 갖는다. 그러므로 철학은 실천적 성격을 갖는다고 말할 수 있다. 철학의 이러한 실천적 성격 때문에 철학이 중요하게 생각되는 것이다.(16쪽) 사람이 올바른 삶을 살기 위해서는 상식적 세계관으로는 부족하다. 왜냐하면 상식적 세계관은 체계적이지 못하기 때문이다. 그러므로 우리에게는 체계적 세계관이 필요하다. 그렇다고 모든 체계적인 세계관이 다 좋은 것은 아니다. 인간의 이성을 기초로 한 체계적인 세계관이어야 한다. 우리가 가져야 할 올바른 철학은 체계적이고 이성적인 세계관이다.(18쪽)

나) 한수영 외, 《대중을 위한 철학》(한길사, 1989) ;
　　빅토르 아파나셰프, 《대중철학개론》(사상사, 1990)

다음은 한길사의 《대중을 위한 철학》을 살펴보자. 이 책은 편집자가 밝히고 있듯이 본래 중국의 청소년들이 철학을 자습하는 데 도움이 되도록 알기 쉽게 씌어진 철학입문서이다.

편집진은 이 책의 의미를 이렇게 기술하고 있다. 이 책은 변증법적유물론과 역사적 유물론의 기본 관점에서부터 과학·예술·도덕·종교의 방법·의미·한계에 이르기까지 철학적 사유가 포괄해야 할 다양한 문제들을 두루 다루어 밝혀줄 뿐 아니라 철학적 인식의 내용을 사회적 실천과 개인적 삶에 무리없이 이어준다.(5쪽) "《대중을 위한 철학》은 현실철학에 대한 소양이 별로 깊지 않은 지식인에게는 변증법적 유물론과 역사적 유물론에 대한 일반적 이해를 얻는 데에 적지 않은 도움을 줄 것임에 틀림없다.…… 그러나 무엇보다 이 책의 미덕은, 일반독자들이 쉽게 읽고 그들의 과학적 세계관을 세우는 데 친절한 길잡이 구실을 할 수 있도록 씌어졌다는 점이다. 우리 사회의 대부분의 사람들이 그들 자신이 몸담고 살아가고 있는 사회 또는 세계와의 관계를 올바르게 세우지 못한 채 그날 그날을 살아가고 있으며, 수많은 진보적 지식인이나 운동가들이 그들끼리의 이론투쟁에 많은 시간을 낭비하는 사례가 적지 않은 듯한 현실을 볼 때, 쉽게 씌어진 과학적 세계관의 의미는 대단히 큰 것이다."(5~6쪽)

이해하기 쉬움과 재미있음을 이 책의 본원적 특징으로 꼽으며, 이 책이 주는 재미는 비슷한 동양적 전통이 스며나오는 분위기와 연관이 된다고 보고 있다. 그러면서도 이 책에 배어 있는 간이성(簡易性)·재미·민족의식이 결코 내용상의 과학성과 진지성을 떨어뜨리거나 사회주의의 기본이념을 훼손시키지 않음을 역설한다.(7쪽)

이 책도 철학과 세계관의 연관에서부터 철학의 규정을 시도한다. "사람들은 누구나 다 세계관을 가지고 있으며 누구나 다 그 어떤 세계관의 제약을 받는 이상 문제는 세계관의 필요 여부에 있는 것이 아니라 어떠한 세계관이 필요하는가 하는 데 있는 것이다. 사람들은 세계관이 다름에 따라 사상면모와 행위표현에도 커다란 차이가 있다. 이는 정확한 세계관을 확립하는 것이 우리의 인생에 얼마나 주요한 의의가 있는가 하는 것을 보여준다. 정확한 세계관을 확립하고 또 그것을 의식적으로 운용하여 자기의 행동을 지도하자면 철학을 잘 배워야 한다."(11쪽) "철학이란 바로 체계화하고 이론화한 세계관이다."(12쪽)

철학의 연구는 사람과 사람의 실천적 요구를 떠날 수 없다. 철학이 대답하려는 중심문제는 사람과 주위환경의 관계 문제이다. 이 문제와 관련하여 철학은 총체적인 시각으로부터 자연계 사물들 사이의 관계의 문제를 연구하며 사람과 사람들 사이의 관계의 문제를 연구하는 것이다. 동물도 주위환경과 일정한 관계에 있으나 동물은 의식이 없기 때문에 의식과 주위환경과의 관계 문제가 존재하지 않는다. 사람은 의식이 있기 때문에 실천 가운데서 자기와 환경을 의식적으로 구별할 수 있다. 이리하여 필연적으로 의식과 주위환경의 관계 문제가 생기게 되며 의식과 물질의 관계 문제가 생기게 된다. 이 문제가 바로 철학에서 가장 기본적인 문제로 된다.(13쪽)

철학의 기본문제에는 두 가지 측면이 있다. 그 첫째 측면은 사유와 존재 가운데 어느 것이 선차적이고 어느 것이 후차적인가, 어느 것이 본원이고 어느 것이 본원에서 파생된 것인가 하는 문제이다. 그 둘째 측면은 사유가 존재를 인식할 수 있는가, 다시 말하면 세계를 인식할 수 있는가 또 어떻게 인식하는가 하는 문제이다.

이 두 가지 측면에서도 첫째 측면이 가장 중요한 것이다. 첫째 측면의 문제에 대한 대답 여하에 따라 그 철학이 관념론인지 유물론인지 결정된다. 유물론과 관념론은 철학의 두 갈래 기본노선이다. 철학의 유파는 다종다양하지만 이 두 갈래 노선을 벗어날 수 없다.(13~14쪽)

체계론·이론화한 세계관으로서 철학은 그 기본문제를 해결하고 세계의 본원은 무엇인가, 사유는 존재를 인식할 수 있는가 하는 문제에 대답할 뿐만 아니라 세계는 발전하는가, 어떻게 발전하는가 하는 문제도 대답하지 않으면 안 된다. 이것이 발전관 문제이다. 변증법과 형이상학은 바로 대립하는 두 가지 발전관이다. 객관적 세계의 본래의 면모를 본다면 그것은 물질적인 것이며 또한 변화하고 발전하는 것이다. 유물론과 변증법은 마땅히 유기적으로 결합되어야 한다.(16쪽)

마르크스와 엥겔스는 인류역사상 처음으로 과학적 기초 위에서 유물론과 변증법을 유기적으로 결합시켰으며, 처음으로 유물론을 사회역사 분야에 관철시켜 마르크스주의철학, 즉 변증법적 유물론과 역사적 유물론을 창시하였다. 이는 철저하고 완전한 유물론이며 유물론 발전사에서 최고 형태이다.

마르크스주의철학의 생성은 철학의 성격에도 혁명적인 변화를 일으키어 철학을 단지 '과학의 과학'으로 되지 않고 과학적인 철학으로 되게 하였으며, 과학적인 세계관과 방법론으로 되게 하였다.(18쪽)

마르크스주의철학은 또한 철저한 혁명적 철학이다. 마르크스주의철학은 가장 뚜렷한 두 개의 특성, 즉 계급성과 실천성을 가지고 있다. 철학은 어느 것이나 모두 계급성을 갖고 있지만 마르크스주의철학만이 자기의 계급성을 과감히 승인하고 무산계급을 위해 복무하는 철학임을 떳떳이 언명한다. 마르크스주의철학은 선명한 실천성을 가지고 있다. 그것은 실천에 대한 이론의 의존관계, 즉 이론의 기초는 실천이며 이론은 다시 실천을 위해 복무한다는 것을 강조한다. 마르크스주의철학은 책방 속의 철학이나 앉아서 공담만 하는 철학이 아니라 실천을 지도하는 철학이다.(19쪽)

철학에 대한 이러한 이해 아래 이 책은 제1부에서 변증법적 유물론을, 제2부에서는 역사적 유물론을 다루고 있다.

비슷한 유형의 책으로 빅토르 아파나셰프의 《대중철학개론》이 있다. 이 책도 소련에서 고등학교 학생들에게 유물론의 전체계를 교육하기 위해 집필되었던 교과서이다.

이 책에서는 마르크스주의철학을 주위세계, 그 발전법칙들 및 그 인식방식들에 관한 인간의 견해들의 통합적인 체계라고 규정한다. 그러므로 철학을 공부하면 세계와 그 발전에 대해, 세계에서 인간의 지위가 무엇이며 인간에게 세계를 인식하고 변혁할 능력이 있는가에 대해, 그리고 왜 사회의 삶은 변하며 어떻게 하면 사회를 최선으로 조직할 수 있는가 등에 관한 일관된 생각을 얻을 수 있다고 말한다.(9쪽)

그리고 이러한 철학의 실천적 의의를 다음과 같이 천명하고 있다. 마르크스주의철학은 자연, 사회 및 사유의 일반적인 발전법칙들을 해명하고, 사회주의 혁명의 필요성과 불가피성을 입증하고, 또한 사회주의와 공산주의의 승리를 보여줌으로써, 모든 진보세력이 인류의 더 나은 미래를 위해 투쟁하는 데 매우 귀중한 도움을 준다. 마르크스주의철학은 자연과 사회를 참으로 과학적으로 설명한다. 따라서 이 철학은 자연과 사회의 혁명적 변혁을 위한 강력한 수단이다.(9쪽) 마르크스주의철학은 세계를 인식하고 변혁하기 위한 강력한 이론적 수단이다. 그런데 이렇게 되려면 이 철학은 창조적으로 그리고 그 법칙과 원리가 작동하는 역사의 구체적인 상황을 엄밀하게 고려하여 적용하여야만 한다.(10쪽) 이러한 공산주의의 이념을 구현하려면 무엇보다도 사람들 각자가 과학적인 세계관을 터득해야 한다. 지금 상황에서는 철학, 경제학 및 사회 정치학의 견해들의 통합체계인 마르크스-레닌주의를 바탕으로 과학적인 세계관을 마련하는 것이 가장 중요한 문제이다.(11쪽)

마르크스주의철학은 과학자에게 올바른 길을 보여준다. 이 철학은 문필가와 예술가들이 창작활동을 하는 데 등불 역할을 하며, 이들이 우리 시대의 위대함을 빠짐없이 생생하게 묘사하도록 도와준다.(11쪽)

한 마디로 말해서 민족해방과 사회해방을 위해 싸우는 사람들, 사회주의를 건설하는 사람들, 진리를 찾아 헤매는 사람들, 우주와 생명의 비밀을 탐색하고 싶어하는 사람들은 모두 마르크스-레닌주의의 불패의 가르침과 그 핵심인 철학을 정복해야 한다.(12쪽)

이러한 의도 아래 이 책은 서론에서 과학으로서의 철학과 마르크스주의철학의 등장과 발전을 설명하고 제1부에서 변증법적 유물론을, 제2부에서 역사적 유물론을 다루고 있다.

위에서 두 권의 책을 비교적 상세하게 다룬 이유는 이 책들이 의식화교재의 주된 논의의 방향과 논제를 가장 체계적으로 쉽게 잘 기술하고 있기 때문이다. 우리는 의식화교재들이 한결같이 철학에 대한 비슷한 이해에서 출발하여 비슷한 실천적 귀결을 이끌어내는 것을 볼 수 있다.

다) 편집부 엮음, 《세계와 인간. 주체의 존재・인식・실천》(한마당, 1988) ;
   김경식, 《사람과 세계》(대동, 1989)

앞의 책들이 주체적인 철학함을 내세우면서도 역설적이게도 중국과
소련의 청소년들을 위한 책을 편역하여 우리 사회의 젊은이들을 의식
화시키려고 했다면, 지금 소개하는 책들은 한국적인 상황을 고려한 주
체적인 사회주의 철학입문서인 셈이다. 즉 북한의 주체철학의 입문서
인 《세계와 인간—주체의 존재・인식・실천》(한마당, 1988)과 거기에
방향을 맞춘 해설서인 김경식의 《사람과 세계》가 고찰의 대상이다.

옛부터 철학의 근본 문제는 신, 세계 그리고 인간이었다. 아리스토텔
레스가 철학의 중요분과를 신학, 우주론, 영혼론으로 나누었는가 하면,
현대의 위대한 철학자의 한 사람인 야스퍼스는 철학의 핵심 주제를 실
존해명, 세계정위, 초월로 규정하여 논하고 있다. 이렇게 볼 때 주체철
학의 핵심 문제를 다룬 책이 《세계와 인간》이라는 제목을 달고 있는
것은 전혀 생소한 느낌을 주지 않는다. 여기에는 '신'이라는 전통철학의
근본주제가 떨어져 나갔을 뿐이다.

이 책에서 거듭거듭 주장하는 주체철학의 획기적인 독창성은, "사람
이 모든 것의 주인이며 모든 것을 결정한다"는 철학적 원리에 기초하
고 있다는 점이다. 철학사에서 볼 때 철학의 관심이 인간 주체로 쏠린
것은 데카르트의 "나는 사유한다. 그러므로 나는 존재한다"는 명제에서
나타나며, 칸트의 '코페르니쿠스적전환'으로 그 절정에 이르렀다고 할
수 있을 것이다. 20세기에 들어서서 실존철학과 철학적 인간학이 대두
하여 철학적 토론의 중심을 차지하게 된 것은 이러한 추세의 계속된 진
행이라 할 수 있다. 따라서 주체철학의 독창성이 단순히 인간을 철학의
중심 테마로 자리매김한 것이라고 말한다면 성급한 주장일 것이다. 어
쨌거나 철학의 전반적인 추세에 걸맞게 인간을 다루었다는 것만은 사

실이다.

이 책은 세계가 사람, 자연, 사회로 나뉘는 것으로 보고 있다.(24쪽, 39쪽) "사람은 가장 발전된 물질적 존재이며, 물질세계 발전의 특출한 산물이다."(19쪽) 이렇듯 세계를 물질이 나름의 법칙에 따라 진화발전하여 현재에 이른 것으로 보고, 그 진화의 최정상을 인간이 차지하고 있는 것으로 본다. 세계의 주인인 인간은 자연과 사회를 자기의 의사와 요구에 맞게 목적의식적이고 능동적으로 개조해 나가며 지배할 권리와 의무를 갖는다.(41쪽 이하) 세계를 개조하고 지배하면서 사람은 자연과 사회의 발전법칙을 잘 인식하여 최대한으로 활용해야 한다. 자연과 사회 모두에 통용되는 필연적이고 객관적인 법칙이 있는데, 그것은 새것과 낡은 것과의 투쟁에서 새것이 승리한다는 것이다.(32쪽) 세계의 변혁과 투쟁의 축을 이루는 것은 물질세계의 가장 발전되고 힘있는 존재인 인간의 자주성, 창조성, 의식성이다. 이것은 한 마디로 세계와 자기 운명의 주인으로서의 인간이 자기 의사와 요구에 맞게 세계를 목적의식적으로 능동적으로 혁명과 투쟁을 통해 개조하여 지배해 나간다는 뜻이다. 이렇듯 인간의 생활이란 "한 마디로 말하여 자연을 정복하고 사회를 개조하는 사람들의 창조적인 활동이며 투쟁이다."(276쪽) 이런 식의 투철한 혁명적 인생관을 따라 살 때, 인간은 삶의 가치와 보람과 행복을 마음껏 누릴 수 있다. 이상이 4부(제1부 '세계와 인간', 제2부 '사회와 혁명', 제3부 '자주와 창조', 제4부 '혁명적 인생관')로 이루어진 《세계와 인간》의 간략한 내용 요약이다.

다음은 노동자를 위한 철학입문서임을 자처한 김경식의 《사람과 세계》를 살펴보자.

철학은 이제 전문인의 전유물도, 한가한 사람의 지적 유희도, 여유 있는 사람만의 교양의 표징도 아니다. 철학은 모든 사람에게 관련이 있고 관련되어야 한다. 이제 여러 여건의 성숙으로 우리에게도 철학의 대중화의 실현이 눈앞에 다가왔다. 우리 사회에도 철학의 사회화의 추세가 퍼져가고 있고, 철학의 필요성을 모두가 공감하고 있는 실정이다. 일반인들의 철학에 대한 관심이 고조되어 가고 있으며, 그에 따라 일반인들도 쉽게 접근하여 읽고 이해할 수 있는 철학서적에 대한 요구가 증대하고 있다. 몇몇 철학서적이 인문사회계열의 베스트셀러 부분을 차지한 것도 이러한 철학의 대중화의 추세와 무관하지만은 않을 것이다. 김경식의 《사람과 세계》도 이렇게 대중을 — 특히 근로대중을 — 겨냥하여 쉽게 풀어 쓴 철학입문서라고 할 수 있다.

저자는 머리말에서 이렇게 말하고 있다. "우리 사회에서는 민중을 위한 참된 철학을 찾아보기 어려운 형편입니다. 철학은 있어도 힘과 지혜를 주고 마음의 감옥을 열어 주는 참된 민중의 철학이 없습니다. 이 사회에 탁류처럼 범람하는 철학들은 모두 우리의 민족정신을 무너뜨리는 남의 나라 철학인 수입철학이라고 해도 그것은 과언이 아닐 것입니다. 그러므로 그것은 아무리 읽어도 마음의 기둥으로 삼을 만한 정신적 양식을 얻지 못합니다."

그리고 저자는 《사람과 세계》에서 개진한 철학에 대해 이와 같이 확신하고 있다. "이 책에 담긴 철학은 우리 민중에게 참된 삶의 지혜와 정신적 자양분을 주며 나라와 민족이 나아갈 자주의 길을 밝혀 주는 이념의 밝은 등불이라고 필자는 확신합니다."

이러한 취지를 가지고 저자는 쉽게 자신의 '참된 철학'을 다음의 다섯 가지 세부사항으로 나누어 개진하고 있다.

먼저 1장에서 '철학이란 무엇인가?'라는 물음을 제기하고 "철학은 인간운명의 길잡이다"라고 대답한다. 그러하기에 철학의 근본문제는 사람을 위주로, 사람이 세계에서 어떤 지위를 차지하고 어떤 역할을 하는가를 다루는 문제들이어야 한다고 주장한다.

2장에서는 '세계란 무엇인가?'를 설명하고 있다. 저자는 세계의 근원은 물질이라는 유물론적 입장에서 출발한다. 사람도 물질적 존재일 따름이다. 물질세계의 장구한 발전과정에서 가장 발전한 물질적 존재가 인간이라는 것이다. "그러나 사람은 단순한 물질적 존재가 아니라 물질 세계의 발전을 대표하는 특수한 물질적 존재"이다.(33쪽) 그 다음 세상 만물은 어떻게 존재하는가라는 물음을 던지며 "세상만물은 끊임없이 운동하면서 시간과 공간 속에 존재한다"고 대답한다.(33~39쪽) 그리고 세계의 사물현상이 상호 연관 속에서 끊임없이 변화발전한다는 것을 주장한다.

그 다음 3장에서는 사람을 살펴본다. 여기서는 먼저 사람의 기원을 설명한다. 결론은 인간이 특이한 원숭이의 한 갈래로부터 유인원으로, 유인원으로부터 원인(原人), 고인(古人), 신인(新人)을 거쳐 기원하였음 이 뚜렷이 과학적으로 증명된다고 한다.(51~57쪽) 그리고 나서 사람의 본성은 무엇인가를 묻는다. '사람을 사람으로 만드는' 근본특성이 있는 데, 그것은 자주성, 창조성, 의식성 등이다. 따라서 사람은 단순히 '노동 하는 존재'가 아니라 자주성, 창조성, 의식성을 가진 사회적 존재이 다.(76쪽) 그런데 자주성, 창조성, 의식성은 사회 역사적으로 형성하고 발전해 온 사람의 사회적 속성이다.(80쪽) 사람의 성질은 사람들이 세 상에 생겨난 이래로 사회관계를 맺고 살아오는 과정에서 역사적으로 형성된 사회적 속성이다.(81쪽)

제4장에서는 '세계에서 사람이 차지하는 지위와 역할'을 다룬다. 사 람은 세계의 주인이며 세계의 개조와 변혁함에서 결정적 역할을 한다. 사람은 자기 운명의 주인이며 운명을 개척하는 데에서 결정적 역할을 한다.

제5장에서는 '사람 중심의 세계관'을 다룬다. 세계관은 세계에 대한 견해와 관점, 입장의 전일적인 체계이다. 세계는 사람에 의해 지배되고 사람에 의해 개조되기에, 사람을 위주로 하여 세계를 보아야 하고 사람 을 중심으로 하여 세계를 대해야 한다. 참된 노동계급의 철학이 밝힌 관점과 입장은 우선 세계의 주인인 사람의 이익으로부터 출발하여 세 계를 대하고, 세계를 개조하는 사람의 활동을 기본으로 하여 그 변화발

전을 대해야 한다는 것이다.

이렇게 간략하게 정리해 볼 때, 《사람과 세계》에서 저자가 '참된 철학'이며 우리 "나라와 민족이 나아갈 자주의 길을 밝혀 주는 이념의 밝은 등불"이라고 확신 있게 천명한 것이 사실은 '주체사상'의 간략한 소개와 해설임이 확연히 드러난다. 저자는 그 중에서 많은 사람들이 식상해 하는 김일성 수령에 관련된 내용을 전부 제외하고, '인간'이라고 사용되고 있는 것을 '사람'으로 고쳐서 표현하고, '혁명적 인생관' 같은 너무나 과격하다 싶은 것은 "우리의 현실을 고려하여" 완화하여 설명하고 있다.

라) 한국철학사상연구회, 《철학강의. 삶, 사회 그리고 과학》(동녘, 1991)

다음은 마지막으로 '수입된' 사회주의 철학입문서가 아닌 국내의 진보적인 소장 철학자들이 주체적으로 사유하여 집필한 철학개론서인 《철학강의. 삶, 사회 그리고 과학》을 살펴보기로 하자.

철학에 대한 요구가 급증했던 시대적 사회적 분위기를 현실과의 연관 가운데 보면서 그들은 이렇게 말한다. "이제 역사와 사회의 진보를 외면하던 철학은 현실의 삶과 치열하게 대결하고 거기서 문제와 문제의 해답까지도 찾아내려 하는 사유로 전환할 수밖에 없게 된 것이다. 이런 의미에서 철학에 대한 요즘의 요구는 역사적 진보에 대한 요구, 사회 변혁에 대한 요구와 다른 것이 아니다."(4쪽) 그러나 현실을 변화시키는 일이 어렵듯이, 이러한 요구에 부응할 수 있는 철학을 정립하고 보급하는 것 또한 쉬운 일이 아님을 자인한다. 진보와 변혁의 이념이 확산되면서 사회주의철학이 소개되고 그동안 금기시되어 왔던 정통마르크스주의의 변증법적 유물론과 역사적 유물론도 학습되고 북한의 주체사상도 알려졌다. 이러한 온갖 '신사고'가 물밀듯이 밀려들어 오지만 그것이 오히려 많은 사람들에게는 더욱더 혼란만을 조장할 뿐이다.

많은 사람들이 철학의 중요성을 이야기하며 각자 자기 나름의 철학을 세우려고 했지만, 단순한 인생관이나 가치관을 넘어서는 이론적 세계관으로서의 철학, 다시 말해 그 자체의 독특한 역사와 지위, 역할을 갖고 있는 과학적 이론으로서의 철학은 우리 삶 속에 깊숙이 뿌리내리지 못하고 있는 것이 현실이다.(5쪽)

철학이 우리의 현실에 뿌리를 내려야 한다면, 우선 새롭게 가꾸어야 할 토양은 대학의 교양과정일 것이다.

철학이라는 학문은 오랫동안 대학에서 교양필수과목으로 개설되어 왔지만, 그동안 대부분의 철학 시간에 학생들이 배웠던 것은 서양철학사의 일부분이거나 가르치는 사람조차도 그 의미를 제대로 알 수 없는 현학적 언설뿐이었다.

1980년대 이후 진보적 이념의 확산으로 철학 수업의 내용은 적어도 겉으로 보기에는 크게 변했지만, 과연 그것이 학생들로 하여금 이 시대를 살아가는 자신의 삶을 다시 생각하도록 만들었는가라고 묻는다면 여전히 의문으로 남는다. 이러한 진보적인 철학의 내용에 공감하는 학생들조차 무조건 외우거나 받아들여야 하는 공식처럼 학습했을 뿐이고, 한때 철학의 문을 기웃거렸던 많은 사람들은 곧 실망해서 일상의 삶으로 되돌아가 버렸다. 이렇게 해서 철학은 또다시 구체적 삶과 현실로부터 분리되어 버렸다.(6쪽)

그동안 이런 상황을 개선해 보려는 시도가 없었던 것은 아니다. 수많은 대중용 교재들이 개발되었으며, 심지어 대중의 입맛에 맞게끔 철학적 사유의 단편들을 잘라내어 판매하는 수법을 사용하기도 했다. 그러나 이런 식으로는 철학의 구체성과 현실성을 실현시킬 수 없었다. 한마디로 교조적인 이론을 단지 쉽게 풀어 쓴다거나, 대중의 기호에 아부하는 것만으로는 근원적인 문제를 해결할 수 없었던 것이다.

그러면 어떻게 해야만 철학을 정말 생동적인 것으로 되살릴 수 있을까? 우리는 우리 삶의 근본적인 문제, 즉 삶의 의미는 무엇이며, 나는 무엇을 바라며 어떻게 살 것인가 등에 대한 성찰에서부터 다시 출발해야 한다. 그리고 이 문제들이 우리를 둘러싼 사회, 세계와 어떤 관련이 있는가를 따져 봐야 한다. 철학은 바로 이런 물음을 던지는 데서 시작되는 것이다. 그리고 이런 물음들을 체계적이고 과학적으로 해명하는 것이 과학적 이론으로서의 철학의 역할이다.(6쪽)

이러한 문제의식에서 출간한 이 책은 다음의 두 가지를 관철하려고 했다. 우선 모든 사람들이 살아가면서 부딪히는 삶의 여러 가지 구체적인 문제들을 제기하고 이를 찬찬히 따져 보고 생각해 보는 탐구의 방법을 따를 것, 그리고 이러한 탐구 과정에서 일상적, 구체적인 문제에서 사회적, 역사적인 문제로 발전해 나가고 더 나아가 과학적 이론으로서의 철학의 의의와 역할을 부각시킬 것, 즉 체계적인 서술이 되도록 하려고 한 것이다.(7쪽)

서장에서는 철학에 대한 종래의 견해들이 편협함을 밝히고, 철학의 역사성과 사회성을 통해 철학에 대한 잠정적인 규정을 시도하면서 실천적 삶을 강조하고 있다.

제1부 삶과 철학에서는 개인의 구체적인 삶에서 생기는 철학적 문제들, 즉 죽음, 실존, 자의식, 욕망, 노동, 소외, 가족과 성 등의 문제를 다루며, 제2부 사회와 철학에서는 개인의 구체적 삶이 사회와 어떻게 연관되어 있는가를 살피기 위해 개인의 자유와 사회 발전, 사회 정의와 평등, 민주주의와 국가의 문제, 이데올로기와 문화의 문제를 더욱 체계적 이론적으로 다루었다. 이를 통해 개인의 삶에 대한 성찰이 사회 역사적 지평으로 확대될 수밖에 없음을 확인하게 된다. 제3부 과학과 철학에서는 1, 2부에서 다룬 모든 문제들을 더욱 이론적 체계적 수준에서 정리하면서 과학과 세계관, 인식과 진리, 의식과 물질, 역사와 변혁의 문제를 다루고 있다.

다양한 주제들을 다루지만, 이 책 전체를 꿰뚫는 중심축은 인간의 활동, 특히 그 중에서도 의식적이고 합목적적인 '노동'이다. 인간과 관련된 것은 모두 노동의 산물이며, 이런 의미에서 노동이야말로 인간의 삶을 지탱해 주는 기둥이자 올바른 삶의 태도를 형성하는 데 필요한 열쇠라는 점이 다시 한번 강조되어야 할 것이다. 노동을 통해서 세계와 인간을 이해하고, 노동을 통해서 세계와 인간을 변혁하는 것이 우리가 지향해야 할 바람직한 삶의 태도가 아니겠는가?(8쪽)

철학은 어떤 문제들을 다루는가? 지금까지 철학이 한 일을 살펴보면 철학이 다루는 것은 인생의 문제일 수도 있고, 세계 일반의 문제일 수도 있고 과학의 방법 문제일 수도 있다. 아마도 과학, 특히 경험과학이 다루지 않는 거의 모든 문제들을 철학이 다룰 것이다. 그런데 눈여겨 보아야 할 것은 철학이 다루는 문제가 어떠한 것이든지 그것은 시대적인 요청과 관계가 있다는 것이다. 시대는 철학자들에게 어떤 문제를 우선적으로 해결할 것을 요구한다. 철학자들은 이와 같은 시대적 요청을 남보다 예민하게 포착함으로써 시대의 과제를 해결하는 데 중요한 역할을 담당한다.(15쪽)

철학은 궁극적으로 한 민족이 나아갈 운명을 보여주는 것이며, 그에 대처하는 행동지침을 제공하려고 한다. 이런 의미에서 철학을 사상이라고도 부른다. 이러한 과제를 수행하려 할 때 철학은 누구나 가지고 있는 인간 이성의 능력 외에는 어떤 것에도 의지하지 않는다.(18쪽)

한국적인 상황에서 출발하여 한국사회의 실천적 변혁을 꾀하는 한국적 사회주의 철학입문서임을 자부한 이 책도 그 근본바탕에서는 중국과 소련의 철학입문서와 별 차이가 없음을 우리는 한눈에 알 수 있다. 정말로 '주체적인 사유함'을 강조하는 철학이라면 외국에서 유행하는 철학을 수입해다가 그것을 쉽게 우리 사회에 적용시켜 보려고 대드는 성급하고 비주체적인 시도는 하지 말아야 할 것이다. 더구나 동구권과 소련마저도 사회주의철학의 실천적 변혁에 근본적인 문제가 있음을 인정해서 서둘러 기본적인 이론의 노선을 수정했는데도 아직도 시대착오적으로 그 기본 토대와 기본적 논리 전개를 고집하는 것은 그야말로 자신들이 주장하는 철학정신을 정면으로 위배하는 것이다. 어쨌거나 우리는 여기에서도 '주체적으로 철학함'이 얼마나 중요하며, 이 시대 이 땅에서 철학하는 사람들이 시급히 해결해야 할 과제임을 새삼 확인할 수 있다.

3) 일반인을 위한 교양철학서

필자가 분석대상으로 삼은 책은 다음과 같다.

가) 김형석, 《철학이야기. 알기 쉬운 철학입문서》(샘터, 1981)
나) 김하태, 《철학의 길잡이》(종로서적, 1987)
다) 강영계, 《철학에 이르는 길》(서광사, 1984)
라) 엄정식, 《철학으로 가는 길》(미완, 1987)

가) 김형석의 《철학이야기—알기 쉬운 철학입문서》

이 책은 부제가 말해주고 있듯이 철학을 모두가 친근할 수 있도록 쉽게 풀이해 준 책이다. 필자는 철학을 공부하기 위해서는 철학사와 철학개론을 한 권씩 읽는 것이 좋다고 권하면서, 철학개론이 대개가 어렵고 저자에 따라 그 내용이 다르기 때문에 철학사를 먼저 읽는 편이 도움이 될 것이라고 말한다. 역사적인 내용은 저자가 마음대로 바꿀 수 없기 때문이라고 한다. 필자는 철학사 중심으로 철학이야기를 펼쳐 나가고 있으며, 누구나 알고 있어야 할 철학자들만을 비중 있게 다루고 큰 영향이 없는 철학자들은 이름만 소개하였다.

나) 김하태의 《철학의 길잡이》

이 책도 일종의 철학개론서인데, 필자가 밝히고 있듯이, 이 책이 다른 철학개론서와 다른 점은 좀더 알기 쉬운 말로 철학을 처음 공부하는 사람에게 도움이 되도록 한 점이다. 그는 철학의 초보자가 종래의 철학개론서를 대하면서 부딪히는 어려움으로 두 가지를 지적한다. "하나는 종래의 철학 개론이 너무 전문적인 용어를 사용하기 때문에 철학을 이해하는 어려움이 많다는 점이다. 다른 하나는 철학개론을 쓰는 철학자란 대개 자신의 철학을 조직적으로 또는 체계적으로 피력하려고 하는데, 이것은 철학에 익숙한 사람에게는 흥미롭고 유익하지만 철학에 익숙하지 못한 사람에게는 오히려 부담스러워서 큰 도움이 되지 못한다는 점이다." 필자는 이러한 어려움을 극복하기 위해서 철학의 문제를 자유롭게 다루고 평이한 말로써 철학의 정신을 드러내 보려고 노력한다. 그리고 필자는 철학적 문제를 풀어 나가는 데 플라톤의 사상을 철학적 통찰의 출발점과 밑바탕으로 삼고 있다. 김형석의 《철학이야기》와는 다르게 문제 중심으로 이야기를 풀어 나가고 있다. 철학한다는 것, 철학하는 두 가지 방법, 두 개의 세계, 안다는 것, 바깥 세계에 대한 앎, 지식론의 2대 주류, 진리란 무엇인가?, 참으로 있는 것, 값진 것, 바라는 것들의 세계 등과 같은 주제를 쉽게 설명하고 있다.

다) 강영계의 《철학에 이르는 길》

이 책도 많은 사람들이 갖고 있는 철학에 대한 잘못된 편견을 지적하며 시작한다. 그러한 편견들로는 첫째, 철학은 현실과는 상관없는 공리공담만을 일삼거나, 둘째, 세상을 초월한 고매한 진리를 담은 것이어서 감히 접하기 어려운 학문이거나, 셋째, 일상인의 지식이 바로 철학이므로 따로 철학이라는 말을 쓸 필요가 없다거나, 넷째, 어려운 개념을 나열함으로써 지식을 자랑하려는 공허한 학문이라고 생각하는 경향들이다.

이와 대비하여 강영계는 이렇게 말한다. "현실은 의식의 반영이다. 인간이 어떤 의식을 소유하며 어떠한 의식의 수준에 있는가에 따라서 그에 대응하는 현실이 펼쳐지게 마련이다. 우리들의 구체적인 정치·경제·문화·사회적인 현실은 어떤 모습을 띠고 있는가?" 이러한 의식

과 현실의 연관에 대한 근본적인 구도 아래 필자는 철학적인 개념과 문
제에 일상적인 언어를 통하여 접근하려고 노력한다. 그러다 보니 다소
질서와 체계를 무시하고 산만한 주제들을 다룬 감이 없지 않음을 인정
하고 있다.

이 책의 목적은 일상적인 사고방식을 철학적인 사고방식으로 전환시
키며 지양시키는 데 있다고 천명한다. 이런 의도에서 다음과 같은 주제
들을 다루고 있다. ― 철학에 대한 그릇된 생각들, 철학이란 무엇인가,
논리적인 생각은 왜 필요한가, 우리는 무엇을 어떻게 아는가, 행복을
찾아서, 말의 뜻, 자연적 아름다움과 예술적 아름다움, 종교에 관한 명
상, 현실과 이상의 갈등, 고뇌와 병과 죽음, 인간이란 무엇인가.

라) 엄정식의 《철학으로 가는 길》

이 책은 저자가 밝히고 있듯이 주로 '너 자신을 알라'라는 소크라테
스의 가르침을 맴돌고 있으며, 그 점이 다른 철학개론서와 다른 점이
다. 그렇다고 이 책이 자아의 인식에 관해 분석적이고 사변적인 이론을
펼치고 있는 것은 아니다. 오히려 책의 제목이 말해 주듯이 '철학으로
가는 길'이 무엇인지를 친절하고 자상하게 제시하려는 '관광 안내 책자'
같은 것이며, 이 낯설고 외딴 고장의 이름이 바로 '나 자신'으로 나타난
다고 저자는 말하고 있다.

이 책은 모두 4부로 나뉘어져 있다. 제1부에는 '철학이란 무엇인가
(개념별로 풀어 쓴 작은 철학사)'라는 뜻이 담겨 있는 '철학으로 가는 길'
이라는 제목이 붙어 있지만 철학의 정의와 본질을 규명하기보다는 철
학의 기원과 주제와 중요한 철학자들의 입장을 평이한 문체로 소개함
으로써 읽는 이들로 하여금 중요한 철학적 주제 및 철학자들과 친숙해
지도록 하고 있다. 철학의 여러 문제들을 우리의 주변에서 일어나는 상
황들과 연관시킴으로써 '철학을 생활화'하고자 하고 있다. 제2부는 '철
학을 어떻게 할 것인가(철학의 과제)'라는 제목을 붙였지만 철학의 전문

적인 방법론을 다루지는 않고 오히려 '생활의 철학화'의 시각 아래 주위에 흩어진 생활의 편린들을 수집하여 그것들을 철학의 관점에서 조명하고 있다. 제3부 '철학으로 무엇을 할 것인가(철학과 현실)'에서는 우리가 당면한 현실, 즉 현대의 위기 상황이나 소외 현상, 분단시대를 살아가고 있는 민족의 고뇌, 지식인과 대학의 이념, 학생 문제의 진단과 처방 등에 관한 저자의 견해를 정리하고 있다. 제4부인 '철학을 왜 가르쳐야 하는가(철학교육 방법론)'에서는 철학교육의 당위성을 우리가 당면한 현실의 문제를 구체적으로 분석하면서 제시하고 있다. 저자 자신이 고백하고 있듯이, 이 책에는 한 철학자의 학구적 전문성이 결여되어 있고, 체계적인 논변이나 비판적인 고찰 또는 확고한 입장 같은 것이 뚜렷하게 제시되고 있지는 않다.

4) 청소년을 위한 철학입문서

필자의 분석대상이 된 책은 다음과 같다.

　가) 소홍렬 외, 《고등학교 철학》(대한교과서, 1985) ;
　　　한국정신문화연구원, 《고등학교 철학》(대한교과서, 1986)
　나) 정해창·곽신환, 《고등학교 철학》(대한교과서, 1996) ;
　　　신일철 외, 《고등학교 철학》(대한교과서, 1996)
　다) 위기철, 《철학은 내 친구》(청년사, 1991)

가) 소홍렬 외, 《고등학교 철학》(대한교과서, 1985) ;
　　한국정신문화연구원, 《고등학교 철학》(대한교과서, 1986)

소홍렬 등은 《고등학교 철학》에서 고등학교에서 철학이 필요한 것은, 철학적 지식이 부족하기 때문이 아니라 철학적으로 생각하는 능력을 개발하는 것이 중요하기 때문이라고 말한다. 철학적 지식은 일생을 통하여 언제든지 습득할 수 있지만, 철학적으로 생각하는 능력은 고등학교 수준에서 개발되는 것이 바람직하기 때문이다. 철학적으로 생각하는 데는, 먼저 철학적 문제의 성질을 파악하고, 그것을 철학적 방법으로 풀어 나가는 능력이 요구된다. 이런 목적을 위한 철학교육은 학생들이 여러 가지 철학적 문제를 접하게 하면서 과거의 여러 철학자들이 어떤 방법으로 그런 문제를 해답하려고 했던가를 배울 수 있도록 하는 것이 중요하다.

이 책에서는 철학의 중요 문제를 다섯 개의 문제 영역, 즉 진리와 인식, 존재와 초월, 윤리와 규범, 사회와 역사, 인간과 자연으로 나누고, 각각의 문제 영역에서 4개의 문제를 다루고 있다. 이렇게 모은 20개의 문제는 지금도 살아 있으며, 보편적인 중요성을 가진 문제들이다. 그리고, 고등학교 학생들의 이해 능력과 관심 정도에서 다루어질 수 있는 문제들이다. 자세히 살펴보면 처음의 네 문제 영역은 서양철학에서 제기된 문제들이고 마지막의 인간과 자연은 동양철학에서 주로 논의되어 왔던 문제들이다.

한국정신문화연구원의 《고등학교 철학》은 집필 목적을 다음과 같이 밝히고 있다. 첫째, 가능한 한 집필자의 주관을 배제하여, 이 입문서를 처음 대하는 고등학교·학생들이 편견에 사로잡힘이 없이 스스로 생각할 수 있도록 도모한다. 둘째, 어려운 철학 용어나 표현을 피함으로써 철학이 어려운 것이라는 막연한 선입견에서 오는 불안감을 제거하여 철학에 쉽게 다가갈 수 있도록 유도한다. 셋째, 같은 주제를 동양과 서양의 두 입장에서 다룸으로써 동양철학과 서양철학의 관점들의 비교를 가능하게 하고, 내용이 서양철학에 너무 치우치지 않도록 균형을 꾀한다.

이런 목적 아래 이 책은 여섯 개의 장, 스물세 개의 절로 구성되어 있다. 여섯 개의 장은 '철학적 탐구', '사고와 논리', '인식과 진리', '실재와 초월', '도덕과 행위', '사회·문화·역사'인데, 이것은 철학에 대한 일반적 소개인 첫째 장을 제외하고는 철학의 각 분야인 논리학, 인식론, 형이상학, 윤리학, 사회・문화・역사 철학의 영역과 대체로 일치한다. 이 책의 특징은 철학적 문제를 서양철학의 시각 아래에서만 보지 않고 동양철학의 관점에서도 논의하여 학생들로 하여금 비교철학적인 이해 속에서 한 쪽에 치우치지 않는 고른 문제의식과 시각을 기르도록 배려했다는 점이다.

나) 정해창・곽신환, 《고등학교 철학》(대한교과서, 1996) ;
　　신일철 외, 《고등학교 철학》(대한교과서, 1996)

1996년부터 6차 교육과정에 맞추어 고등학교에서 철학이 4단위로 교육됨에 따라 고교철학 교재도 개편되고 새로 출간되었다.

정해창과 곽신환의 《고등학교 철학》은 저자들이 밝히듯이 한 가지 원칙 아래 씌어졌는데, 그것은 단순한 철학사적 지식의 전달은 가능한 한 줄이고, 주어진 철학적 주제들을 학생들 스스로가 생각하도록 유도한다는 원칙이다. 이러한 원칙 외에도 이 책은 다음과 같은 집필 목적을 두고 있다. 첫째, 가능한 한 집필자의 주관을 배제하여 학생들이 선입견을 갖지 않고 스스로 철학적 문제들을 사고하도록 한다. 둘째, 어려운 철학 용어나 표현을 피함으로써, 철학이 어려운 것이라는 막연한 불안감을 갖지 않도록 한다. 셋째, 스스로에 대해서 항상 진지하게 생각하는 사람이 되도록 한다. 넷째, 동양과 서양의 철학적 관점들을 비교해 볼 수 있도록 한다.

이 책은 열 개의 장으로 구성되어 있다. 즉 "나와 철학", "말과 논리", "앎과 과학", "삶과 윤리", "미와 예술", "존재와 초월", "유가 철학", "불가 철학", "도가 철학", "역사, 문화 그리고 미래 사회" 등이다. 제1장부터 제6장까지는 주로 서양철학의 주제들이고, 제7장부터 제9장까지는 동양철학의 주제를 다루었다. 마지막 장인 제10장은 대체로 현실적인 문제들을 다루면서 전체를 마무리하였다. 그전의 교재에서는 철

학의 중요 문제들이 동서양의 시각 아래 균형 있게 다루어졌는데, 여기
에서는 다시 동양철학과 서양철학을 구분하였으며 주로 서양철학의 시
각 아래 주제를 다루고 있다. 이것이 동양철학과 서양철학을 전공한 사
람들 사이에서 의견 조정이 안 된 결과임을 생각한다면, 이러한 시대착
오적인 발상에 대해 철학자들은 책임을 져야 할 것이다.

다) 위기철, 《철학은 내 친구》(청년사, 1991)

위기철의 《철학은 내 친구》는 새로운 형태의 철학 안내서이다. 저자
가 밝히고 있듯이 최대한 쉽게 쓰려고 노력을 하였으며, 서술문보다는
이야기투가 사람들에게 친근한 점을 활용하여 본문 전체를 철학이 독
자들에게 들려 주는 대화체로 꾸미고 있다. 그리고 옛사람들의 지혜를
활용하기 위해서 속담이나 옛날이야기를 많이 끌어들이고 있다. 그렇
지만 속담과 옛날이야기가 철학적 세계관이 아닌 상식적 세계관을 반
영하고 있음을 전제하고 있다. 저자는 철학을 전공한 사람이 아니지만
철학이 몇몇 철학 전문가들만의 친구가 아닌, 모든 사람들의 친구가 되
어야 한다는 믿음에서 이 책을 쓰게 되었다고 말하고 있다. 저자는 2년
후 《반갑다 논리야》라는 쉬운 논리학습서를 발간하여 중고등학생들에
게 논리에 대한 붐을 조성한다.

이 책은 모두 여섯 이야기로 구성되어 있다. '철학적으로 생각한다는
것', '사람이 세계를 생각한다', '생생하게 생각하기', '연관의 여러 형태
들', '세계의 변화를 사람 뜻대로 이끈다', '바른 인식이란 무엇인가' 등
이다. 우리가 현실에서 부딪히는 다양한 문제들에 제대로 대처해 나가
야 하는데, 이럴 때 우리는 우리 자신의 주체적인 판단에 의존하는 수
밖에 없다. 그러나 우리는 모든 문제를 혼자의 판단만으로 해결할 수는
없다. 그래서 감각, 경험, 지식, 상식 따위의 여러 자료들을 활용해야 한
다. 그렇지만 이것도 스스로의 주체적인 판단능력이 서 있을 때에 올바
로 활용할 수 있다. 그런데 주체적인 판단능력을 키우려면 무엇보다도

체계적이고 논리적으로 사고하는 방법을 훈련해야 한다. 문제를 해결하려면 먼저 문제를 체계적으로 파악하여 정리할 필요가 있다. 그런 다음 문제를 조리 있게 따져 봐야 해결책도 찾을 수 있다. 그런데 현실의 문제는 단답식의 간단한 문제가 아니라 복잡하게 서로 얽히고 설켜 있다. 그렇기 때문에 우리는 이 문제를 전체로 파악해야 한다. 감각적 판단이나 상식적 판단은 모두 대상에 대해 부분적으로 인식할 뿐이지만 철학은 대상을 늘 전체로 사유한다. 이렇듯 우리에게 닥치는 현실의 문제들을 체계적이고 논리적인 사고로써, 전체를 바라보는 사고로써 해결하려는 것이 곧 철학이다. 철학은 세계 전체에 대해 관심을 갖고 있기에 '이론적 세계관'이라고 불리기도 한다.

사람과 세계는 떼놓을 수 없는 관계를 맺고 있다. 사람은 누구나 자신이 알건 모르건 나름대로 이러저러한 세계관을 가지고 있다. 사람과 세계가 떼어놓을 수 없는 관계에 있기 때문에 우리는 인생의 문제나 그밖의 여러 문제를 고민하는 가운데서 세계를 관련시키지 않을 수 없는 것이다. 그래서 세계관은, 인생관, 가치관, 행복관, 도덕관, 자연관, 사회관, 애정관…… 따위의 다른 모든 견해의 가장 근본적인 바탕을 이루고 있는 법이다. 세계관에 따라 인생에 대한 의미들도 사람마다 달라질 수 있다. 세계관의 문제는 이처럼 중요하기 때문에, 우리가 바른 생각을 갖고 올바른 삶을 살아가려면 우선 우리 자신의 세계관부터 점검해 보아야만 한다. 세계관은 무엇보다 체계적이어야 한다. 우리는 끊임없이 고찰하고 탐구하고 잘못된 부분은 수정하고, 부족한 부분은 채우는 자세로 체계적인 세계관을 세워야 한다. 바로 이러한 체계적인 세계관을 탐구하는 학문이 철학이다.

철학이 세계를 탐구한다고 할 때 갖는 관심은 세계를 보는 관점과 방법, 그리고 세계 전체에 걸친 법칙·원리·본질들이다. 철학도 학문이기에 과학적 사고가 필요하다. 과학적 사고는 단지 현상만 있는 그대로 볼 뿐 아니라, 현상의 본질, 법칙까지도 있는 그대로 보려는 사고이다. 철학은 과학적 사고로서 그치는 것이 아니라 삶과 연관된 실천적인 사고여야 한다. 학문을 하면서 지적 호기심이 생기지만 그러한 호기심의 충족이 학문을 하는 이유도, 목적도, 원천도 아니다. 인간은 현실의 삶을 발전시키기 위해서 현실을 올바로 인식할 필요가 있었는데, 이러한 필요에서 생겨 나왔던 것이 철학이다. 실천적 사고는 무엇보다 자신의 현실 생활에 대한 실천적 관심에서 시작하지 않으면 안 된다. 자기 삶과 주변 현실을 늘 깊이 사색해 보고, 자기 삶을 발전시키는 데에 장애가 되는 문제는 무엇인가, 어떻게 해야 발전이 가능한가, 자신은 어떠한 삶을 살아야 옳은가 따위를 관심 있게 바라보고, 일상 생활에서 실천적으로 적용해 보려는 노력을 기울일 때 생활 속에서 철학을 실천하는 것이다.

5) 종합평가

대학 강의교재로서의 철학개론서가 함축하고 있는 문제점들을 나름대로 해결해 보려고 시도한 모색의 방향을 우리는 두 가지로 나누어 살펴보았다. 그 하나는 철학을 배우지 않은 일반인들도 이해할 수 있도록 쉽게 소개하려고 시도한 일반교양서로서의 철학입문서이고, 다른 하나는 쉬운 소개에 덧붙여 주체적인 철학함을 강조하며 사회의 실천적 변혁을 도모한 의식화 교재이다. 그렇지만 이 둘의 방향이 근본적인 문제를 해결하지는 못한 채 포장만을 바꾸고 비슷한 이웃나라의 상황에서 내용을 빌려 온 이론으로 채웠을 뿐임을 알게 되었다.

청소년을 위한 철학소개서에서도 우리는 똑같은 문제에 봉착하고 똑같은 미봉책만을 발견하였을 뿐이다. 고등학교 철학교재도 대학의 철학개론서의 축소판이었을 뿐이고, 따라서 고등학교 학생들로부터도 철학은 철저히 외면당할 수밖에 없었다. 그나마 철학의 중요 문제를 동서 철학의 관점을 고루 섞어서 고찰한 새로운 시도가 교과과정 개편으로 인하여 원점으로 되돌려지고, 서양철학 전반을 주로 다루고 말미에 구색을 갖추기 위해 동양철학이나 한국철학을 끼워 넣는 해묵은 철학소개 방식이 다시 등장하고 있다.

철학개론과 관련지어 우리가 해결해야 할 과제는 다음과 같다.

첫째, 명실상부하게 '철학함'이 주축이 되는 철학입문이어야 한다. 다시 말해 남의 눈과 사고를 빌려 세상을 보려는 안이하고 게으른 태도에서 벗어나, 비틀거리더라도 우리의 두 다리로 걸으며 우리의 눈으로 보고 우리의 머리로 사유하는 법을 배워야 한다. 스스로 사유하라는 '주체적인 사유'에 대한 요청을 충족시켜야 한다.

둘째, 철학이 내포하고 있는 생활세계적 지평을 망각하지 말아야 한다. 철학의 보편성에 현혹되어 진리 그 자체, 인간 그 자체, 철학 그 자체에만 관심을 가져 철학이 마치 진공 속에서 형성되는 것으로 착각하는 데에서 벗어나야 한다. 그렇게 하지 못한다면 우리는 계속해서 세계적으로 널리 통용되는 남의 철학이론을 부지런히 수입하여 그것을 재빨리 우리 사회에 통용시키는 것을 철학하는 것이라고 착각하게 될 것이다.

셋째, 지금 우리가 놓여 있는 전통과의 단절, 사상적 단절을 한시바삐 극복해야 한다. 우리의 사상적 유산을 현대에 맞게, 현재의 우리 생활세계의 문제상황에 맞게 재해석해서 우리 것으로 만들지 않고서는 동양철학에 대한 훈고학적 고찰도 서양철학에 대한 현학적 연구도 현대를 살아가는 우리 모두에게 철학적으로 아무런 도움이 안 될 것이다.

넷째, 우리는 세계화의 시대를 살아가고 있음을 잊지 말아야 한다. 우리는 우리 시대에 하나뿐인 지구에서 일일생활권 안에서 지구인으로서의 현대인들이 공유하고 있는 문제상황을 정확하게 인식하고 우리 나름대로 철학적으로 대처할 수 있는 방안을 모색해야 한다. 우리는 인류가 처한 현대의 위기에 공동으로 대처하며, 그 위기를 미래지향적으로 해결해 나갈 수 있는 철학적 대안을 우리의 주체적 철학함에서 마련해 줄 수 있도록 노력해야 한다.

이상이 1980년대 이후에 발간된 각종의 철학개론서들을 분석하며 얻은 귀결들이다.

4. 대학 교과과정에서 보이는 서양철학의 수용

1980년대 이후 대부분의 종합대학교에 철학과가 설치되는 바람에 이제 전국적으로 50여 개 대학에 철학 관련 학과가 설치되어 철학이 교수되고 있다. 우리는 우리의 논의에서 그 모든 철학과를 연구의 대상으로 삼을 수가 없기에, 철학과의 교과과정을 선도해 왔고 선도하고 있는 몇몇 대학교의 철학과를 선별하여, 그 과에서 개설·교수되고 있는 과목들을 정리·분석하여 거기에서 드러나고 있는 서양철학 수용의 방향과 내용을 살펴보기로 한다.

교과과정에서 보이는 서양철학 수용의 배경을 이루는 것은, 다양한 분야에서 전문화되어 가며 발전하고 있는 전체 학문의 발전 추세와 현대사회에서 철학이 갖는 중요성이라고 할 수 있다.

모든 분야의 분업화, 전문화는 현대의 일반적인 추세이다. 이러한 추세로 자칫하면 사람들은 자기 분야의 좁은 울타리에 갇혀 자기 것만을 최고로 알고 만족해 하는 우물 안 개구리가 될 수 있다. 이럴 때일수록 전체를 조망해야 할 필요성은 더욱더 시급하다. 인접학문이나 계열학문과의 연계와 대화가 필요하다. 나아가 개별과학들의 철학적 정초와 자리매김이 절실히 요구된다. 과학철학, 자연철학, 사회철학, 경제철학, 정치철학, 법철학, 기술철학, 환경철학, 예술철학, 종교철학, 문화철학, 문학철학 등 개개 분야의 독특성들은 전체 안에서 자리매김을 통해 그 본질적 특성들이 분명해질 수 있다.

현대는 또한 과학 자체에 대한 철학적 탐구가 과거 어느 때보다도 필요한 시기이다. 과학만능주의의 사고와 과학맹신주의의 생활태도가 만연한 가운데 과학과 기술에 의한 인류의 자기파멸의 위협은 날로 가중되어 가는 실정이다. 과학이라는 이데올로기에 대처하기 위해 과학과 기술, 과학과 환경, 과학과 윤리, 과학과 인류의 미래 등의 문제가 철학적으로 심도 있게 논의되어야 할 것이다.

또한 우리는 학문의 방법론 논쟁에도 유의해야 한다. 실증주의 논쟁에서 쟁점이 되고 있는 자연과학과 사회과학의 방법을 둘러싼 해석학과 이데올로기 비판 논쟁도 연구하여 더 나은 사회건설을 위한 노력에 철학이 일익을 담당해야 한다. 더 나아가 학문성 그 자체의 문제와 관련된 진리와 방법에 대한 우리 논의의 논쟁에도 귀를 기울여야 할 것이다.

이처럼 급변하는 현대사회의 발전의 추이에 맞추어 세계화에 동참하려는 의지 속에 전문화되고 세분화된 다양한 철학과목들이 개설되었음을 확인할 수 있다.

다음은 7개 대학의 철학과에서 1986년부터 1989년의 4년 사이에 개설한 철학 교과목의 목록들과 그에 대한 분석이다.[7]

1) 서울대학교

전임 교수의 수 : 17명

1학년 (+ 교양, * 필수)
+철학개론
+현대의 철학적 이해
+일반논리학
*서양고중세철학사
*동양철학개론

---

7) 아래의 교과과정에 대한 조사는 필자가 1990년 한국대학교육협의회의 의뢰를 받고 수행한 연구결과를 다시 재정리한 것이다. 심재룡·김광수·이기상, 《철학과 교육프로그램 개발연구》, 한국대학교육협의회, 1990 참조.

2학년

* 윤리학		87/1	88/1	89/1
* 기호논리학		87/1	88/1	89/1
* 서양근세철학사	87/1	88/1	89/1	
* 한국철학사		87/1	88/1	89/2
* 인식론	86/2	87/2	88/2	89/2
인도철학사	86/2			
서양고중세철학사	86/2	87/2	88/2	89/2
사회철학	86/2	87/2	88/2	89/2
논리학특강		87/2	88/2	89/2
중국불교철학		87/1		89/2

3학년

서양고중세철학의 제문제		87/1	88/1	89/1
현대철학사조1		87/1	88/1	89/1
역사철학		87/1		89/1
언어철학	86/1	87/1	88/1	89/1
* 형이상학	86/1	87/1	88/1	89/1
중국유가철학	86/2	87/2	88/1	89/1
서양근세철학의 제문제	86/2	87/2	88/1	89/1
한국불교철학	86/2	87/2	88/2	
현대철학사조2	86/2	87/2	88/2	89/2
언어철학강독	86/2	87/2	88/2	
현대윤리학	86/2	87/2	88/2	89/2
서양근세철학강독	86/2	87/2	88/1·2	89/2
현대철학사조3	86/2		88/2	
형이상학의 제문제			88/2	89/2
철학교과교육론				89/1
철학교재연구 및 지도법				89/2

4학년

현대철학강독	86/1	87/1	88/2	
동양철학강독	86/1	87/1	88/2	89/1
과학철학	86/1	87/1	88/1	89/2
사회철학강독	86/1	87/1	88/1	89/1

인식론강독	86/1	87/1	88/1	89/1
노장철학	86/2		88/1	89/1
과학철학강독				89/1
형이상학강독	86/2	87/2		89/2
한국유가철학		87/2	88/2	89/2
역사철학강독			88/2	89/2

교양기초	3 과목
전공필수	8 과목
전공선택	30 과목
합 계	41 과목

분석 및 평가

1. 철학개론에 해당하는 강의가 2개, 철학사 강의가 8개, 철학분과에 해당되는 강의가 15개, 철학의 중요 문제를 다루는 강의가 3개, 철학의 방법에 관한 것이 4개, 동양철학에 대한 강의가 9개 개설되었다. 다른 대학과 비교할 때 교수 수에 비해 4년 동안 개설된 과목의 수가 현저히 적은 편이다.

2. 전공선택은 학년이 구별되어 있으나 행정상의 조치일 뿐 다른 학년의 과목도 선택이 가능하다. 그러나 개설된 30개 과목들 가운데 27개가 지난 4년 동안 세 번 이상 개설이 된 것을 볼 때 선택의 폭이 매우 적은 편이다.

3. 동·서양철학이 고루 개설된 편이다. 아무래도 서양철학의 분과와 학파가 세분화되어 있고 전공 교수도 많기에 과목도 그 쪽이 더 많이 개설되었다.

4. 2학년에는 주로 철학사와 기본이 되는 분과가, 3학년에는 근세, 현대 등 특정 시대의 철학 학파와 특수 분과와 철학적인 문제를 다루는 과목이, 그리고 4학년에는 강독이 주로 개설되었다.

5. 철학을 모르는 학생에게 쉬운 입문부터 시작하여 철학사, 기초 분과, 특정 학파, 특수 분과, 철학적 문제, 강독 식으로 단계에 맞추

어 교수하려는 의지가 잘 드러나 있다.

6. 서양철학에 더 치중하고는 있지만 동양철학에도 비중을 두었다.

7. 비교철학적인 시각의 강의는 없다. 예컨대 문제 또는 주제 중심으로 동·서양을 막론하고 다루는 강의가 있었을 수도 있겠다.

8. 거의 모든 강의가 교수가 진행해 나가는 강의 일변도이고, 강의가 아닌 것으로는 강독이 있을 뿐이다. 세미나는 으레 대학원에서나 하는 것으로 인식되어 있는데, 실상 학생이 주체가 되는 능동적인 철학함을 위해서는 세미나가 훨씬 효율적이다. 독일의 경우는 전적으로 세미나에 의존하다시피 하고 있다.

9. 강의의 주제에 학생들의 문제의식과 관심사가 반영이 되고 토의가 될 수 있어야 한다. 그래야지만 학생들이 강의에 활발하게 적극적으로 관여할 수 있을 것이다. 그래서 학생들로 하여금 자료를 조사해 오고, 문헌을 조사해 오고, 정리·분석·해설·비판해 와서 발표하고 서로 토론할 수 있는 분위기를 조성해 주는 것이 초급단계에서도 매우 유용할 것이다.

10. 언어의 벽 때문에 강독이 차지하는 비중을 무시할 수는 없다. 더욱이 학문으로서의 철학을 지향하는 대학일 경우 고전의 원본이 거의 학술적인 신뢰의 차원에서 번역이 안 되어 있는 실정이기에 전공으로 하는 분야의 어학 해독능력은 필수불가결이다.

11. 학생들이 관심이 있는 철학 분야는 서양 고중세철학과 과학철학이었으며, 철학자로는 플라톤, 아리스토텔레스, 마르크스, 비트겐슈타인 등이었다. 이것은 이 학교 교수들의 전공 분야와 함수관계가 있다고 할 수 있다.

12. 개설되기를 원하는 과목으로서 중세철학, 노장철학, 세분화된 동양철학이 거론된 것은 이 분야에 대한 공급이 부족하다는 것을 나타내 준다.

13. 현행 교과과정에 대해 불만인 사람이 50퍼센트 이상이 된다. 불

만이 가장 큰 이유는 교과개설이 다양하지 못하다는 것이다.

14. 교수진에 대해서는 50퍼센트 정도가 만족을 표했고 시급히 교수
가 확보되어야 할 분야로는 동양철학, 중세철학, 프랑스 철학이 거
론되었다.

2) 연세대학교

전임교수의 수 : 7명

| +철학개론 | +역사의 이해와 역사의식 |
| +동양의 인간과 윤리 | +인간학의 문제들 |

1학년
* 논리학(전공기초)
* 철학입문(전공기초)
* 희랍철학사
* 철학강독(전공기초)
* 중국고대중세철학사

윤리학개론	86/2	87/2	88/2	89/2

2학년

기호논리학	86/1	87/1		89/1
* 서양근대철학사 86/2	87/2	88/2	89/2	
서양중세철학사	86/1	87/1	88/1	89/1
희랍철학특강	86/2	87/2		
방법논리학	86/2	87/2	88/2	89/2
* 중국근세철학사	87/1	88/1	89/1	
중국철학강독	86/1			
동양철학의 제문제	86/2		88/2	89/2
플라톤철학	86/1	87/1	88/1	89/1

3학년

현대철학사조	86/1	87/1	88/1	89/1
대류이성론		87/1	88/1	
서양근세철학특강	86/1			89/2

철학의 문제들		87/1		
공맹순철학	86/1		88/1	89/1
노장철학		87/1	88/1	89/1
묵가철학	86/1	87/1		89/1
아리스토텔레스철학	86/2	87/2	88/2	89/2
칸트철학	86/2			89/1
헤겔철학	86/2	87/2	88/2	
영국경험론	86/2			89/1
가치철학				89/2
사회과학의 철학			88/2	89/2
분석철학	86/2	87/2	88/2	
문화철학의 문제들		87/2		
신유가철학	86/2			89/2
위진현학과 수당불교		87/2		
법가철학		87/2	88/2	89/2

4학년

과학철학	86/1	87/2	88/2	
현상학과 실존철학	86/1	87/1	88/1	89/1
사회철학	86/1	87/1	88/1	89/1
역사철학			88/1	
언어철학	86/1	87/1	88/1	89/1
한국철학사	86/1	87/1	88/1	
중국현대철학		87/2	88/2	
지식론	86/2	87/2		89/2
형이상학			88/1	
해석학	86/2	87/2	88/2	
인간철학		87/2	88/2	
예술철학	86/2	87/2	88/2	89/2
현대철학특강				89/2
조선성리학과 실학	86/2			89/1
인도철학사와 불교철학	86/2		88/2	89/2
철학교과교육론				89/1
철학교재연구 및 지도법				89/2

교양기초   4 과목

전공필수	7 과목
전공선택	43 과목
합 계	54 과목

분석 및 평가

1. 철학개론에 해당하는 강의가 3개, 철학사에 해당하는 것이 7개, 특정 학파나 철학자에 대한 강의가 8개, 철학의 분과 강의가 12개, 철학의 중요 문제를 다루는 과목이 4개, 철학의 방법에 대한 것이 5개, 동양철학이 15개 과목 개설되었다.

2. 전임교수의 수를 염두에 둘 때 동·서양철학을 고루 개설하려는 의지가 강하게 엿보였으며 어느 정도 성공한 셈이다. 서울대와 비교할 때 동양철학에 대한 강의가 훨씬 많은 셈이다. 특정 학파나 철학자에 대한 강의가 많이 개설되었다.

3. 전공선택 과목이 43개 과목인데, 이것은 서울대의 과목 수보다 훨씬 많은 수이다. 총개설 과목수를 보아도 많다. 연세대학교의 전임교수의 수가 서울대학교의 반도 안 되는 것을 고려하면 시간 강사를 많이 확보하여 다양한 강의를 개설하려고 노력하였다.

4. 관심 있는 분야로는 존재론이 압도적이었다. 그 다음 논리학, 종교철학, 사회철학 등을 들 수 있다. 철학자로는 헤겔, 마르크스, 토마스 아퀴나스 등을 꼽았다. 여기서도 가르치는 교수의 전공과 관심사가 학생에게 얼마나 강하게 작용하는지를 확인할 수 있다.

5. 개설을 희망하는 과목으로는 종교철학, 예술철학, 비교철학, 사회철학 등을 들었다.

6. 교과과정에 불만족인 학생은 64퍼센트 정도이다. 여기서도 다양하지 못한 교과과정을 으뜸이 되는 불만의 원인으로 꼽았다.

7. 교수진이 분야별로 고루 확보되었는가 하는 질문에 75퍼센트 가량이 아니라고 대답하였다. 시급히 확보되어야 할 분야는 사회철학, 예술철학, 윤리학 등이 거론되었다.

3) 고려대학교

전임교수의 수 : 10명

교양철학

+ 철학개론   + 동양사상입문
+ 논리학   + 한국사상입문
+ 현대철학사상

전공필수(학기)

* 지식의 문제(2)   * 철학개론(1)
* 윤리학(1)   * 논리학(2)
* 서양철학사(1)   * 인도철학사(1)
* 한국철학사(2)   * 중국철학사(1)

전공선택

서양고대철학	86/1		88/1	
현대독불철학	86/2	87/2	88/2	89/2
서양근대철학	86/1	87/1	88/1	89/1
현대영미철학	86/2	87/2		89/2
도이치고전철학	86/1	87/1	88/1	89/1
유가철학	86/2	87/2	88/2	89/2
중국근대철학	86/1	87/1	88/1	89/1
불교철학	86/2	87/2	88/2	89/2
철학교과교육론		88/1	89/2	
철학교재 연구 및 지도법			88/2	
고급논리	86/1	87/1	88/2	
종교철학	86/2	87/2		89/2
서양중세철학		87/1		89/1
도덕철학의 제문제	86/2	87/2		89/2
형이상학		87/2	88/2	
사회철학	86/1		88/1	
미학	86/1		88/1	
역사철학		87/1		89/1

과학철학	86/2	87/2		89/2
언어철학				89/1
특정학과의 철학연구			88/2	89/2
특정시대의 철학연구				89/1
특정인물의 철학연구				89/2
도이치철학 원전연구			88/2	89/2
희랍철학 원전연구			88/2	
서양철학특강	86/1	87/1		
동양철학특강	86/2	87/2	88/2	89/2
동서비교철학	86/1	87/1		
서양철학의 제문제	86/2	87/2		89/2
동양철학의 제문제	86/1		88/1	89/1

교양기초	5	과목
전공필수	8	과목
전공선택	30	과목
합 계	43	과목

분석 및 평가

1. 철학개론에 해당되는 강의가 2개, 철학사에 대한 과목이 10개, 특정 학파나 인물에 대한 강의가 4개, 철학의 분과에 대한 과목이 8개, 철학의 중요 문제를 다루는 강의가 3개, 철학의 방법을 교수하는 과목이 5개, 동양철학에 대한 강의가 10개, 동서비교철학의 강의가 1개 과목 개설되었다.

2. 지난 4년 동안 개설된 강의의 수가 43개에 불과하고 이것은 학년 구분이 되어 있는 연세대의 54개에 훨씬 못 미치는 수치이다. 그 이유 가운데 하나는 선택이라고 하지만 매년 개설되는 과목이 꽤 많은 비중을 차지하였다는 점이고, 전임이 많기는 하지만(연세대학교에 비해 볼 때) 오직 전임이 중심이 되어 강의가 개설되었다는 데에도 그 이유가 있다고 하겠다.

3. 강의는 주로 철학사와 기초나 특수 분과가 주축을 이루었으며, 그

밖에도 강독과 특정 학파의 소개가 있다.

4. 아무래도 전공선택에서는 서양철학이 더 큰 비중을 차지하였다. 아마도 철학적인 문제와 분과가 서양철학을 중심으로 방향이 잡혀 있기 때문일 것이다.

5. 비교철학과 특정 원전강독을 강조하기는 했지만 실제로 시행은 하지 못하였다. 철학함의 방법론적인 차원에도 신경을 쓰고는 있지만 실제로는 많이 개설하지 못한 실정이었다.

6. 선택의 폭이 형식상 넓기는 했지만 매년 같은 과목이 개설될 경우 학생 측에서 보면(4학년 전 과정을 고려할 때) 결국 선택의 여지가 그렇게 큰 편도 못 되었다. 강의 전체가 적어도 2년이나 3년을 주기로 한번씩 개설된다면 좋을 것이다.

7. 학부의 수준에서는 폭넓은 강의를 듣는 것도 도움이 되었을 것이다. 동·서양을 분명하게 구분하지 않고 문제, 주제별로 양쪽을 넘나들며 다 다룰 수도 있었을 것이다.

8. 세미나 식의 입문도 크게 도움이 된다. 예컨대 고전이 되는 텍스트를 발췌하여 분석·정리·해설·종합·비판하여 와서 발표 토의할 경우 생생한 철학함을 경험할 수 있을 것이다. 원전을 직접 대하는 이점도 누릴 수 있었을 것이다.

9. 스스로 공부하도록 분위기 학풍을 조성해 주어야 한다. 철학사전, 철학사 그 밖의 많은 자료들을 공부하는 사람 스스로가 찾아서 자기 나름의 안목 아래 정리하는 습관을 길러 주어야 한다. 학생의 입에 딱 맞게 조리된 음식을 장만해 주입식으로 진행하던 교수방법을 탈피하여 학생 스스로가 요리하도록 여건을 마련해 주어야 한다.

10. 관심 있는 분야로는 실존철학, 중국철학, 사회철학, 인식론 등을 꼽았고, 관심 있는 철학자로는 마르크스, 니체, 장자, 하이데거 등을 들었다. 가르치는 교수의 전공이 여기서도 어느 정도 반영되었

음을 알 수 있다.

11. 개설되기를 희망하는 과목으로는 현상학, 사회철학 분야, 동양근현대사상사 등이 열거되었다.

12. 현행의 교과과정에 대해 85퍼센트 가량의 학생들이 불만족을 토로했고, 그 이유로는 개설 과목들이 다양하지 못하다는 것, 자유로운 토론의 학문풍토가 아니라는 것, 현안적인 다양한 사상을 접할 기회가 제공되지 못하는 것 등을 들었다.

13. 교수진에 대해서는 60퍼센트 가량의 학생들이 충분하게 확보되어 있지 못하다고 여겼으며 노장철학, 현상학, 사회철학 분야의 교수가 시급히 확보되어야 할 것으로 꼽았다.

4) 이화여자대학교

전임교수의 수 : 7명

교양과목

+ 국민윤리
+ 철학   + 현대 사상의 조류
+ 논리와 사고   (89년부터 국민윤리 대신)
+ 윤리와 사회   + 동서양사상의 조류
+ 문화와 사상   (89년부터 국민윤리 대신)

전공과목

1학년

고대서양철학	86/2	87/2	88/2	89/2
철학의 제문제				89/1

2학년

인식론	86/1	87/1	88/1	89/1
중세서양철학	86/1	87/1	88/1	89/1
사회철학	86/1	87/1	88/1	89/1

기호논리학	86/2	87/2	88/2	
근대서양철학	86/2	87/2	88/2	89/2
언어철학	86/2	87/2	88/2	89/2
예술철학	86/2	87/2	88/2	

3학년

현대서양철학	86/1	87/1	88/1	89/2
예술철학	86/1			89/2
현상학	86/1	87/1·2	88/2	89/2
과학철학	86/2	87/2	88/2	89/2
역사철학	86/2	87/1·2	88/1	89/1
종교철학	86/2		88/1	
논리철학		87/1	88/1	
중국철학		87/1		89/1
실존철학		87/2	88/2	89/2
현대동양철학		87/2	88/2	
인도철학			88/1	
한국철학				89/2

4학년

문학철학	86/1			89/1
철학자연구	86/1	87/1	88/1	89/1
가치철학	86/1		88/2	89/2
형이상학	86/2		88/2	89/2
철학문제연구	86/2	87/2		
심리철학		87/2	88/1	89/1
철학교과교육론				89/1
철학교재연구 및 지도법				89/2

교양기초	7 과목
전공선택	29 과목
합 계	36 과목

분석 및 평가

1. 철학개론에 해당하는 강의가 2개, 철학사에 대한 과목이 5개, 특정

학파나 인물에 관한 강의가 3개, 철학의 분과를 다루는 과목이 13개, 철학의 중요 문제에 대한 강의가 4개, 철학의 방법을 다루는 과목이 4개, 동양철학에 대한 강의가 5개 과목 개설되었다.

2. 전공과목의 학년 구별이 있다. 과목의 난이도를 나타내고 있는 행정상의 조치였다. 학생들은 한 학년 위의 개설과목들도 수강신청할 수 있다.

3. 전공과목들은 철학사, 기초 및 특수 분과 중심으로 짜여져 있다.

4. 선택에서 자유는 최대로 보장되었지만 매년 거의 같은 과목이 개설된 편이기에 실제로는 다른 대학에 비해 선택의 폭이 가장 적은 것으로 나타나고 있다.

5. 서양철학이 주축을 이루고 있다. 동양철학에 관한 강의가 매우 적게 개설된 편이다.

6. 학생들이 관심을 두고 있는 분야는 예술철학, 형이상학, 사회철학, 실존철학이며, 철학자는 비트겐슈타인, 마르크스, 하이데거, 아리스토텔레스 등이다.

7. 개설되기를 희망하는 과목으로는 해석학, 사회철학(마르크스-레닌주의 철학), 미학 등을 꼽았다.

8. 교과과정에 대해서는 55퍼센트 가량이 만족한 것으로 나타나며, 불만족인 학생들의 이유는 교과목이 다양하지 못하다는 점, 특정 철학에 너무 치우쳐 있다는 점, 기초과정의 수업이 무성의하다는 점 등이다. 전공필수가 없는 점 또한 단점을 내보이기도 한다고 볼 수 있겠다.

9. 교수진에 대해서는 75퍼센트 가량이 고루 확보되었다고 만족하고 있는 셈이다. 더 확보되어야 할 분야로는 동양철학과 예술철학을 꼽았다.

5) 서강대학교

전임교수의 수 : 6명

교양 - 전공필수

+ 철학개론   * 논리학개론
+ 철학적 인간학   * 형이상학
* 윤리학   * 인식론

전공선택

인식론특강			88/2	89/2
종교철학	86/1			
사회철학	86/1			89/2
철학적 심리학	86/1			89/1
고대철학사	86/1	87/1		
고대철학사2			88/1	89/1
중세철학사	86/1	87/1	88/1	891
토미즘	86/1	87/1	88/1	
중국철학사1	86/1	87/1	88/1	
현대중국철학				89/1
서양철학강독1(독어)	86/1	87/1	88/2	89/2
과학철학		87/1		89/2
역사철학		87/1	88/1	
현대영국철학		87/1	88/2	
인도철학사		87/1	88/1	
인도철학특강			88/2	89/2
한국철학사		87/1		89/1
한국철학특강				89/2
예술철학				89/1
해석학				89/1
현상학				89/1
철학적 신론				89/1
기호논리학입문	86/2			89/1

언어철학	86/2	88/1
근대철학사	86/2	88/2
독일관념론	86/2	88/1
현대철학사	86/2	88/2
현대프랑스철학	86/2	
중국철학사 2	86/2	88/2
서양철학강독2(독어)	86/2	89/1
서양철학강독2(불어)		88/2
철학적 논리학		88/2
그리스철학		89/1
그리스철학 2		88/2
생철학		88/2
철학연습		88/2 89/2
도덕철학		89/2
자연철학		89/2
대륙합리론		89/2
철학교과교육론		89/1
철학교재연구 및 지도법		89/2

교양기초	2	과목
전공필수	4	과목
전공선택	41	과목
합 계	47	과목

분석 및 평가

1. 철학개론의 강의가 1개, 철학사에 대한 강의가 8개, 특정 학파나 인물에 대한 강의가 10개, 철학의 분과를 다루는 과목이 16개, 철학의 방법을 교수하는 과목이 5개, 동양철학에 대한 강의가 7개 과목 개설되었다.

2. 선택과목에서는 철학사에 많은 비중을 할애하였다. 학교의 특수성에 비추어 특정 학파를 강조하고 있음도 역력하다.

3. 원서강독에도 신경을 썼던 편이다.

4. 아무래도 서양철학이 주축이 되었다. 동양철학이 매우 적게 개설

된 편이다.

5. 학생들이 관심을 갖은 분야는 종교철학, 노장철학, 윤리학, 형이상학이며 철학자는 칸트, 헤겔, 장자, 마르크스, 하이데거 등이다.

6. 교과과정에 대해서는 85퍼센트 가량이 불만족이다. 이유는 개설과목이 다양하지 못하다는 것이다.

7. 교수진에 대해서는 85퍼센트 가량이 고루 확보되어 있지 않다고 불만을 토로하였다. 시급히 확보되어야 할 분야로는 독일관념론, 동양철학, 사회철학 등을 들었다.

6) 한국외국어대학교

전임교수의 수 : 6

교양철학

+ 철학개론
+ 가치와 행위
+ 논리와 사고
+ 철학의 역사
+ 동양의 지혜
+ 미학
+ 사회철학

전공과목

1학년

철학서강독1
+ 철학서강독2
* 논리학
* 윤리학
* 서양고대철학사
* 서양중세철학사

2학년

* 서양근세철학사
* 인식론
* 중국철학사
* 한국철학사
* 형이상학
* 현대철학 사조
* 독일철학특강

3학년

* 영미철학강독

* 과학철학

인간학	86/2	87/2	88/2	89/2
역사철학	86/2			
사회철학	86/1	87/1	88/1	89/1
윤리학연습	86/1		88/1	
인식론연습	86/2		88/2	
논리학특강			87/1	
사회윤리학특강	86/2	87/2	88/2	
해석학	86/1			89/1
철학교과교육론				89/1
종교철학		87/1	88/1	89/1
프랑스철학강독			88/2	89/2
철학교재연구 및 지도법				89/2
제3세계철학특강		87/2		89/2
종교사상특강				89/2
미학		87/2		

4학년

사회철학연습	86/1	87/1	88/1	
형이상학연습	86/2		88/2	
정치철학		87/1	88/1	89/1
서양고중세철학연습	86/1	87/1	88/1	89/1
서양근세철학연습	86/2	87/2	88/2	89/2
현상학	86/1	87/1	88/1	
실존철학		87/2		89/2
언어철학	86/1		88/1	
과학철학연습				89/1

교양기초	9	과목
전공필수	13	과목
전공선택	24	과목
합 계	46	과목

분석 및 평가

1. 철학개론에 해당하는 과목이 1개, 철학사에 대한 강의가 7개, 특정

학파나 인물에 대한 강의가 8개, 철학의 분과에 대한 과목이 20개, 철학의 중요 문제를 다루는 강의가 2개, 철학의 방법을 교수하는 과목이 4개, 동양철학에 대한 강의가 4개 과목 개설되었다. 철학의 분과에 대한 강의가 많이 개설되어 있는 것이 두드러진다.

2. 필수과목이 많아서 학생들로서는 선택의 폭이 매우 적다. 3학년이 되어서야 선택의 기회가 주어지지만 그것도 극히 미미하다.

3. 서양철학이 주축을 이루었다. 동양철학이 매우 적게 개설되었다.

4. 4학년에는 세미나가 많이 개설된 편이다.

5. 학생들이 흥미를 느끼고 있는 분야는 실존철학, 형이상학, 존재론, 사회철학 등이고 철학자는 하이데거, 칸트, 마르크스, 헤겔 등이다.

6. 개설되기를 바라는 분야는 사회철학, 예술철학, 동양철학 등이고, 어떤 학생은 과목은 대부분 개설되어 있으나 내용과 수업방식이 문제라고 지적하고 있다.

7. 교과과정에 대해서는 50퍼센트 가량이 불만족이며, 불만족의 이유는 개설과목이 다양하지 못하며 전공필수가 너무 많다는 것이다.

8. 교수진에 대해서는 70퍼센트 가량이 만족을 나타내고 있으며, 보충되어야 할 분야로는 사회철학, 예술철학, 한국철학 등을 들고 있다.

7) 한신대학교

전임교수의 수 : 4

전공필수

* 철학개론(1/1)
* 중국철학입문(1/2)
* 중국철학1(2/1)
* 중국철학2(2/1)
* 논리분석1(2/1)
* 논리분석2(2/1)
* 고중세철학(1/2)
* 서양근세철학(2/1)
* 현대유럽철학(2/2)
* 현대영미철학(3/1)

150

전공선택

현대영미철학강독1	87/1		89/1
마르크스주의철학	87/1		
언어철학	87/1		89/1
중국철학연습	87/1		
도가철학		88/1	
과학철학			89/2
과학철학강독			89/2
서양근세철학(3)		88/1	
역사철학		88/1	89/2
구조주의			89/2
심리철학		88/1	
철학원서강독		88/1·2	
독어원서강독1(2)		88/2	89/1
독어원서강독2(2)			89/2
실존철학	87/1		
미학			89/1
현대철학강독	87/1		
서양현대철학2(4)	87/1	88/1	
현대사회철학			89/2
사회철학입문(2, 3)	87/2		
사회철학강독	87/2		
한국철학		88/2	
한국문화철학			89/1
한국불교철학		88/2	
주체사상			89/2
중국선진시대철학연습	87/2		
교육철학 (2, 3)	87/2		
영미분석철학강독	87/2		
영미철학연습		88/2	
서양현대철학1(3)	87/2		
프랑스현대철학	87/2		
현상학	87/2		
비트겐슈타인의 철학	87/2		
독일철학강독			89/1·2

독일관념론(헤겔)	87/2	89/1
관념론과 유물론		89/1
변증법		88/2
칸트	88/2	
동양철학과 과정철학		89/2
플라톤과 아리스토틀철학		89/2

전공기초 및 필수	11 과목
전공선택	40 과목
합 계	51 과목

분석 및 평가

1. 철학개론에 대한 과목이 1개, 철학사에 대한 강의가 6개, 특정 학파나 인물에 대한 강의가 20개, 철학의 분과를 다루는 과목이 11개, 철학의 방법을 다루는 강의가 2개, 동양철학에 대한 강의가 11과목 개설되었다. 특정 학파나 인물에 대한 강의가 많이 개설되어 있는 점이 두드러진다.

2. 전공필수의 내역을 보면 6개 과목이 철학사에 관한 것이고 두 개가 입문에 해당하고 두 개가 '논리분석'이고 하나가 기초분과(윤리학)이다.

3. 동·서양을 고루 안배하려는 노력이 엿보인다. 그러나 서양철학이 주축을 이루었으며 사회철학 분야의 강의가 두드러진다. 동양철학에도 꽤 비중을 두고 있음이 드러나고 있다.

4. 강독이 많이 개설되어 있는 편이다.

5. 전공필수가 많은 편이나 선택과목을 다양하게 바꾸어서 개설하였기 때문에 총 개설과목 수는 다른 대학에 비하여 아주 많은 편이다.

6. 학생들이 관심 있어 한 분야는 인식론, 사회철학, 인간학, 존재론 등이고 철학자로서는 마르크스, 헤겔, 칸트, 비트겐슈타인 등이 거론되고 있다.

7. 개설되기를 바라는 과목으로는 한국철학사, 종교철학, 마르크스-레닌철학, 현상학 등을 꼽고 있다.

8. 교과과정에 대해서는 65퍼센트 가량의 학생이 불만을 나타냈으며 그 이유는 강의가 다양하지 못하다는 것과, 학년에 맞지 않게 교과가 개설되었다는 것이다.

9. 교수진이 분야별로 고루 확보가 안 되어 불만인 학생은 90퍼센트 이상이었으며, 시급히 확보되어야 할 분야로는 동양철학, 사회철학, 현상학, 해석학 등을 들고 있다.

8) 종합 평가

여기에서도 전반적으로는 철학개론을 분석하며 비판적으로 지적한 내용들이 모두 적용된다고 할 수 있다. 개설된 교과목들과 학생들의 반응들을 감안하여 다음과 같은 몇 가지로 평가할 수 있다.

첫째, 주체적인 사유에 바탕한 철학함이 구체적으로 이루어지는 철학강의여야 한다. 철학과에서 실행되고 있는 강의 방식이나 내용을 보면, 철학사 내지는 철학자나 철학의 분파 또는 철학의 분과를 교수가 주로 강의 일변도의 방식으로 지식을 전달하고 학생들은 그것을 그저 듣고 외우기만 하는 식으로 이루어지고 있는 실정이다. 학생들은 고작해야 정해진 교재에만 매달려 그것만을 읽을 뿐 관계되는 다른 책은 거의 읽지 않는다. 흥미 없음 속에 교수의 강의에만 전적으로 의존하기에 강의 내용이 어렵다고 불평만 한다. 학생들의 관심사를 반영할 수 있는 주제들을 수업의 내용으로 선정하고 문제 중심으로 강의를 운영하여 학생들 스스로가 필요한 자료들을 조사해오고, 읽어오고, 발표하고, 토론할 수 있는 교수와 학생이 함께 꾸려나가는 교수・학습이라면 더 활기찬 강의가 되고 더욱 주체적인 수용이 될 것이다.

둘째로 지적되어야 할 것으로는 '우리말로 철학할 수 없는 교육여건'

이다. 동·서양을 망라하여 믿고 인용할 수 있는 기초 원전들의 번역본이 확보되어 있지 않은 실정이다. 해당 철학이나 철학자의 언어를 알지 못하면 소경이 코끼리 만지기 식의 자신 없는 접근만이 가능하고, 그래서 철학에 대한 논의 자체가 많은 경우 문구의 이해 자체에만 얽매여 창조적인 해석으로의 활로가 차단되어 버리게 마련이다. 전문가의 양성과 전문가적인 번역과 해설이 시급히 요청된다. 여기에서도 우리는 관점 없는 주해와 문헌학적 토대가 없는 해석을 지적해야 한다. 전문분야를 탐구할 때 후학들이 안심하고 참고로 인용하여 믿고 올라설 수 있는 토대를 마련해야 한다는 학자적인 사명감과 양심이 요청된다. 과거의 사상적 유산도 그냥 지식 전달의 차원에서 소개하고 그치는 것이 아니라 뚜렷한 입각점에서 비판적이고 주체적으로 수용해야 할 것이다. 우리의 사상적 뿌리에 대한 정리가 시급하다. 여기에서도 뚜렷한 해설자의 관점이 드러나는 그러한 문제의식을 담은 해석이 요청되며, 문헌학적 탐구 위에서 깊은 학문적 탐구를 수반하는 정리 구성이 이루어져 그것을 바탕으로 삼아 후학들이 토의와 논쟁을 거쳐 한걸음 앞으로 더 나아갈 수 있도록 해야 할 것이다.

셋째, 우리 시대의 전반적인 문제를 — 사회, 정치, 경제, 학문, 예술, 종교, 역사 등을 — 염두에 두고 철학자들은 뚜렷한 자신의 견해를 가지고 철학적인 문제해결의 성의를 보여야 한다. 단순히 철학사에 대한 지식을 전달하는 수준을 벗어나서 — 인류 지혜의 유산을 전수한다고 하더라도 분명한 안목을 갖고 자기 것으로 만들려는 의지를 보여야 한다 — 뚜렷한 문제의식을 가지고 문제 중심의 철학교육을 의도해야 한다. 권위적 태도의 주입식 교육에서 벗어나서 학생들과 더불어 문제를 토의하여 논증, 반박, 수정, 선택, 동의, 존중하는 대화적인 학문 풍토의 분위기를 조성해 나가야 한다. 그러기 위해서는 학생들이 이미 간행된 자료를 충분히 조사, 수집, 분석, 해석, 비판, 종합하는 세미나 방식의 수업을 적극 도입해 나가야 할 것이다.

넷째, 철학사 중심이나 분과 중심의 강의를 지양하여 — 물론 전적으로 배제하자는 것이 아니고 그 비중을 조정하자는 것이다 — 문제 중심의 강의를 할 때, 동·서양의 관련된 자료들을 전부 참조하도록 하여 편중된 시각을 교정하고 나름대로 종합적인 해결방안을 모색하여 독자적인 철학적 입장을 세워 나가는 것을 익히도록 해야 한다.

5. 우리말로 철학하기의 필요성

1980년 이후의 철학개론서와 교과과정에서 나타난 서양철학의 수용을 살펴본 결과 가장 중요한 것은 서양철학을 얼마만큼 주체적으로 수용하여 우리의 것으로 만들 수 있는가 하는 것임을 알 수 있었다. 다시 말해 철학함의 축을 우리의 역사와 문화에, 우리의 삶의 현장에 두고 주체적으로 철학해 나가는 것이 관건임을 알 수 있었다. 오늘 이 땅에서 살고 있는 철학인들은 우리가 직면하고 있는 시대적 문제들을 해결해 나갈 때, 우리의 현실과 생활세계를 포괄하는 우리만의 독특한 이해의 지평을 잊지 말고 역사와 삶의 주체로서 우리의 문화적 유산을 현대적인 문제의식으로 재해석하여 미래를 위한 대안을 우리 나름대로 발견하려고 노력해야 한다. 우리의 문제상황 가운데에서 중심을 잃지 않고 주체적으로 대응하여 우리 나름의 해결책을 마련하고 그것을 이론적으로 정립한다면, 그것이 곧 한국철학일 것이다.

그러나 이러한 한국철학의 정립을 위해서는 무엇보다도 한시 바삐 모든 면에서 우리말로 철학할 수 있는 여건을 마련하는 것이 중요하다.

서양철학을 비롯하여 철학이 강단에서 가르쳐진 지도 70년 이상이 지났건만 아직도 우리는 우리말로 철학을 할 수 있는 교육적인 여건을 마련해 놓지 못한 형편이다. 무엇보다도 동·서양을 망라하여 믿고 인용할 수 있는 기초 원전들의 번역본이 확보되어 있지 않은 실정이기 때문이다. 해당 철학이나 철학자의 언어를 알지 못하면 소경이 코끼리 만지기 식의 자신 없는 접근만이 가능할 뿐이고, 그래서 철학에 대한 논의 자체가 많은 경우 문구의 이해 자체에만 얽매여 창조적인 해석으로의 활로가 차단되어 버린다. 전문가의 양성과 전문가적인 번역과 해설이 시급히 요청된다. 여기에서도 우리는 관점 없는 주해와 문헌학적 토대가 없는 해석은 지양해야 한다. 전문분야를 탐구함에서 후학들이 안심하고 참고로 삼아 인용하여 딛고 올라설 수 있는 토대를 마련해야 한다는 학자적인 사명감과 양심이 요청된다. 과거의 사상적 유산도 단지 지식 전달의 차원에서 소개하고 그치는 것이 아니라 뚜렷한 입각점에서 비판적이고 주체적으로 수용해야 할 것이다. 우리의 사상적 뿌리에 대한 정리도 시급히 해결해야 할 과제이다. 여기에서도 해설자의 뚜렷한 관점이 드러나는 그러한 문제의식을 담은 해석이 요청되며 문헌학적 탐구 위에서 깊은 학문적 탐구를 수반하는 정리와 구성이 이루어져서, 그것을 바탕으로 삼아 후학들이 토의와 논쟁을 거쳐 한걸음 앞으로 더 나아갈 수 있도록 해야 할 것이다.

▌▌▌ 철학개론서 목록 (1980년대 이후)

가톨릭철학교재편찬위원회, 《고등학교 철학》, 이문출판사, 1989.
강성률, 《철학의 세계》, 한울, 1994.
강영계, 《철학에 이르는 길》, 서광사, 1983.
———, 《철학의 발견》, 자유시대사, 1986.
———, 《청소년을 위한 철학에세이》, 해냄, 1988.
———, 《신 철학 에세이》, 참꼴, 1989.
강원도 교육위원회, 《철학과 생활》, 조양출판사, 1992.
강재윤, 《철학(사전전개와 현대의 제문제)》, 일신사, 1988.

교양교재편찬위, 《철학개론》, 서울대 출판부, 1981.

교양교재편찬위, 《대학철학》, 건국대 출판부, 1988.

권기철, 《철학적 사고입문》, 성광문화사, 1982.

김경식, 《사람과 세계》, 대동, 1989.

김관배, 《철학원론(사물의 본질성에 근거한)》, 사초출판사, 1986.

김기곤, 《철학의 기초》, 박영사, 1985.

────, 《철학의 기초이론》, 새날, 1985.

김길락 외, 《고등학교 철학》, 대한교과서, 1987.

김성진, 《철학개론》, 양서원, 1987.

────, 《철학》, 성신여대 출판부, 1989.

김여수 외, 《철학개론》, 한국방송통신대학 출판부, 1982.

김용구, 《철학산책》, 사계절출판사, 1983.

김준섭, 《철학개론》, 박영사, 1985.

김진, 《생활 속의 철학》, 자유사상사, 1990.

김하태, 《철학의 길잡이》, 종로서적, 1987.

김현용, 《교양 철학연습》, 도서출판 경남, 1993.

김형석, 《철학입문》, 삼중당, 1980.

────, 《철학이야기. 알기쉬운 철학입문서》, 샘터사, 1981.

────, 《인간과 세계에 대한 철학적 이해》, 삼중당, 1981.

남기영 외, 《철학개론》, 보성문화사, 1983.

다까마 나오미사, 참한 편집부 편역, 《철학이란 무엇인가》, 참한, 1985.

대한철학회 편, 《철학개론》, 합동교재사, 1986.

동경대 출판회, 한울 편집부 옮김 《철학사강의》, 한울, 1983.

동아일보 출판부, 《철학 : 오늘의 흐름》, 동아일보사, 1987.

래러·콘맨, 《철학의 문제와 논증》, 형설출판사, 1989.

모터머 애들러, 김한경 옮김, 《철학산책》, 자유문고, 1985.

務臺理作, 홍윤기 옮김, 《철학개론(세계, 주체, 인식, 실천)》, 한울, 1982.

문화출판공사 편집부, 《주머니 속의 철학》, 문화출판공사, 1988.

미끼 끼요시(三木淸), 편집부 옮김, 《철학입문》, 나남, 1982.

미셸 그리나, 송영진 옮김, 《철학의 단계적 이해》, 서광사, 1986.

미카엘 비트쉬어, 서유석 옮김, 《철학의 모험》, 동녘, 1996.

박문정 편저, 《철학개론》, 창문각, 1984.

박상규, 《열린사회의 철학 : 인간과 사회에 대한 반성》, 학민사, 1989.

박용호 외, 《철학개론》, 경기대출판국, 1985.

백산서당 편집부, 《철학의 기초이론》, 백산서당, 1984.

백승기, 《철학》, 형설출판사, 1984.

─── , 《철학》, 빅벨출판사, 1990.

버트란드 러셀, 박영태 옮김, 《철학의 문제들》, 서광사, 1989.

부민문화사 편, 《철학개론, 요점정리. 문제연구》, 부민문화사, 1981.

빅토르 아파나셰프, 김성환 옮김, 《대중철학개론》, 사상사, 1990.

서광선, 《철학하는 방법》, 이화여대 출판부, 1980.

서동익, 《교양으로서의 철학》, 전남대 출판부, 1982.

서배식 역저, 《철학, 철학사, 현대철학, 철학적 인간학》, 동아학습사, 1981
    (Hirschberger).

서울교대 철학연구동문회 편역, 《어린이를 위한 철학교육》, 서광사, 1986.

서울대학교 교양교재편찬위원회, 《철학개론》, 서울대 출판부, 1988.

성균관대 철학과 역편, 《철학입문》, 성균관대 출판부, 1985.

소광희 외 역편, 《철학의 제문제》, 지학사, 1984.

소비에트연방 과학아카데미, 이성백 옮김, 《철학교과서 I》, 사상사, 1990.

─── , 이성백 옮김, 《철학교과서 II》, 사상사, 1991.

소홍렬 외, 《고등학교 철학》, 대한교과서, 1985.

손봉호, 《오늘을 위한 철학(철학입문)》, 지학사, 1986.

시몬느 베이유, 임해림 옮김, 《철학교실》, 중원문화, 1990.

신일철 외, 《고등학교 철학》, 대한교과서, 1996.

안정관 외, 《교양철학》, 효성여대 출판부, 1987.

안현관, 《철학개론》, 형설출판사, 1981.

안호상, 《철학개론》, 대한교과서, 1986.

앙드레 베르제·드니스 위스망, 《새로운 철학강의》, 인간사랑, 1988.

─── , 남기영 옮김, 《프랑스 고교철학 I : 인간학, 철학, 형이상학》, 정보여
    행, 1995.

─── , 남기영 옮김, 《프랑스 고교철학 II : 인간과 세계》, 정보여행, 1996.

야스퍼스, 《철학입문》, 다문, 1991.

어린이 철학교육 연구소, 《노마네반 아이들》, 관문서관, 1987.

엄정식, 《철학으로 가는 길》, 미완, 1987.

──, 《철학하는 마음》, 철학과현실사, 1990.

──, 《철학이란 무엇인가》, 문학사상사, 1992.

예지각 편집부, 《철학개론》, 예지각, 1991.

오곤여, 《철학개론》, 오남도서출판공사, 1988.

오병무 외, 《철학의 이해》, 창문각, 1988.

오응종, 《철학개론》, 창문각, 1981.

요셉 피퍼, 허재윤 옮김, 《철학이란 무엇인가?》, 이문출판사, 1986.

위기철, 《철학은 내 친구》, 청년사, 1991.

──, 《반갑다, 논리야/논리야, 놀자/고맙다, 논리야》, 사계절, 1993.

육사 철학과, 《철학개론》, 법문사, 1986.

윤노빈, 《신생철학》, 학민사, 1989.

이기상 편역, 《주제별 철학강의》, 동아출판사, 1991.

이명현, 《열린 마음 열린 세상》, 철학과현실사, 1989.

──, 《길 아닌 것이 길이다》, 철학과현실사, 1990.

이수창·신상석, 《철학의 근본문제와 실천, 사람》, 일송정, 1990.

이양기, 《인간과 사색》, 이문출판사, 1987.

이영춘 편저, 《철학개론》, 동화문화사, 1986.

이왕주, 《철학풀이, 철학살이》, 민음사, 1994.

이재만, 《철학개론》, 동성사, 1984.

──, 《철학개론》, 일신사, 1986.

이재만 외, 《철학개론》, 일신사, 1983.

이정복, 《철학개설》, 학문사, 1982.

이정호·서유석, 《철학개론》, 한국방송통신대학 출판부, 1987.

이정훈, 《철학개론》, 숙명여대 출판부, 1982.

임병수·조승옥, 《철학개론》, 법문사, 1980.

임창성, 《이야기 속의 철학》, 도서출판 광주, 1988.

쟈끄 마리땡, 박영도 옮김, 《철학의 근본이해》, 서광사, 1984.

전두하, 《철학입문》, 국민대 출판부, 1983.

정종구, 《철학》, 대왕사, 1980.

정진일, 《철학개론》, 박영사, 1983.

정해창 편역, 《철학에 이르는 길》, 교학사, 1990.

정해창·곽신환, 《고등학교 철학》, 대한교과서, 1996.

조재두, 《철학개론》, 삼아사, 1983.

──, 《철학개론》, 형설출판사, 1987.

조희영, 최재근, 《철학통론》, 삼일당, 1984.

中村雄二郎, 《개설철학사》, 백산서당, 1983.

질 들뢰즈 · 펠릭스 가타리, 《철학이란 무엇인가》, 현대미학사, 1995.

찰스 에버렛, 《젊음과 철학의 대화》, 명문당, 1991.

철학개론교재편찬회, 《철학개론》, 경기대 출판부, 1980.

철학교재연구회, 《철학》, 이문출판사, 1986.

철학교재연구회, 《철학개론》, 대광서림, 1983.

철학교재연구회, 《철학개론》, 학문사, 1981.

철학교재편집연, 《철학개론》, 대왕사, 1982.

철학교재편찬위, 《철학개론》, 계명대 출판부, 1988.

철학교재편찬위, 《철학개론》, 맥일단, 1982.

철학문화연구소 편, 《철학강의》, 철학과현실사, 1993.

철학연구회, 《철학입문》, 삼일당, 1991.

최동희 외, 《대학교양 철학》, 일신사, 1983.

──, 《철학개론》, 고려대 출판부, 1980.

최명관, 《철학개론》, 법문사, 1981.

──, 《삶과 철학》, 숭실대 출판부, 1991.

최명관 · 곽신환, 《철학개론》, 법문사, 1990.

최염렬, 《철학개론》, 교학사, 1981.

──, 《철학개론》, 수선사, 1981.

최재희, 《철학원론》, 학영사, 1983.

춘추사 편집부, 《민중철학》, 춘추사, 1984.

편집부 엮음, 《세계와 인간. 주체의 존재 · 인식 · 실천》, 한마당, 1988.

편집부, 《철학에세이》, 동녘, 1983.

프레드 A. 웨스트팔, 양문흠 · 기종석 옮김, 《어떻게 철학을 할 것인가》, 까치, 1981.

하기락, 《철학개론》, 합동교재공사, 1985.

한국방송통신대학 교양학과, 《철학개론》, 동화출판사, 1983.

한국정신문화연구원, 《고등학교 철학》, 대한교과서, 1986.

한국철학사상연구회, 《철학강의. 삶, 사회 그리고 과학》, 동녘, 1991.

한수영 외, 중국청년출판사 편, 《대중을 위한 철학》, 한길사, 1989.

한양대 철학과, 《철학의 제문제》, 한양대 출판원, 1987.

한전숙 외, 《철학개론》, 한국방송통신대학 출판부, 1987.

한전숙·이정호, 《철학의 이해》, 한국방송대학교 출판부, 1996.

황세연 편역, 《철학입문》, 증원문화, 1986.

E. 비어슬리·M. 비어슬리, 이명숙·곽강재 옮김, 《철학적 사고에의 초대》, 서광사, 1985

E. 블로흐, 文學과 社會硏究所 옮김, 《철학입문》, 청하, 1984.

B. A. 브로디, 이병욱 옮김, 《철학과의 만남》, 서광사, 1984.

B. Russel, 권오석 옮김, 《철학이란 무엇인가》, 홍신문화사, 1989.

G. 매튜스, 황경식·김성옥 옮김, 《어린이를 위한 철학이야기》, 샘터, 1988.

G. B. 매튜스, 서울교대 철학연구회 동문 옮김, 《어린이와 함께 하는 철학》, 서광사, 1987.

J. F. 로젠버그, 이재훈 옮김, 《철학은 이렇게 한다》, 서광사, 1987.

J. M. 보헨스키, 표재명 옮김, 《철학적 사색에의 길》, 동명사, 1988.

K. 야두키에비츠, 《철학, 그 문제와 이론들》, 서광사, 1988.

M. B. Woodhouse, 정해창·장승구 옮김, 《철학을 시작하는 사람들에게》, 교학사, 1992.

M. 리프맨·A. 마거릿 샵, 《세살철학 여든까지》, 정음사, 1986.

N. 하르트만, 강성위 옮김, 《철학의 흐름과 문제들》, 서광사, 1987.

R. J. Glossop, 이치범 옮김, 《철학입문》, 거름, 1984.

S. 모리스 엥겔, 이종철·나종석 공역, 《철학, 어떻게 할 것인가》, 문예출판사, 1992.

S. E. 프로스트, 서경식 옮김, 《철학의 이해》, 현암사, 1982.

S. M. 오너·T. C. 헌트, 곽신환·윤찬원 옮김, 《철학에의 초대》, 서광사, 1992.

T. 블라소바, 《철학의 기초》, 새날, 1989.

W. Durant, 이경수 옮김, 《철학이야기》, 문예출판사, 1983.

제3장 한국의 해석학적 상황과 초월론적 자아

- 현상학과 실존철학의 수용과 한국철학의 정립

1. 달라진 세계 속의 달라진 삶

20세기가 저물고 우리는 새로운 21세기에 살고 있다. 20세기는 우리가 실존적인 차원에서나 민족적인 차원에서나 살아남기 위해 몸부림치며 생존을 걸고 싸웠던 세기였다. 꼭꼭 닫아걸고 중국문화만 의존하며 살아오던 삶의 방식이 서양문화의 도전을 받아 어쩔 수 없이 쇄국의 빗장을 열 수밖에 없었으며, 그로 인해 서양의 문물이 물밀듯이 들이닥치면서 생활세계의 구석구석을 파고들어 변화의 파고를 높이 일으켰던 변화무쌍한 세기였다. 변화에 대한 적응만이, 개혁만이 살길임을 깨닫고 지식인들은 앞장서서 발달한 선진문화와 과학과 기술을 배우고 익히며 전수하는 데 모든 힘을 쏟게 되었다.

철학도 이러한 시대적인 분위기에서 벗어날 수 없었다. 철학도들은 서양의 발달한 문화와 문명, 과학과 기술의 밑바탕에는 합리적이고 체계적인 사유방식이 깔려 있음을 간파하고, 한편으로는 빨리 그러한 사유방식을 배워서 익혀 변화에 적극적으로 대응해야 함을 절감하면서, 다른 한편으로는 국민적인 차원에서 의식개혁이 동시에 이루어져야 그것이 가능함을 깨달았다. 한국에서 서양철학의 수용은 이러한 맥락에서 이해되어야 할 것이다.

지난 한 세기 동안 우리나라에서 전개된 '현대 서양철학의 수용과 한국철학의 정립'을 반성하며 정리해 보자는 의도에서 이루어지고 있는 '현상학과 실존철학의 수용과 한국철학의 정립'에 대한 논구는 각별한 의미를 띠고 있다.[1] 왜냐하면 여기에서 논구의 주제가 되고 있는 '현상학과 실존철학의 수용'과 '한국철학의 정립'이라는 두 주제 내지는 사태는 아무런 연관 없이 그저 병렬적으로 놓여 있는 것이 아니라 현상학과 실존철학의 수용이라는 사태가 바로 그 철학함의 태도에서 한국철학의 정립을 요구하고 있기 때문이다. 다시 말해 현상학과 실존철학은 그것이 함축하고 있는 의미에 따라 단순히 유행이나 지식 확장의 차원에서 받아들일 수 있는 성질의 것이 아니라, 그것이 현대의 철학적 논의에서 간직하고 있는 의미와 그것이 요구하고 있는 철학함의 태도를 고려하였을 때, 그 올바른 수용은 사태필연적으로 한국철학의 정립을 요청하며, 따라서 그에 기여할 수밖에 없다는 말이다.

이러한 주장에 근거를 제시하기 위해서 먼저 간략하게 현상학과 실존철학의 철학사적 의미를 살펴본다. 이때 우리에게 중요한 것은, 이 둘 또는 하나의 현대철학의 흐름이 철학사에서 새롭게 통찰하게끔 만든 관점의 발견이나 철학함의 자세는 어떤 것인가 하는 점이며, 그것이 우리의 상황에 비추어 볼 때 무엇을 요구하고 있는가 하는 점이다. 그러한 철학사적 의미를 염두에 두고 그 다음에는 현상학과 실존철학이 누구에 의해 어떻게 수용되고 발전되어 왔는지를 구체적으로 조사 연구해 본다. 시기상으로는 크게 세 시기로 나누어 다양한 수용의 자세와 양태를 고찰하기로 한다. 즉 해방 이전까지의 수용, 해방 이후부터 1960년까지, 그리고 1960년 이후의 수용이 그것이다. 시기는 이렇게 나누었

---

1) 비슷한 주제에 대한 기존의 논의로는 다음과 같은 논문이 있다. 이남인, 〈실존철학, 현상학의 수용과 한국철학에 미친 영향〉, 《한국의 서양철학 수용과 그 평가》, 서울대 철학사상연구소, 1996, 86~113쪽.

지만 본격적인 수용을 말할 수 있는 것은, 철학함의 여러 여건이 성숙
된 1960년 이후부터라고 할 수 있겠기에 우리의 논의도 많은 부분을 이
시기에 할애할 것이다. 그 다음 현상학과 실존철학을 수용하는 양태를
네 가지로 구별하고 그 가운데에서 우리의 주제가 요구하듯이 한국철
학의 정립과 연관이 깊은 수용과 발전의 태도를 집중적으로 논의하기
로 한다. 마지막으로 이러한 현상학과 실존철학의 수용과 한국철학의
정립이라는 논의가 앞으로 이 땅에서 발전적인 철학함의 전개와 관련
지어 볼 때 우리에게 제기하고 있는 과제를 정리하면서 논의를 마무리
짓기로 한다.

2. 현상학과 실존철학의 철학사적 의미

먼저 현상학과 실존철학이 철학사에서 갖는 의미를 간략하게 고찰해
보자. 철학사에서 면면히 이어 내려오고 있는 철학적 논의 가운데 어떤
특정한 사태나 관점의 발견 때문에 현상학과 실존철학이 '철학의 발전'
에 기여했다고 평가될 수 있는지를 살펴보도록 하자.

1) 이론에 대한 실천의 우위 또는 삶의 맥락에 뿌리내리고 있는 학문

이미 하버마스가 올바로 지적하였듯이 현상학과 실존철학이 현대사
회에 기여한 가장 큰 공로의 하나는 '과학에 의해 식민지화되어 가고
있는 생활세계의 위기'를 깨닫게 해준 점이다. 이론이 그 발생론적 기
반을 생활세계의 실천에 두고 있으면서도 자신의 유래를 망각하고 자
신이 추상해서 만들어낸 일면적인 시각이 유일한 것처럼 주장하여 자
신의 척도가 유일한 의미 척도인 것처럼 행동해오며 과학지상주의를
퍼뜨렸는데, 이것이 현상학에 의해 제동이 걸린 셈이다.

2) 주체적 인간에 대한 새로운 구명 : 실존적 신체적 인간

근세철학이, 가장 확실한 기반인 '사유하는 나'에서 출발하여 인간주체를 '사유'에서부터 규정하여 인간의 다른 차원을 간과하고 있음을 꿰뚫어 보고, 인간의 주체성을 새롭게 규정해야 할 과제로 제시한 것은 분명 실존철학의 공로일 것이다. 데카르트의 '사유하는 나' 그리고 칸트의 '행위하는 나'도 인간의 신체적인 면을 배제한 지성적인 차원에서만 움직이고 있음을 간파하고 인간을 '관계맺는 나'로 보게끔 한 것은 바로 키에르케고르의 철학적 통찰이다. 유한보다는 무한을, 시간보다는 영원을, 개별보다는 보편을, 육체보다는 영혼을 선호하고 그것만이 철학의 이상적인 주제라고 천명하여 추구해 온 전통철학의 근원을 파헤쳐 보니, 죽을 수밖에 없는 인간이 자신의 처지에서 벗어나 보려고 하는 실존적인 몸부림이었음을 꿰뚫어본 것이다.

'나는 죽는다'는 것이 가장 확실함을 알면서도 그것을 보편화시켜 '인간은 죽는다'로 만들고, 그 보편적인 죽음 너머에서 철학함의 주제를 긁어모으느라 노력한 것은 결국 가장 자명한 진리인 '나의 죽음' 앞에서의 도피이며, 나의 신체를 외면한 결과일 뿐이다. '나'는 육체에서 해방된 사유로서의 주체도 아니고, 순수의식으로서의 초월론적(선험적) 자아도 아닌 육체를 가진 존재로서 지금 여기 살고 있는 구체적이고 개별적인 바로 이 '나'인 것이다. 나는 바로 나의 육체(신체)이다. 육체의 발견이 실존철학이 이룩해 놓은 공로의 하나이다.

3) 상황에 내던져진 인간

사유 또는 순수의식으로서의 '나'는 시간과 공간에 얽매이지 않고, 역사나 문화에 얽매임이 없이 대상을 자기 앞에 마주 세워 놓으며 대상을 구성하며 자신의 세계를 구축해 나가지만, 이제 육체를 가진 인간은 더이상 그러한 영원과 보편 속을 떠다닐 수 없게 된다. 실존적 인간은 육체를 가진 인간으로서 언제나 상황 가운데 내던져져 있는 존재이다. 그는 그가 원해서 그러한 상황 속에 존재하게 된 것도 아니고, 또 그는 그가 만나는 대상을 마음대로 좌지우지하지도 못한다. 인간은 '세계 속의 존재'이며, 관여해 본 적이 없는 그 '세계'로 선택의 여지없이 내던져져 거기에서 통용되는 삶의 논리와 문법을 배우며 그 세계의 일원으로 살 수밖에 없다. 그렇다고 이 '세계 속의 존재'인 인간이 무기력하게 주어진 상황에 운명적으로 떠밀려서 자신의 일생을 살아 나가는 것은 아니다. 인간의 위대함은 자신의 상황을 떠맡아 거기에서 자신의 존재가능성을 최대로 길어내 올 수 있다는 바로 그 점에 있는 것이다.

4) 시간적 역사적 인간

육체를 가진 인간은 무엇보다도 육체의 제약 속에 살 수밖에 없는 존재이다. 육체를 감옥으로 생각하고 육체를 벗어난 순수한 영(靈)의 상태가 본래적이고 이상적인 상태인 것처럼 꿈을 꿀 수는 있다. 그러나 그런 꿈도 결국 인간이 본질적으로 육체를 가진 존재이기 때문에 꿀 수 있는 것이다. 육체가 안은 최대의 제약은 죽음이다. 그래서 실존철학자들은 한결같이 죽음을 인간을 규정하는 가장 본질적인 요소로 간주한다. 그래서 인간은 — 방식이 다를 뿐이지 — 언제나 명시적으로건 묵시적으로건 죽음과 관계를 맺으며 존재하고 있다. 이러한 존재방식을 '죽음을 향한 존재'라고 명명한다. 인간은 철두철미 '죽음을 향한 존재'이기에 이러한 본질적 차원이 인간이 행동하며 이룩해 놓은 모든 것에 각인되어 있다. 인간은 '끝을 향한 존재'로서 유한한 존재이기에 인간만이 자신의 종말과 관계를 맺으며, 그 종말을 어쩔 수 없는 나의 불가능성의 가능성 또는 가능성의 불가능성으로 받아들여 자신의 삶의 끝을 마감할 수 있다. 인간만이 죽을 수 있는 존재이다. 죽을 수 있는 존재인 인간은 자신의 죽음으로 미리 앞서 달려가 자신의 가능성을 미래로 기획투사하여 그 가능성 아래에서 자신의 존재가능성을 기획하여 현재를 살아나간다. 그러한 존재가능성 아래에서 과거에 실제로 존재해 왔음을 자신에게 주어진 과제로 떠맡아서 새롭게 반복하여 재해석하면서 과거를 다시 잡을 수 있게 된다.

이렇듯 인간의 있음은 단순한 눈앞에 있음이 아니라 "과거를 떠맡고 미래를 기획투사하며 그 가능성 아래에서 현재를 존재해 나감"으로서의 "시간적으로 있음"이다. 이러한 시간적 있음이 구체적으로 일어나는 것이 '사건 또는 생기(生起)'이며 탄생과 죽음 사이에서 일어나고 있는 나의 존재적 생기가 곧 나의 '역사'인 것이다. 나의 역사는 내가 태어난 세계의 역사를 떠맡아서 존재하고 있는 민족적 역사의 한 부분이다. 어쨌거나 인간의 역사성은 바로 인간이 시간적으로 존재함에 근거를 두고 있는 것이다. 역사적 인간은 자신의 역사적 상황을 떠맡아 결단을 내려 새로운 역사적 지평을 열어 나가야 할 임무를 띠고 있다.

5) 본래적 인간, 비본래적 인간

플라톤이 이데아(Idea)의 세계와 독사(Doxa)의 세계를 구분하였듯이 철학의 역사와 더불어 본래성과 비본래성의 구별은 항상 있어 왔다. 그런데 실존철학에서 본래성과 비본래성을 나누는 준거점은 과거의 어느 것과도 다르다. 그것은 곧 실존철학이 발생하게 된 시대적 역사적 사회 문화적 상황과 뗄 수 없는 연관이 있기 때문이다. 이제 인간은 이론적이고 형식적으로만 주체이고 자유롭고 평등한 것으로 만족하지 않고 실제적으로 그렇게 되기를 요구하며 주장하기에 이르렀고, 사회의 여러 여건도 그것을 위해 성숙되었다. 그리고 이러한 자기의식의 성숙의 열매가 '실존'이라는 개념 속에 농축되어 들어온 것이다.

실존이 의미하는 바는 한 마디로 인간의 있음이 단순한 사실적인 눈앞에 있음이 아니라 과제로 부과되어 있음이기에 그 존재적 독특함은 곧 '존재해야 함'이며 그것도 저마다 자신의 존재를 떠맡아 각기 나름대로 '자신의 존재를 존재해야 함'이라는 것이다. 그래서 오로지 인간에게만 그 있음(존재)이 완성된 존재로 주어지지 않았으며, 인간은 존재하면서 바로 자신의 존재(있음)가 문제가 되고 있는 그러한 존재자인 것이다. 인간에게는 지금 그가 무엇으로 존재하고 있는 것이 중요한 것이 아니라 그가 무엇으로 존재하기를 결단내리고 있는가 하는 그의 존재가능이 결정적이다. 인간은 결단 내린 그 존재가능에 따라서 지금의 자신의 있음을 떠맡고 있는 것이기 때문이다. 그러므로 실존에서 중요한 것은, 자신의 사실적 존재를 자신의 존재로 떠맡아(현사실성) 자신의 죽음으로 앞서 달려가 보아 자신의 존재가능성 아래에서 하나의 가능성을 택해서(기획투사) 결단을 내려 자기가 되기로 마음먹은 그 존재가능을 지금 여기서(결단의 순간) 실현해 나가며 존재해 나가는 것이다. 이것이 실존의 본래적인 모습이다.

그런데 인간은 우선 대개 결단을 내리지 않고 남이 자신에게 전해주고 있는 존재가능을 인수받아 거기에 맞춰 살아 나간다. 이렇게 자기 자신으로 존재하는 것을 결단내려 결정하지 않고 보이지 않는 '그들(세인)이' 지정해 주는 존재가능을 아무 저항 없이 당연하게 받아들이고 사는 존재양태를 비본래적 양태라고 이름한다. 인간은 우선 대개 이러한 '그들의 세계' 속에서 안온함과 포근함을 느끼며 '그들'의 삶의 논리와 문법을 따라가며 살 때 정상적이라고 생각하게 된다. 인간의 실존은 이렇듯 '그들'의 세계(사회성)와 '나'의 실존적 세계 사이의 긴장 속에서 그 긴장과 더불어 존재함을 말한다. 사회를 떠난 실존세계가 있을 수 없고 실존세계를 인정하지 않는 사회가 있을 수 없음을 보고 있는 것이다. 현대 인간의 과제는 이러한 긴장을 어떻게 잘 풀어 나가는가 하는 데에 있는 셈이다.

6) 세계를 형성하는 인간

인간은 고립된 생각하는 자아가 아니라 '세계 속의 존재'이다. 세계를 떠난 인간을 생각할 수가 없기에 외부세계의 실재성을 증명해야 하는 것을 철학의 과제라고 생각했던 발상 자체가 '철학의 스캔들'이다. 인간은 태어남과 동시에 자연세계, 사물세계, 인간세계의 한가운데에 던져진 것이다. 인간은 자기가 던져져 있는 그 세계의 법칙과 삶의 문법을 배우며 세계존재로서 성장해 나가는 것이다. 그렇게 세계존재로서 존재하면서 인간은 자신의 실존세계를 구축해 나간다. 이렇듯 인간의 인간됨에는 '세계형성'이 본질적으로 속한다. 인간은 '세계'가 열어 밝히고 있는 존재의 빛 안에서 존재자를 발견하며 그 존재자를 '어떤 것으로서' 대하게 되는 것이다. 선행적인 '세계이해' 없이는 구체적인 도구나 사물에 대한 이해는 불가능하다.

그런데 인간이 그 안으로 내던져지는 '세계의 지평'은 고정된 크기의 어떤 것이 아니다. 인간은 이해의 지평을 확장해 나가면서 자신이 속해 있는 세계의 지평을 넓혀 나간다. 이렇게 '세계형성'이 인간의 본질에 속하기에 인간의 세계는 시대적으로, 문화적으로 다른 형태를 띠고 있는 것이다. 다른 세계에 저마다 다른 삶의 논리와 문법이 통용되어 왔고 통용되고 있다는 사실을 받아들여야 한다. 어떤 특정한 세계에서 통용되어 온 삶의 논리와 문법을 유일한 세계의 논리와 문법으로 주장하는 오류를 저질러서는 안 될 것이다. 이것이 '세계현상'에 주목하게 한 실존철학과 현상학의 철학사적 공로라고 할 수 있다.

7) 이해의 지평(삶의 문법)을 묻는 인간

현상학과 실존철학에서 구명하고 있는 '초월론적 자아'는 내용이 없는 형식적인 '생각하는 자아'가 아니라 '세계를 형성하고 이해하는 해석학적 주체'인 셈이다. 인간의 독특함을 관계맺음에서 보고 자신이 관계맺는 그것을 어떤 형태로든지 언제나 항상 이해하고 있음에서 보는 것이 해석학적 주체의 본질적 특징이라고 할 수 있다. 따라서 인간의 이러한 관계맺음과 이해의 구조를 파헤쳐 구명해 보는 데에서 철학의 과제를 보는 것은 당연하다. 이러한 해석학적 탐구의 성과 가운데 하나는, 대상을 구성하고 세계를 형성하는 이른바 '초월론적 자아'가 시원을 자기 안에 갖고 있는 절대적 존재가 아니라 그 역시 '구성된' 존재라는 것을 통찰한 데 있다. 따라서 이 초월론적 자아는 내용 면에서 그가 놓여 있는 역사적인 조건과 해석학적 상황에 얽매여 있음을 인정해야 한다. 그러기에 형식적으로 우리가 동·서양을 막론하여 구별없이 초월론적 자아를 이야기하긴 해도 내용적으로는 동양의 초월론적 자아가 서양의 그것과 결코 같을 수는 없는 것이다.

　이렇듯 초월론적 자아에 대한 해석학적 탐구는 여러 문화권마다 다른 세계가 있으며, 그에 따라 또한 저마다 다른 이해의 지평이 열려 밝혀져 있고, 저마다 다른 삶의 논리가 펼쳐져 왔음을 통찰하게 하였다. 따라서 현상학과 실존철학이 그것을 수용하고 있는 우리에게 주체적으로 부과하는 과제의 하나는 바로 우리의 세계에서 일어나고 있는 '존재의 사건', '진리의 사건', '세계형성의 사건'으로 눈을 돌려 우리 자신의 '초월론적 자아'에 대한 물음을 제기하고, 우리의 세계이해의 지평을 열어보여 그 세계에서 통용되어 왔으며 통용되고 있는 삶의 문법과 논리를 밝혀내는 것이다.

　이상이 우리의 논의와 연관지어본 중요한 철학사적 의미들이다. 물론 이 밖에도 '이성 자체에 대한 비판', '과학의 환원주의적 태도 비판', '주객도식의 탈피와 상호주관성의 발견' 등이 현상학과 실존철학이 철학사에 기여한 공로임을 지적해야 할 것이다.

3. 우리의 위기에 대한 실천적 대응 — 해방 이전의 수용

해방 이전에도 이미 우리는 우리나라의 철학자에 의하여 논의된 현상학과 실존철학에 대한 글들을 10편 이상 발견할 수 있다. 그러나 이당시의 논의는 철학자에 의한 논구라기보다는 철학도에 의한 논의라할 수 있는 수준의 글들이다. 경성제국대학에 다녔던 모든 학과의 학생들이 합동으로 일종의 학보(學報)라 할 수 있는 《신흥(新興)》을 발간했는데, 거기에 여러 편의 철학논문이 게재되었다. 기록으로는 최초의 현상학에 관한 논문도 거기에 실린 것으로 나와 있다. 즉 권국석(權菊石)의 미완의 논문인 〈현상학의 진리설에 대하여 — Husserl의 《논리학연구》를 중심으로〉가 《新興》 제2호(1929, 51~61쪽)에 실렸다. 실존철학에 관한 한국인 최초의 글은 아마도 1932년 경성제국대학의 졸업논문으로 제출한 박종홍의 〈하이데거에 있어서의 Sorge에 관하여〉라는논문일 것이다. 그 다음은 아마도 한국 최초의 철학 학술잡지인 《철학(哲學)》 제2호(1934, 63~80쪽)에 발표한 신남철의 논문 〈현대철학의Existenz에의 轉向과 그것에서 生하는 당면의 과제〉일 것이다. 그 밖에도 이 잡지에 막스 셸러의 〈철학적 세계관〉이 초역되어 소개되고 있음을 확인할 수 있다. 현상학에 관한 글은 후설의 현상학에 관한 미완의논문과 셸러 저서의 번역 소개가 전부인 셈이다. 나머지는 실존철학에관한 것으로서 거의 대부분을 박종홍이 소개하였는데, 하이데거가 주로 논의의 대상이고 야스퍼스가 한번 비교 연구되고 있을 뿐이다.

여기에서 우리의 주목을 끄는 것은 박종홍의 하이데거에 관한 연구와 신남철의 실존철학에 대한 비판적 논의이다.

먼저 신남철의 논의를 살펴보자. 신남철은 '실존의 철학'에서 우리가처한 '사회적 모순'을 어떤 권위에 의해 구제해 보려는 의식적인 의도를 보면서 이렇게 말하고 있다. "메시아사상 때문에 후방으로 퇴각하여 있던 희랍적 존재론을 메시아사상과 거의 동위치에 클로즈업하려고 하며 다시 그 장면을 형이상학적, 논리적으로 가공한 곳에 실존의 철학이 있지 않은가 한다. 그러면 그 형이상학적 가공이란 무엇이냐. 나는 그것을 '하이덱겔'이 형이상학의 기초를 다지려고 한 노력에서 볼 수 있는 건축설계의 약도에서(Entwerfen des Bauplans) 지적할 수 있다고 생각한다. 그것은 새로운 한 개의 형이상학이 가능하다고 하는 모든 내적인 관련을 건축적으로 한계짓는다고 하는 방법이라고 생각한다. 이 방법은 아주 많은 문제를 내포하고 있다. 설사 그것이 일견 하등의 반사회적인 의도를 가지지 않은 것이라고 하더라도 — 그리하여 순철학적 이론과 같이 보인다고 하더라도 — 그것은 사회적 제관계에서 자기를 고립시키어 그 속에서 썩고 있는 온갖 사악과 모순을 정관해석(靜觀解釋)만 하는 불안한 개인의 인간적 존재를 분석만 하려고 한 철학에 불과하였던 것이다. 그것은 희랍존재론에 대한 종교적 기분에 차 있는 새로운 해석에서 출발하였다. 그리하여 나치스적-당파주의적 주관을 투입하였다. 이 점에 '하이덱겔'의 철학의 사회적 본질이 표명되어 있다고 생각한다"[2]

신남철에 따르면 데카르트 이래 부르주아적 인간은 여러 번 사회적 의식의 위기를 당하면서 살아왔다. 중세 이후 철학사의 과제가 신의 초월적 지배에서 현실적 인간의 이성 안으로 옮겨져 왔고(문예부흥시대에서 프랑스혁명까지), 그것이 다시 반성되고 부정되어 현대에 이르렀다고 신남철은 해석하면서 실존철학을 자리매김한다. '은총의 광명'이 '자연의 광명'으로 바뀐 근대 시대에서 '이성'은 근대적인 개인주의, 바꾸어 말하면 자본주의의 출생 발전과 함께 그 운명을 같이 하게 되었고, 이것이 현대에서 새로운 위기에 봉착하여 '전향'을 꾀하고 있는 셈인데,

---

2) 신남철, 《역사철학》, 서울출판사, 1948, 186쪽.

그것이 다름 아닌 '현대철학의 실존으로의 전향'인 것이다. 근대적 이성으로부터의 전향이 곧 '현대의 철학의 파토스적 파시즘적 과제'[3]가 아니고 무엇이겠는가 하고 신남철은 반문한다.

독일 관념론 철학이 일정한 역사적 단계에 이르러 자기의 체내에 '반역자'를 낳게 하였을 때 그것은 단지 철학이라는 한 학문 안에서만의 현상이 아니라 사회 문화적 현상과 병행하고 있다고 보아야 한다고 신남철은 주장한다.[4] 현대의 사회적 위기에서 본 '인간의 위기'는 즉 '부르주아적 인간'의 위기 바로 그것이었다는 것이다. 신남철은 데카르트 이래 하이데거에 이르기까지 300년의 역사는 '의식의 철학', 더 정확히 말해 '위기의식의 철학'이라고 규정할 수 있다고 본다. 그러나 이러한 의식, 더 나아가 인간의 이성은 역사적 제약에서 벗어날 수 없다. 따라서 현대철학이 인간의 위기라고 천명하고 있는 위기는 실은 인간 일반의 위기가 아니라 부르주아 사회의 위기일 뿐이다.

이러한 관점에서 신남철은 셸러의 철학적 인간학뿐 아니라 후설의 현상학, 하이데거의 기초존재론도 순수하게 '영원한 상(相)'의 빛 아래에서 이상적인 인간을 운위하고 인격을 논하는 척하면서 실은 부르주아적 인간을 변호하는 당파성을 면치 못하고 있다고 비판한다. 신남철은 후설의 다음과 같은 말을 인용하면서 비판의 단초를 찾아낸다. "우리는 시대라는 것 때문에 영원이라는 것을 포기할 수 없다. 우리의 곤란을 적게 하기 위하여 우리는 곤란(困難)을 곤란 때문에 우리의 자손에게 끝까지 근절할 수 없는 한 개의 악으로서 전수해서는 안 된다."[5] 신남철은 이와 같이 "영원이라는 것만을 문제삼을 줄 아는 철학은 현

---

3) 위의 책, 184쪽.

4) 위의 책, 188쪽.

5) 위의 책, 190~191쪽. "Um der Zeit willen dürfen wir die Ewigkeit nicht preisgeben, unsere Not zu hindern, dürfen wir nicht Not um Nöte unseren Nachkommenen als ein schließlich unausrottbares Übel vererben."(Husserl, "Logos", *Philosophie als strenge Wissenschaft*, Bd. I 1910, Hefte I, S. 337)

대에 있어서의 문화 내지는 인간이 여하히 심각한 번뇌 속에서 헤매인다 하더라도 그것을 관계할 바 아니라고 한다"고 비판한다. "그러나 과연 현대의 사회적 문화적 위기 속에 눈을 감고 오직 영원만을 이해하는 것이 허용될 것인가?"[6] 신남철은 영원의 문제는 현대의 문제 속에 있지 않으면 안 될 것이라고 본다. 고대에서는 철학의 영원한 과제가 세계질서(Kosmos)에 있었고, 중세에서는 신(Deus)의 문제와 관련하였듯이 현대에서는 사회의 여러 관계 속에 있는 인간(Anthropos)을 특별히 문제삼게 되는 것이라고 신남철은 해석한다. 이러한 사회적 인간에 대한 철학적 고찰을 포기할 수 없다고 신남철은 주장하면서, 현실의 문제에 대해 '판단중지'하거나 괄호 안에 넣는 후설의 현상학과 가능존재로서의 실존을 강조하는 하이데거의 실존철학에 대해 의식적으로 현실을 배제하는 당파적인 철학이라고 비판한다.

박종홍은 1933년 《철학》에 발표한 논문 〈'철학하는 것'의 출발점에 관한 일의문(一疑問)〉에서 "우리의 '철학하는 것'의 출발점은 이 시대의, 이 사회의, 이 땅의, 이 현실적 존재 자체에 있다"는 확신을 피력하면서 "이 현실적 지반을 떠나 그의 출발점을 찾는 철학은 결국 그 시대 사회에 대하여 하등의 현실적 의미를 가질 수 없을 뿐 아니라 철학 자체에 있어서도 새로운 경지를 개척하기가 곤란할 것"이라고 말한다.[7] 이렇게 철학하는 것의 현실적 토대를 강조한 박종홍은 1934년 〈'철학하는 것'의 실천적 지반〉이라는 글을 발표했는데, 그는 현실적 존재란 '실천적인 제1차적 근원적 존재'를 말한다고 설명한다. '철학하는 것'에서 문제가 되는 현실적 존재란 학술적 호기심이 아니라 "현실적 생활에 있어서 실천이 해결을 요구하는 바의 문제"라는 것이다.[8] 그래서 박

6) 위의 책, 190쪽.
7) 박종홍, 〈'철학하는 것'의 출발점에 관한 一疑問〉, 《지성과 모색》, 박영사 1967, 221쪽.
8) 박종홍, 〈'철학하는 것'의 실천적 지반〉, 《지성과 모색》, 박영사, 1967, 224쪽 이하.

종홍은 철학의 과제를 현실적 존재에서 출발하여 그것을 개념적으로 명백히 파악하는 것으로 본다. 따라서 우리 철학하기의 출발점은 "우리가 일상 생활에서 그로써 살고 있는 가장 현실적인 사회적 실천, 다시 말하면 감성적 사회적 실천 그대로"이다.[9] 그리고 이러한 감성적 사회적 실천으로서의 생활이 현실적 존재의 파악을 어떠한 양태로 제약하며 따라서 그 현실성을 어떠한 성질로 규정하고 있는가를 파악하는 것이 철학의 몫인 셈이다.

박종홍의 철학이 하이데거의 실존철학에 바탕을 두고 있다는 것은 잘 알려진 사실이다.[10] 그럼에도 박종홍은 하이데거의 철학을 중요한 부분에서 수정하여 하이데거와 일정한 거리를 유지하며 비판적으로 이웃에 거주하려고 시도한다. 이론에 대해 실천의 우위를 주장하는 점은 하이데거를 따르면서도 평범한 인간들의 더불어 있음을 '세인'이라고 평가절하하는 듯한 하이데거의 실존에 대한 규정에는 동조하지 않는다. 오히려 박종홍은 바로 그러한 평범한 인간들이 이 시대, 이 사회, 이 땅에서 현실적으로 존재하고 있는 것을 자신의 철학함의 출발점이자 실천적 지반으로 삼으려고 한다. 그래서 박종홍은, 하이데거의 눈에는 비본래적인 실존으로 보일 수밖에 없는 '감성적 사회적 실천 그대로'를 철학함의 토대로 삼으면서 역으로 하이데거가 이러한 인간의 사회적 실천을 간과하면서 너무 고립적인 인간의 실존을 지나치게 강조하고 있다고 비판한다.[11]

---

9) 위의 글, 226쪽 참조.

10) 이기상, 〈철학개론서와 교과과정을 통해 본 서양철학의 수용(1900~1960)〉, 《철학사상》 5, 서울대 철학사상연구소 1995, 51~106쪽 ; 백종현, 〈독일철학의 유입과 수용·전개(1900~1960년)〉, 《철학사상》 5, 106~134쪽 참조.

11) 홍윤기, 〈열암 박종홍의 변증법 사상 연구. '「철학하는 것」의 철학'으로서의 열암 변증법 구도의 형성과 한계〉, 《제11회 열암철학학술발표회 발표논문》, 51~91쪽 ; 이수정, 〈열암철학의 이해와 계승〉, 《제11회 열암철학학술발표회 발표논문》, 1~49쪽 참조.

신남철과 박종홍 두 사람의 실존철학에 대한 평가에서 색조가 다르기는 해도 무언가 통하는 공통적인 분위기는 있다고 해야 할 것이다. 그것은 국권을 상실한 민족적 위기에서 개인적인 자각만을 강조하며 실존적으로 존재할 것을 외치는 실존철학이 너무나 개인주의적이거나 부르주아적이라는 사실이다. 그 두 사람에게 우리가 당면한 민족적 사회적 위기는 단순히 개인적 실존의 차원에서 해결될 수 없는 더 큰 차원의 문제로 여겨졌고, 사회적 관계와 실천을 도외시한 순수 인간과 개인에 대한 논의는 사치스러운 선진국들의 철학적 주제일 따름이었다. 따라서 신남철과 박종홍은 현대철학을 그대로 받아들일 수 없는 처지에 있었다. 이것이 아마도 해방 전의 암울했던 식민지 시대에 우리의 철학도들이 직면했던 가장 절박한 철학적 고뇌이며 문제였을 것이다. 철학의 필요성을 절감하면서도 기존의 철학에서는 우리의 상황에 맞는 철학을 찾아낼 수는 없었고, 그렇다고 아직 독자적으로 우리 나름의 철학을 정립하기에는 여러모로 역부족일 수밖에 없음을 느꼈을 것이다. 차선책으로 택했던 길은 자신들의 생각에 어느 정도 부합하는 철학적 흐름들을 수용하면서 마음에 맞지 않는 부분은 과감하게 수정하는 것이었다.

4. 수동적인 섭취와 단순한 소개의 차원 — 해방 이후부터 1959년까지

적극적인 의미에서 현상학과 실존철학의 '수용'을 이야기하기 위해서는 그 학문적인 매력에 이끌려 그것을 학문적으로 깊이 있게 탐구하여 자기 것으로 만들 수 있는 조건이 우선 충족되어야 할 것이다. 후설, 셸러, 야스퍼스, 하이데거, 사르트르 등 현상학자와 실존철학자들의 사상을 제대로 이해하기 위해서는 무엇보다도 그들이 쓴 철학 원전에 대한 해독이 필수적일 것이다. 순전히 외적인 여건만으로 볼 때에도 해방 이전에는 이들 철학자들의 원전을 직접 대할 수 있는 것마저 그리 쉽지는 않았을 것이다. 또한 과연 그러한 철학 원전들을 해독할 수 있는 능력을 갖춘 학자들이 몇이나 있었겠는가 하는 점도 고려하여야 한다. 독일, 프랑스, 미국에서 공부하고 돌아온 사람들은 극소수에 불과했으며, 일본에서 공부하고 돌아온 학자들이 그보다는 많았을 것이다.

이렇게 중요한 철학 원전이 귀하고 그것을 해독할 수 있는 학자들이 소수일 경우 가장 효율적인 섭취, 수용, 전파를 위한 방법은 번역 출간이다. 철학 원전들을 우리말로 번역해서 출간할 경우 그 번역서를 통해서 해당 철학으로 접근할 수 있는 길은 한글을 아는 모든 사람에게 활짝 열리게 되는 셈이다. 아시아에서 서양철학 수용의 과정을 볼 때, 중국이나 일본에서는 유럽에 유학갔다온 학자들이 일차적으로 착수했던 일은 중요 원전들의 번역작업이었다. 잘 알다시피 우리는 그들이 번역해 놓은 철학서들이 있었기에 그나마 서양철학에 대한 지식을 얻을 수 있었던 것이다. 그러나 불행히도 당시의 지성인들은, 자신들은 한문이나 일본어를 통해 서양철학을 배우고 있으면서도 중요한 원전들을 우리말로 번역하여 우리나라의 모든 사람에게 배움의 기회를 활짝 열어 주려는 생각은 하지 않았던 것 같다.

물론 해방 이전이나 이후의 한국 상황은 일본이나 중국 경우와는 많이 다를 것이다. 교육받은 사람은 거의 없는 실정에서 배우려는 열의를 가진 사람은 많다 보니까 유학이라도 갔다온 사람은 강단에서 학생을 가르치는 가장 중요한 임무밖에도 일반 국민들을 계몽시켜야 하는 과제를 떠맡아야 했을 것이다. 그러니 번역의 중요성을 깨달았다 해도 아마 시간이 없었으리라. 어쨌든 이러한 형편은 해방 이후라고 해서 별로 달라지지 않았을 것이다. 배움의 필요성을 깨달은 많은 사람들이 대학 설립에 박차를 가해 대학들은 해마다 늘어만 갔는데, 늘어난 대학 강단에서 학생을 가르칠 교수들은 절대적으로 부족했다. 대학이라도 나온 사람은 모두 교수로 강단에 서도 교수가 부족하던 시기였다. 사정이 이러했으니 학자들이 열의가 있었어도 조용히 앉아 자신의 관심을 끄는 철학자들의 사상을 원전을 음미해 가며 연구할 시간이라곤 거의 없었을 것이다. 따라서 학문적인 깊이가 있는 글보다는 현상학이나 실존철학에 대해 전혀 아무것도 모르는 일반인들을 위한 피상적인 소개에 머문 글들이 발표된 글의 주종을 이루었음을 이해할 수 있다.

해방 이후부터 1959년까지 발표된 현상학과 실존철학에 대한 논문, 번역서, 저서들은 — 완전하지는 않지만 필자가 조사한 것을 보면 — 모두 55편 가량이었다. 그 가운데 책이 16권이고 나머지 39편이 논문이었다. 발간된 책을 조사해 보면 13권이 번역이고 오직 세 권만이 저서였지만 이 저서도 학술서라고 하기보다는 일반인들을 위한 실존철학 입문서나 실존철학자에 대한 소개책자라고 할 수 있겠다.[12] 번역서들을 보면 그 가운데에는 사르트르의 《존재와 무》 같은 실존철학자의 원전도 있긴 하지만—야스퍼스의 《철학십이강(哲學十二講)》을 포함하여—대부분은 실존철학을 소개하는 이차 문헌들이었다. 논문들도 사실 논문으로 분류될 수 있는 것은 그리 많지 않다. 대학 논문집과 석사학위 논문들이 없는 것은 아니지만 주로 《사상계》, 《한국평론》, 《지성》 등과 같은 일반잡지에 기고되었던 글들이 주종을 이루었기 때문이다. 이러한 글 39편을 조사해 보면 후설에 대해 발표된 글이 오직 한 편이 있고, 하르트만에 대한 글이 두 편이 있기에, 현상학에 속하는 것으로 분류될 수 있는 것은 이 세 편뿐인 셈이다. 나머지 36편이 실존철학에 대한 글인데, 내용으로 분류해 보면 하이데거에 관한 글이 5편, 사르트르에 관한 글이 3편, 야스퍼스에 관한 글이 1편이고, 나머지는 여기에서도 전반적인 흐름이나 특징을 소개한 글들이다.

따라서 총괄적으로 볼 때 한국철학의 정립과 연관지어 현상학과 실

---

12) 김준섭, 《실존철학》, 정음사, 1958 ; 이효상, 《두 가지 실존주의》, 신구문화사, 1958 ; 안병욱, 《키엘케골》, 사상계사, 1959 참조.

존철학의 수용을 논의하는 이 장에서는 이 시기의 연구성과물은 그리 크게 주목을 끌지 못한다고 말할 수 있다. 철학적인 주제와 씨름하거나 특정 철학자를 학술적으로 깊이 있게 탐구하기보다는 학자들 자신이 공부하면서 일반 지성인들의 계몽에 더 많이 신경을 쓸 수밖에 없었던 시기라고 할 수 있다.

5. 능동적인 수용의 자세와 사태 자체를 이해하려는 노력

우리는 1960년대에 들어서면서 이러한 수동적인 수용의 자세가 능동적인 자세로 변하여 감을 확인할 수 있다. 1961년에 발표한 조가경의 《실존철학》을 보면 조금씩 변하기 시작한 문제의식의 일단을 볼 수 있다.

조가경은 그 책에서 현대적 상황과 실존철학은 교호관계가 있음을 간파하면서 이렇게 말한다. "실존철학이 구라파의 고유한 전통과 구라파적 현대의 특수한 객관적 여건을 기다려서 발전할 수 있었던 것임은 두말할 필요도 없다. 또한 철학이 본질적으로 구체적 정신의 자각형태로서만 가능한 이상 우리가 우리 자신의 역사적 유래와 고유한 입지조건을 무시하고서는 어떠한 산 철학도 가질 수 없음은 자명한 일이다. 그러나 현대는 동양과 서양이 제각기 서로 교섭 없는 독립된 역사를 가진 시대가 아니다. 구라파 자체가 이미 지구의 정치적 문화적 경제적인 중심이기를 그친 지도 오래며, 우리는 과거를 향하여 동양사나 서양사를 논하기는 하여도 오늘날에 와서는 오직 하나의 '세계사'가 지배적임을 부인하지 못한다. 그러면서도 뒤떨어진 문화를 일으키며 주체의식을 살리고 남의 것에 억눌리지만 않으려면 어떠한 길을 택하여야 할 것인가? 실존철학은 이 점에서 우리에게 무슨 의미를 가지며 그의 유행적 삼투(滲透)에 대해서 얼마만한 개방적 내지 비판적 태도를 취해야 할 것인가?"[13]

이렇게 조가경은 이미 1960년대 초에 실존철학의 수용이 가지는 의미에 대해 물음을 제기하면서 우리가 취해야 할 올바른 수용의 태도에 대하여 이야기하고 있다.

"서양사상에 심취하고 남의 것을 받아들이기에 급한 사람은 자기 자신을 깨달을 마음과 시간의 여유를 얻지 못할 것이며, 설사 일정한 시기에 이르러 그 필요를 느낀다 하더라도 그때에는 이미 오래 써버릇한 색안경이 본래의 시력을 감퇴시킨 격으로, 보는 것마다 선입견의 반영이요 참된 자기 자신의 모습을 끝내 찾지 못하리라는 의구(疑懼)도 있다. 이 문제는 매우 섬세한 조심과 깊은 반성을 재촉한다. 동양적 사상에 고유한 특징을 연구한 학자들이 동양뿐만 아니라 서양에도 많이 있으나 그들이 문제를 다루려는 시야가 벌써 서양철학의 기본적인 대상에의 접근양식에 의하여 확보된 것인 경우 과연 얼마만큼 순수한 이해가 가능할는지 의문이 아닐 수 없다. 이러한 점을 염두에 두면서도 우리는 문제 자체의 내면적인 요구와 우리 자신의 이익을 위하여 다음과 같은 사실을 지적하고 싶다. 먼저 정신과 정신의 소산으로서의 모든 학문의 추론적 성격을 깨닫는다면 우리는 아직도 많은 보행연습이 필요하다. 추론적(diskursiv)이라는 것은 따지고 분석하는 논리의 걸음을 가리키는 말이다. 자기 안에 머물러 있고 밖으로 나가서 거닐지 않은 정신은 자기의 존재를 부정하는 결과가 된다. 모든 대상적 인식은 자기밖에 있는 대상과 관계를 맺음으로써 시작되는 것이려니와 자기 자신을 인식하려는 경우에 있어서도 일단 자기를 떠날 것이 요구된다."[14]

"분석보다는 항상 종합으로, 사유보다는 직관으로 흘렀던 동양의 옛 사상은 그 자체로서도 다시금 정리되어야 할 소재이려니와 또 그러한

---

13) 조가경, 《실존철학》, 박영사, 1961(1983), 29쪽.
14) 위의 책, 34~35쪽.

입장에 머물러 있는 한 우리는 우리 자신의 근원에 대한 참된 인식도 가질 수 없다. 현대 구라파의 지배적인 사상들은 이상과 같은 의미에서도 우리 자신을 알기 위한 타산지석(他山之石)이 되리라고 믿는다."[15]

1960년대에 들어서서 서양철학을 배우면서도 주체의식은 잃지 말아야 함을 다짐하던 지식인들의 서양철학 수용 태도의 일면을 보여주는 발언이다. 이를 통하여 우리는 이제야 비로소 주체적이고 긍정적인 수용의 단계에 들어섰음을 확인하게 된 셈이다.

이러한 마음가짐으로 수행되었던 현상학과 실존철학의 수용 양태를 몇 가지로 구분해 보기로 하자.

1) 원전독해에 바탕한 이해의 노력

성급한 평가나 판단을 내리기에 앞서 먼저 현상학과 실존철학을 올바르게 이해해 보자는 학문적인 태도를 들 수 있다. 피상적인 소개 수준의 개론적인 차원을 벗어나 해당 철학자의 원전강독과 독해를 통해 직접 심도 있게 탐구해 보자는 학구적인 정신이 점차 퍼지기 시작했다. 비판적인 평가는 우선 접어두고 '객관적으로' 현상학과 실존철학의 중요사상이나 개념들을 원전에 바탕해서 이해해 보자는 움직임이 대학 안에서 펼쳐지면서 이러한 종류의 석사학위논문과 박사학위논문들이 하나둘 발표되어 나오기 시작했다. 거기에 발맞추어 철학학회들도 그러한 연구성과물들을 발표하여 토론하는 장을 마련하여 연구성과들을 서로 나누어 가지면서 학술탐구 의욕을 고취시켰다. 이러한 '객관적으로' 이해하려는 노력의 결과로 원전들도 번역되어 나오기 시작했다. 그때까지는 주로 개괄적인 소개서가 번역되어 나왔는데, 이제는 중요 철학자들의 중요 원전들이 우리말로 옮겨지게 된 것이다.

---

15) 위의 책, 35쪽.

2) 비교연구

서양철학을 수용하는 또 하나의 태도로 그것을 우리의 전통적인 사상과 비교연구하는 비교철학적인 방식을 들 수 있다. 낯선 것을 대하게 될 때 자신에게 친숙한 개념으로 바꾸어서 사유하며 받아들이는 것이 자연스러운 인식의 방법일 것이다. 그렇기 때문에 가장 쉽게 이루어지고 있는 수용의 자세도 이것이다. 처음에는 자신의 세계관에서 한 발짝도 나오지 않고 자신의 이해의 지평에서 낯선 것을 평가하고 판단하는데, 자의에 의해서건 타의에 의해서건 그 가치를 일단 인정하지 않을 수 없게 되면, 자신이 갖고 있는 것과 비교해 보려는 것이 당연한 인간의 심정이다. 비교의 태도에도 다양한 양상이 있다. 사태나 사상내용이 비슷하기에 나란히 병치시켜 단순히 비교해 보는 소박한 비교에서부터 사태에 대한 계보학적인 지식을 바탕으로 삼아 해석학적으로 의미지평까지 비교하는 의미론적 비교연구도 있다.

어쨌거나 문화와 사상의 교류 없이 홀로 존립할 수 없는 '세계화의 시대'에 다른 문화나 사상과 접촉 없이 산다는 것은 불가능하다. 이제는 순수한 자국 문화가 없듯이 순수한 타방 문화도 없다고 하지 않는가. '문화전쟁'의 시대에 성공적으로 문화종합을 해내는 민족은 살아남을 것이고, 그렇지 못한 민족은 이제 문화의 속국으로 살아가게 될 것이다. 이러한 시대에는 비교 통찰할 수 있는 안목이 필요한데, 다른 문화의 좋은 것을 받아들이고 우리 문화의 좋은 것을 찾아내 세계문화적인 것으로 계발해 내는 열린 자기비판적인 마음가짐이다. 주체적인 중심이 없이 유행에 따라 선진국의 것이라고 받아들이기에만 급급하면 우리도 모르는 사이에 문화와 사상의 식민지가 되어 버릴 것이다. 확고한 주체적인 토대 위에서 우리의 세계지평을 확장하기 위한 비교연구여야 할 것이다.

3) 계보학(발생론)적 연구

특정한 철학사상의 이해는 텍스트를 정확히 해독해 내는 것으로 그치지 않는다. 한 단계 더 깊이 들어가 텍스트가 놓여 있는 맥락(콘텍스트)까지 파헤쳐 내려갈 때 이해는 더욱 깊어질 것이다. 근원으로 더욱 파고들어가 그 사상이 발원하여 나올 수밖에 없었던 시대적 사회적 문화적 사상적 배경 등을 포함하는 해석학적 지평을 밝혀내면 이해는 계보학적 차원으로까지 도달하게 된다. 철학함의 주체로서의 '초월론적 자아'가 허공에서 사상을 창조해 내는 것이 아니라 특정한 생활세계에 처하여 그 세계의 전통과 역사를 넘겨받아 거기에서 형성되어 온 이해의 지평 안에서 자기 자신과 세계, 자연과 문화를 인식하게 된다는 것을 현상학과 실존철학은 가르쳐 주고 있다. 따라서 텍스트에 충실하게 현상학과 실존철학을 '객관적으로' 학문적으로 이해하려는 노력은, 현상학과 실존철학 스스로가 천명하고 있는 '역사 속의 초월론적 자아'를 심각하게 받아들여, 현상학과 실존철학 자체에 대해서도 그것이 생성되어 온 발생론적 지평을 밝히는 데에까지 밀고 나갈 수 있는 학문적인 자극을 받아야 할 것이다.

4) 의미론적 연구

이 모든 연구에 대해 최종적으로 우리는 그것이 현재를 살아가고 있는 우리에게 무슨 의미가 있는지를 물어야 한다. 철학의 보편성을 의심하지 않으며 학문이 간직하고 있는 자체 목적적인 차원을 인정한다고 해도 철학이 우리가 몸담고 있는 생활세계에 뿌리를 내리고 있지 않다면, 그것은 결국 허공으로 흩날려 버릴 것이다. 철학은 자신의 존재 의미를 생활세계와의 연관 속에서 재확인하면서 자신의 연구를 생활세계

안으로 되돌려줌으로써 생활세계를 풍요롭게 하고 의미의 지평을 넓히는 데 기여해야 한다. 이때 우리의 생활세계가 놓여 있는 해석학적 상황은 그때까지 그러한 연구를 하기 이전하고 아무 차이가 없을 수는 없다. 우리의 생활세계는 이제 우리 자신의 좁은 민족적 울타리 안에 제한되지 않고 우리가 서로 문화적 사상적 교류를 맺은 그 세계와도 이해의 지평을 같이할 수 있게 된 것이다. 이제 우리는 이기주의적으로 우리가 부딪히는 현실의 문제만을 철학적인 주제로 삼아서는 안 되고, 우리가 갖고 있는 사상적 독특함과 문제의식으로 우리 시대, 이 세계가 처해 있는 인류의 문제를 함께 풀어 나가려는 폭넓은 마음의 자세를 가져야 한다. 우리만이 경험해 오면서 구성해 온 초월론적 자아를 반성하면서, 우리만의 삶의 문법을 의미론적으로 파고들어 그 배경을 이루고 있는 이해의 지평을 드러내어 '세계화의 세기'를 다른 민족, 문화, 종교와 더불어 조화롭게 살아갈 수 있는 길을 찾도록 노력해야 할 것이다.

　서양철학 수용의 양상이 위에서 열거한 순서대로 단계적으로 이루어졌던 것은 물론 아니다. 또 그 네 양상이 다른 것과 아무런 연관이나 겹침이 없이 순수하게 일어난 것도 아니다. 따라서 현상학과 실존철학을 수용했던 한국 철학자들의 연구도 물론 위에서 열거한 수용태도 가운데 하나와 완전하게 일치한 상태에서 수행되었던 것은 아니었다. 어쨌거나 우리는 1960년대 이후의 현상학과 실존철학의 수용을 구체적으로 고찰하면서 논의의 편의상 수용태도를 위와 같이 크게 넷으로 나누어 살펴보기로 한다.

　'한국철학의 정립'에 얼마나 기여하며 영향을 미치고 있는가 하는 관점에서 현상학과 실존철학의 수용을 바라보아야 하기에, 철학사상 그 자체를 이해하기 위한 연구성과물은 간략하게 분야와 저서만을 열거하고 넘어가기로 한다.[16] 그냥 넘어간다고 하여 그 중요성을 평가절하하

---

16) 이러한 연구서적들로는 다음과 같은 것들이 있다. 윤명로, 《현상학과 현대철

는 것으로 간주해서는 절대로 안 될 것이다. 사태 자체를 이해하려는
노력은 학문적 자세의 기본이며 학술연구의 발전을 가능하게 하는 근
본토대이며 올바른 수용의 전제조건이기 때문이다.

6. 비교를 통한 지평혼융의 노력—세계형성을 위한 철학

1) 존재의 세계와 선(禪)의 세계 : 고형곤의 《선(禪)의 세계》

고형곤은 청원유신선사(靑原惟信禪師)의 다음과 같은 설법을 자신의
논의의 출발점으로 삼는다.

"노승 삼십년 전 참선하기 이전에는 산은 靑山이요 물은 綠水이었
다. 그러던 것이 그 뒤 어진 스님을 만나 깨침에 들어서고 보니, 산이
산이 아니요 물도 물이 아니더니, 마침내 진실로 깨치고 보니 이제는
산이 依然코 그 산이요 물도 의연코 그 물이더라. 그대들이여, 이 세 가
지 견해가 서로 같은 것이냐, 서로 다른 것이냐?"[17]

고형곤은 참선하기 이전의 "산은 산이요 물은 물이요"의 자연세계를
'미혹(迷惑)의 세계'라고 지칭하며 상식적 견해와 과학적 세계가 이 세
계에 속한다고 설명한다. 그 다음 깨침에 들어선 단계의 "산도 없고 물

학》, 문학과지성사, 1987 ; 한전숙, 《현상학의 이해》, 민음사, 1984 ; 신오현, 《자
유와 비극. 사르트르의 인간존재론》, 문학과지성사, 1979(1985) ; 박이문, 《현상
학과 분석철학》, 일조각, 1977(1982) ; 김병우, 《존재와 상황. 하이데거와 야스퍼
스 연구》, 한길사, 1981 ; 김형효, 《가브리엘 마르셀의 구체철학과 여정의 형이상
학》, 인간사랑, 1990 ; 김형효, 《메를로 뽕띠와 애매성의 철학》, 철학과현실사,
1996 ; 김영한, 《하이데거에서 리꾀르까지. 현대철학적 해석학과 신학적 해석학》,
박영사, 1987 ; 이길우, 《현상학적 정신이론》, 강원대 출판부, 1986 ; 이기상, 《하이
데거의 실존과 언어》, 문예출판사, 1991 ; 이기상, 《하이데거의 존재와 현상》, 문예
출판사, 1992.
17) 고형곤, 《선의 세계 I : 서양철학과 선》, 운주사, 1995(초판 삼영사, 1971), 23쪽.

도 없다"의 의식의 세계를 '적멸(寂滅)의 세계'라 이름하여 자아의 공허
를 깨치는 '인공(人空)'과 일체 사물이 무상함을 깨치는 '법공(法空)'이
이에 속하는데, 거기에서는 주-객[能-所] 대립에서 지각되는 일체 대상
의 세계와 이를 지각하는 인식주관 및 이 둘 사이에서 일어나는 의식계
는 모두 우리가 주-객[能-所] 대립의 대상적 파악의 입장을 취하는 한
에서만 상대적으로 있는 것이요, 이 상관관계를 떠나서 제각기 저 스스
로 독자적으로 실재하는 것은 아님을 깨치게 된다는 것이다.[18] 그러므
로 '미혹의 세계'를 벗어나려면 무엇보다도 대상적 파악의 주-객[能-所]
대립적 태도를 일체 버리는 무념(無念)의 상태에 들어서야 한다. 다시
말해 "우리가…… 우리의 의식밖에 초월적으로 실재한다고 믿는 일체
사물들은 사실인즉 의식주관에 의하여 표상된 대상(객체)으로서 의식
의 소산[幻化]임을 깨닫고, 이 대상의 세계[對境] 일체를 끊어버리고 나
면(의식하지 않는다면), 밖(外)에 對境[대상의 세계]이 없어질 것이요(法
空), 주객대립에서 일어나는 객체로서의 對境이 없어지는 동시에, 안
(內)에 이 객체와 마주서는 한에서만 있는 주관의식도 또한 없어질 것
이니(我空), 대상도 없고 주관도 없고, 너도 없고 나도 없어, 마음은 텅
빈 것이 될 것이다. 이것을 일러 空 또는 無念이라" 한다.[19]

그 다음 진실로 깨친 상태의 "산도 그 산이요 물도 그 물이로다"의
세계를 '적-조(寂-照)의 세계'라 부른다. 적(寂)은 인간주관에 의하여 표
상된 대상의 세계[對境]의 단멸을 뜻한다. "인간이 세계를 대상적으로
표상하지 않는다고 세계 ─ 우리가 그 속에서 살고 있는 이 현실적 세
계가 없어지겠는가? 우리가 의식하든 아니하든 아랑곳없이 세계는 현
실적으로 의연코 현전하고 있는 것이다.…… 우리가 우리의 표상에 의
하여 생각하는 심연상(心緣相)을 단제(斷除)하든 아니하든 간에 세계는

---

18) 위의 책, 34~35쪽.
19) 위의 책, 39쪽.

의연코 현전자재(現前自在)하는 것이다."[20] 다시 말해 "인간주관에 대한 대상(객체)으로서의 관념적인 산과 물은 불식되나 산 그 자신, 물 그 자신은 의연코 현전한다. 이 산은 대상으로서 주관에 대하여 있는 것이 아니라,…… 진실로 깨치고 난 뒤(관념의 미혹으로부터 벗어난 뒤) 다시 보아도 역시 그 산이 그 산이요 그 물이 그 물이라고 한 것이다. 깨치고 난 뒤라고 해서 이제까지는 없었던 별다른 새로운 것을 비로소 얻은 것은 하나도 없다. 이 현실적 세계 이외에 실상의 세계가 따로 있는 것이 아니며, 이 현전현행(現前現行) 이외에 따로 진리가 있는 것이 아니다."[21]

적-조(寂-照)의 세계는 현실을 있는 그대로 여실하게 보는 참된 깨우침의 경지이다. '현실 있는 그대로'라는 뜻은, 현전의 현실 세계 대신으로 관념적 체계를 대치하지 않는다는 의미에서 그러하고, 또 엄연히 현전하는 이 현실적 세계를 부정하지 않고 작위 없이 단적으로 긍정한다는 의미에서 그러하다. 이러한 무상(無相)의 상경(常境)을 아는 지혜는 대상을 의식하지 않는 직접 봄이고 직접 들음이요, 이때 알려지는 무상의 상경은 의식에 의하여 지향되는 대상이 아닌 있는 그대로 현전하는 세계이다. 그러므로 무상상경(無相常境)은 일체의 심연상(心緣相)이 미치지 않는 곳, 즉 주객대립 이전의 세계로서의 본지풍광(本地風光)이다.[22] 고형곤은 이 무상상경을 존재의 현전성이라고 풀이한다.[23]

고형곤이 의미하는 현전(現前)은 "나 자신의 현행의식의 그때 그때의 현현(顯現)인 동시에 또한 삼라만상의 일시개현(一時開現)이기도 하다. 대상의식을 가지지 않고서도 아는 의식현행을 대상적 사유에 대하여 본질적 사유라 하고, 하나 하나의 대상사물이 아니라 삼라만상의 일시개현인 무상상경(無相常境)을 존재라 이름짓는다면" 존재는 오직 인

20) 위의 책, 46쪽.
21) 위의 책, 60쪽.
22) 위의 책, 62쪽.
23) 위의 책, 63쪽.

간의 본질적 사유에서 현전한다는 뜻이 될 것이다.[24]

이렇게 해서 고형곤은 '선(禪)의 세계'를 서양철학, 특히 하이데거의 '존재의 세계'와 비교할 수 있는 지반을 마련한 셈이 된다. 하이데거는 일상적 존재의 '미혹의 세계'를 비본래적 존재양태라고 비판하고, 존재하는 모든 것을 대상화시키는 근대적 주객도식의 인식체계도 강력하게 비판하면서 '존재망각'의 상태라고 지칭한다. 그러한 세계에 빠져 있는 사람들은 자기의 생존에 대한 수단으로서 사물들과 교섭함에만 집착한 나머지 사물들이 그로부터 현전하는 존재현전의 장을 외면하고 말았다. 존재자와 그 존재자를 현전시키는 존재의 빛을 혼동하여 존재자만이 행세를 하고 존재현전의 빛인 존재는 망각되고 있는 셈이다. 그러한 하이데거의 사유에는 인간의 본질적 사유는 존재(현전의 빛)의 사유에 있는 고로 언젠가는 망각된 존재가 다시 회상될 날이 오게 될 것이라는 암시가 있다고 고형곤은 본다.[25] 이러한 이해의 맥락에서 고형곤은 하이데거를 다음과 같이 새롭게 해석한다.

"그는[하이데거는] 본질적 사유 — 존재가 저 스스로 현전하도록 방임하는(저 자신을 내맡기는) 인간의 본질적 사유를 탈자적 실존(Ek-sistenz)이라고 규정한다. 탈자적(Ek : aus sich sein)이란 말의 뜻은 자아중심의 나[主宰-能然之心]의 입장에서 일체를 가치형태(차별상)로 평가하는 태도 내지 주객대립의 태도를 일체 벗어버리고, 허심탄회한 공허한 심경에서 존재현전의 장을 마련하는 심정의 謙虛[心盡情亡]를 말함이오, 실존이란 말의 뜻은 나 자신이 몸소 그것이 되어서[實參] 부단히 이 겸허 — 일체 대상의식을 가지지 않는 공허한 심정(Nichts)를 감내하면서 존재현전에 상응하도록 한다는 뜻이다. 그러므로 인간의 겸허한 이 심경은 진실한 존재가 현전하는 광장이오, 또 인간이 존재현전을 도대체 요해

---

24) 위의 책, 68쪽.
25) 위의 책, 137쪽.

할 수 있는 존재이해의 지평으로서의 존재의 빛이기도 하다."(137~138쪽)

고형곤은 하이데거의 존재사유가 선(禪)의 세계와 접촉하는 하나의 접점을 발견한 것이다. 그는 하이데거의 존재현전성을 선의 입장에서 해석하려는 시도를 감행한다. 우리는 여기에서 그의 비교연구의 매결음을 뒤좇아 갈 수는 없다. 다만 고형곤이 선불교와 하이데거 철학에 대한 학문적 이해와 인식에 바탕하여 그 둘의 대화의 가능성을 열어 보였다는 사실만으로도 현대와 같은 '세계철학'의 장에 큰 기여를 하였다는 것을 인정해야 한다. 많은 사람들이 막연히 하이데거와 선불교와의 연관성을 지적은 하면서도 제대로 된 학문적인 연구서를 내놓지 못한 시점에 고형곤은 그 분야에 새로운 탐구의 길을 열어 놓은 것이다.[26]

2) 이기론(理氣論)과 존재론 : 전두하의 '하이데거와 이율곡의 비교연구'

전두하는 하이데거의 존재론과 이율곡의 이기론(理氣論)을 비교하면서 이 두 이론이 유사한 점이 많음을 발견하고 그 정리작업을 해내고 있다. 그는 이렇게 말하고 있다.

"이 두 이론이 유사한 점은 한두 가지가 아니다. 물론 같은 데보다는 다른 데가 많다. 아니, 도리어 태반이 거리가 먼 말들이다. 그럼에도 원리적인 면에만 한정해서 고찰할 때, 우리는 의외로 양자가 지극히 흡사한 것임에 경악하지 않을 수 없게 된다. 풀어 말하면 율곡의 우주론에 있어서의 理와 氣를 '완전히 하나에 합쳐서 본다면', 그것은 '게제츠 내지는 로고스 및 에네르게이아 내지는 니수스로서의' 하이데거의 후기의 존재와 다를 바 없다."[27]

---

26) 존 스태프니 외, 김종욱 편역, 《서양철학과 禪》, 민족사, 1993쪽 ; 한스 페터 헴펠, 이기상·추기연 옮김, 《하이데거와 禪》, 민음사, 1995 ; Dieter Sinn, *Ereignis und Nirvana. Heidegger-Buddhismus-Mythos-Mystik. Zur Archäotypik des Denkens*, Bonn, 1990 참조.

　전두하는 그 두 이론 사이에 원리적으로 지극히 흡사한 점이 있는
것은 우연일 수가 없다고 강조한다. "인류의 위대한 사상에는 원초적,
근원적인 공통성이 있음"을 인정해야 하며 "그것은 옛날이나 지금이나
동양에서나 서양에서나 서로 통할 수 있는 시원적 궁극적인 원리"인데,
이런 종류의 원리가 시대와 지역에 따라서 저마다 다른 면모로 나타나
는 것으로 보아야 한다고 주장한다.[28]

　전두하는 우선 첫 번째의 공통점으로 '주객이 아직도 갈라지기에 앞
서서 있는 것'으로서의 하이데거의 존재와 율곡의 이기(理氣)를 논한다.
그는 먼저 하이데거의 '존재'를 이와 같이 설명한다. "존재의 前名이 '시
간'이고, '시간'이 주체와 객체가 갈라지기에 앞서서 있는 원초적, 근원
적인 통일인 이상, 존재는 본래적 인간과 세계가 그때마다 언제나 일정
한 교섭 내지는 관계에 있어서 하나에 묶이어서 있는 것이라 볼 수 있
다. 본래적 인간과 세계가 혼연일체가 되어 있는 경지 — 바로 이것이
존재라 하겠다."[29] 이율곡 역시 주체와 객체가 하나라고 보았다고 전두
하는 풀이한다. "율곡은 하늘의 이치에 있어서 주객미분인 것을 사람이
인위적으로 주체와 객체로 분리했다 한다. 다시 말하면 주체와 객체는
분리되기에 앞서서 원래 하나인데, 이것이 둘로 분리되는 것은 人欲이
있기 때문이라 한다. 주체를 안(內)이라 표현하고 객체를 밖(外)이라 표
현하면, 안팎은 원래 하나인데 인욕이 안, 밖으로 갈라 놓았다는 것이
다."[30] "천리에 있어서 주체와 객체가 하나라는 말은 우선 주체인 인간
과 객체인 사물이 동일한 것에서 생겼다는 말이라 해석된다. 이 동일한
것이란 '理와 氣를 하나에 합쳐서 본다면' 理氣일 것임이 틀림없다."[31]

---

27) 전두하, 〈제5부 하이데거의 존재와 율곡의 理氣의 비교연구〉, 《한국사상과 독
　　일철학》, 정훈출판사, 1992, 830~879쪽, 831쪽.
28) 위의 글, 831쪽 이하.
29) 위의 글, 834쪽.
30) 위의 글, 836쪽.

"理란 理致며 氣란 氣運이다. 理를 理性이라 보고 氣를 感性이라 보는 해석도 있으나 이것은 理와 氣를 人性論에만 적용시켜서 생각한 소치다."[32] "원래 理와 氣는 그 근원에 있어서 형이상학적 개념이며, 뿐만 아니라 또한 결코 실체가 아님을 알게 된다. 따라서 理는 理一分殊(하나의 이치인 동시에 천차만별한 이치)로서의 이치며, 氣는 물리학적 에네르기, 생명력 등을 포괄한 형이상학적 기운이라 보는 것이 가장 온당한 해석일 것이다. 율곡은 이런 의미의 理와 氣에서 인간도 생겼고 사물도 생겼다 한다. 따라서 '理와 氣를 하나에 합쳐서 본다면' 율곡의 理氣란 그것에서 사람과 사물 즉 주체와 객체가 나올 수 있는 근원이다. 이에 대하여 하이데거의 존재란 주객이 갈라지기에 앞서서 있는 통일이다. 그러므로 여기에서 우리는 하이데거의 '존재'와 ('理와 氣를 하나에 합쳐서 본다면') 율곡의 '理氣'가 지극히 흡사한 것임을 알 수 있다."[33]

전두하는 두 번째 비교의 주제로 하이데거의 '로고스'와 율곡의 '이(理)'를 내세운다.

"율곡은 理란 '一' 즉 '하나'이면서 '分殊' 즉 '여럿'이라 한다. 하나인 理를 統體一太極이라 하고 여럿인 理를 各一其性이라 한다. 즉, '理는 비록 一이라 할지라도 이미 氣에 乘하면 그것이 만 가지로 달라진다. 그러므로 천지에 있어서는 천지의 理가 되고, 만물에 있어서는 만물의 理가 되고, 사람에 있어서는 사람의 理가 된다. 그렇다면 千差萬別이 있는 것은 氣의 所爲다. 비록 氣의 소위라 할지라도 반드시 理가 있어서 主宰가 되니, 그 천차만별이 있는 까닭은 역시 理가 응당 그러한 것이며, 理가 그렇지 않는데 氣만 홀로 그러한 것은 아니다. 天地, 人, 物에 비록 각각 理가 있다 할지라도 천지의 理는 만물의 理며 만물의 理는 곧 사람의 理니, 이것이 이른바 統體一太極이다. 비록 一理라 할지

---

31) 위와 같음.
32) 위와 같음.
33) 위의 글, 837쪽.

라도 사람의 性은 물의 性이 아니며 새의 性은 소의 性이 아니니, 이것이 이른바 各一其性이라는 것이다.'"[34] 이(理)가 '하나'이면서 '여럿'이라는 것을 율곡은 이일분수(理一分殊)라고 한다. 이(理)는 일(一)이면서 분수(分殊)다. 일(一)인 이(理)는 이일(理一)이라 하고 분수(分殊)인 이(理)를 이분수(理分殊)라 한다. 이(理)는 이일(理一)인 동시에 이분수(理分殊)이다.

　하이데거는 횔덜린을 해석하면서 자신의 '존재'와 횔덜린의 '자연'이 같다고 풀이한다. 자연은 모든 것에 앞서서 있는 시원적인 것이며, 근원적으로 동요되지 않는 것으로서 머물러 있기 때문에 '확고한 법칙(Gesetz)'이다. 우리는 이 법칙이 아직 전개되기에 앞서서 있는 법칙임을 알 수 있다. 따라서 존재란 우선 '아직도 전개되지 않은 채 있는 법칙'이다. 이 정적인 법칙은 율곡이 말하는 미발(未發)의 기(氣)에 들어 있는 이(理)와 흡사하다.[35] 그런데 횔덜린의 자연이 확고한 법칙을 좇아서 태초 이래로 성스러운 혼돈에서부터 탄생한다고 표현되는 것을 보면 우리는 이 '확고한 법칙'이 이미 전개되기 시작한 법칙임을 알 수 있다. 이 두 법칙, 즉 확고한 법칙과 전개되기 시작한 법칙은 같으면서 다른 법칙이다. 왜냐하면 만약에 양자가 단순히 똑같은 법칙이라면 태초에 자연이 이 법칙을 좇아서 이미 완전히 전개되어 버리고 있다고 생각하지 않을 수 없게 되기 때문이다. 그러므로 존재란 '이미 전개되기 시작한 법칙'이다. 이 동적인 법칙이란 율곡이 말하는 이른바 이발(已發)의 기(氣)에 들어 있는 이(理)와 흡사하다.

　"위에 말한 것을 종합하면, 하이데거의 존재란 아직도 전개되기에 앞서서 있는 법칙이면서 이미 전개되기 시작한 법칙이다. 이것은 未發의 氣에 들어 있는 理와 已發의 氣에 들어 있는 理 — 즉 理一分殊와 흡사

---

34) 위의 글, 842~843쪽.
35) 위의 글, 844쪽 참조.

한 것임에 틀림없다."[36]

하이데거는 존재를 로고스라고도 한다. 그는 이 로고스를 말이라 번역하고, 이 말의 뜻을 집합이라고 보고 이 집합을 존재자의 전집합의 비은폐성이라고 설명한다. 혹은 로고스를 곧 집합이라고도 말하고 있다. 이처럼 하이데거는 로고스 즉 존재를 존재자의 전집합의 비은폐성이라 한다. 존재자의 전집합의 비은폐성이란 존재자의 전집합 뒤에 숨어 있는 전집합이라는 뜻이겠다. 뿐만 아니라, 존재자의 전집합 뒤에 숨어 있는 전집합의 하나 하나는 존재자의 전집합의 하나 하나에 각각 대응하는 것이라 생각된다. 그리고 집합하는 것을 물(物, Ding)이라 하고 있으므로, 우리는 물(物)이 존재자의 전집합 뒤에 숨어 있는 전집합의 하나 하나임을 알 수 있다.

요컨대 존재자의 전집합 뒤에 숨어 있는 전집합이 로고스이며 존재자의 전집합 뒤에 숨어 있는 전집합의 하나하나가 물(物)이라는 것이다. 로고스와 '물'이 이런 것이라면 로고스는 율곡이 말한 이일(理一)과 비슷한 것이 아닐 수 없고, 물은 율곡이 말한 바 이분수(理分殊)와 비슷한 것이 아닐 수 없다. 로고스란 일반적으로 전법칙성(全法則性), 다시 말하면 제약하는 것 전체라 하겠다. 이런 의미의 로고스의 하나 하나가 물(物)인 한, 물(物)은 하나의 제약하는 것임이 틀림없다. 따라서 하이데거는 물을 제약자라고 보고 있다 여기에서 우리는 물이 율곡의 이분수(理分殊)와 흡사한 것임을 다시금 확인할 수 있다.[37]

앞에서 말한 율곡의 이일분수(理一分殊)로서의 이(理)란 분명히 하이데거의 '로고스'로서의 존재와 흡사한 개념이다. 하이데거의 로고스란 원초적 시원적으로 '하나'이지만, '집합'되어서 내지는 '제약'해서 '여럿'이 되는 것이다. 로고스는 '하나'이면서 '여럿'이다. 그러므로 율곡의 이

---

36) 위의 글, 844쪽.
37) 위의 글, 845쪽 참조.

(理) 즉 '이치(理致)'와 하이데거의 로고스는 거의 같은 개념이 아닐 수 없다. 하이데거는 이 로고스를 도출하기에 앞서서, '법칙'을 아직도 전개되지 않은 채 있는 하나의 법칙과 이미 전개된 여러 법칙으로 갈라서, 이 둘을 같은 것이라고 보았다.

다음은 하이데거의 '에네르게이아'와 율곡의 '기(氣)'를 비교한 것을 보도록 하자.

앞에서 이미 자연은 "확고한 법칙을 좇아서 태초 아래로 성스러운 혼돈에서부터 탄생된다"고 하였다. 여기서 성스러운 혼돈이란 모든 것에 앞서서 미리 열려져 있으면서 그 속에 모든 것을 삼키고 있는 것이다. 따라서 이 혼돈은 모든 것을 (법칙을 좇아서) 현전시킬 수 있다. 그러므로 모든 존재자는 이 성스러운 혼돈에서부터 생긴다. 이런 의미의 성스러운 혼돈이란 확실히 무극이태극(無極而太極)과 흡사한 것이라 볼 수 있다. 그리고 "확고한 법칙을 좇아서…… 탄생되면서"라는 말에서, 우리는 성스러운 혼돈에서부터 그 무엇인가가 법칙을 좇아서 나타난다는 것을 알 수 있다. 이것은 이(理)를 좇아서 기(氣)가 발한다는 율곡의 소설(所設)과 흡사하다.[38]

하이데거는 다음과 같이 말하고 있다. "존재자의 존재에 어떤 것이 출현(현상)하도록 명령하고 이렇게 해서 그것의 발생을 규정하는 현출에의 충동(nisus)이 속하는 한, 모든 존재자는 표상적인 것이다." 풀어 말하면 존재자가 나타나는 것은 존재자의 존재에 '현출에의 충동'이 있기 때문이라는 것이다. 본시 존재자의 존재에 있는 이 '현출에의 충동'에 의하여 존재가 존재자로서 나타난다면, 의심할 나위 없이 존재는 현출된 존재자 속에 있다. 현출이란 바꾸어 말하면 현전이다. 따라서 존재가 현출된 것 속에 있다는 말은 존재가 현전된 것 속에 있다는 말과 같다. 그러므로 하이데거는 "존재자의 존재는 현전된 것 속에 있음($E\nu$

---

38) 위의 글, 846쪽 참조.

εργεια)이다.” 혹은 “현전된 것 속에 있음으로서의 존재”라고 표현하고 있다. 하이데거는 '피시스'를 “그 자신을 개시하는 전개(das sich eröffnende Entfalten)”, “그 자신에서부터 출현하는 것(das von sich aus Aufgehende)”, “출현하는 지배(das aufgehende Walten)”, “출현하고 체류하는 지배(das aufgehende verweilende Walten)” 등이라고 표현하고 있다. '게제츠'적인 면을 도외시하면 이 말의 뜻이 한결같이 '출현하려는 세력'을 일컬은 것임이 틀림없다. 따라서 '에네르게이아'는 율곡이 말한 기(氣)와 흡사한 개념이라 볼 수 있다.[39]

전두하는 다음과 같이 종합적으로 요약하여 결론을 내리고 있다. “우리는 존재의 일면이 '법칙'이고 다른 일면이 '에네르게이아' 내지는 '니수스'임을 알았다. 따라서 '법칙을 좇아서 에네르게이아 즉 현세태 즉 현전된 것 속에 있음 내지는 니수스 즉 현출에의 충동 즉 나타나려는 힘이 나타나는 것'이 존재라 하겠다. 이런 의미에서 법칙과 에네르게이아 내지는 니수스가 합친 것이 존재다. 이것은 분명히 이른바 율곡의 理와 氣를 '완전히 하나에 합쳐서 본' 理氣와 다를 바 없다. 존재의 일면이 법칙, 理法이며 다른 일면이 나타나려는 힘, 현출에의 충동이고, 후자가 전자를 좇아서 나타난다는 것은, 율곡이 말하는 氣가 發하고 理가 이것에 乘하는 것(氣發理乘)이라 볼 수 있다. 존재가 그 자신을 영영 은폐하고 있는 無는 未發의 氣에 理가 乘하려고 함께 있는 統體一太極이라 볼 수 있고, 존재가 그 자신을 開明하면서 은폐한 것인 존재자는 이미 發해서 局한 氣에 理가 乘해서 通한 것이라 볼 수 있다.”[40]

전두하는 '세계화의 시대'에 동양과 서양이 서로 대화하며 서로의 철학함의 깊이를 더해갈 수 있는 방법을 보여주고 있다. 서로 자신들의 해석학적 원칙과 범주를 고집하지 않고 '이해하기를 원함과 이해되기

---

39) 위의 글, 847쪽 참조.
40) 위의 글, 849쪽 참조.

를 바람'이라는 상호문화적으로 방향 잡힌 열린 해석학적 태도로 철학하여 '세계철학'에 기여할 수 있는 길이 제시되는 셈이다. 우리는 전두하의 이러한 노력에서 실존철학과 한국의 전통철학의 건전한 대화의 가능성을 발견할 수 있다.

3) 자연과 자유에 대해 철학함 : 신오현의 《절대의 철학》

고형곤과 전두하가 철학함의 주제에 나타나는 동서양의 공통된 사유 내용에서 출발하여 서로 다른 이해의 지평을 보여주면서도, 근원과 시원을 찾으려는 위대한 사상가들의 노력에서 비슷한 철학함을 발견하고 그것을 비교하여 우리의 이해의 지평을 넓히는 데 공헌하였다면, 신오현은 바로 이러한 동서양의 철학함 자체로 눈을 돌려 그것을 '절대의 철학'이라고 규정하면서 자신의 논의를 펼쳐나간다고 할 수 있다. 그러면서 그는 자신의 이러한 철학함을 하이데거에게서 배웠음을 밝힌다.[41]

먼저 그가 천명한 '절대의 철학'의 의미를 살펴보기로 하자.

"우리가 지칭하는 '절·대'란 무엇을 의미하는가? 그것은 일차적으로는 문자 그대로 해석하여 '상대가 단절되어 있음'을 의미한다. 모든 이분법·이원론을 넘어서 있음을 시사한다. 그것은 주관적인 것도 아니고 객관적인 것도 아니다. 그것은 물리적인 것도 아니며 심리적인 것도 아니다. 그것은 사실적인 것도 아니며 가치적인 것도 아니다. 그것은 언어에 의해서 표상된 것도 아니며 언어 이전의 언어 바깥에 있는 그 무엇도 아니다. 그것은 생각될 수 있는 것도 아니며, 그렇다고 생각할 수 없는 신비적인 그 무엇도 아니다. 그것은 이분법적인 것의 어느 편에도 속하지 않으며, 이분법을 넘어서 있는 그 어떤 것도 아니다. 그것은 내재적인 것도 아니며 초월적인 것도 아니다. 그것은 실체나 기능도

---

41) 신오현, 《절대의 철학》, 문학과지성사, 1993, 164쪽 참조.

196

아니며 과정이나 상태도 아니다. 도대체 그것은 그 '어떤 것'도 아니며 '아무것도 아닌 어떤 것'도 아니다. 그것은 일체의 지시·표상·근거·기준·기술·정의·개념을 넘어서면서도, 그것들 너머에 있는 그 무엇, 이를테면 불가사의한 그 무엇마저도 아니다."[42]

절대는 상대적인 것도 아니고 절대적인 것도 아니지만, 상대를 부정하는 절·대성으로 존재하는 실재성이다. 그것은 세계 안에 있는 것도 세계밖에 있는 것도 아니면서, 세계 자체를 열어보이는 세계화 자체이다. 그것은 시간 안에 있는 것도 시간을 벗어나 있는 것도 아니지만, 시간적으로 또는 시간화하면서 존재하는 시간 자체 또는 시간화 자체이다. 그것은 공간 안에 있는 것도 공간 밖에 있는 것도 아닌 공간화·지역화 또는 자리 만들기 자체이다. 그것은 언어에 의해서 표현될 수 있는 것도 아니고 언어 밖에 있는 것도 아닌 언어·언어화 그 자체이며, 부단하게 언어에로 오고 있는 사건 그 자체이다. 그것은 생각된 것도 아니고 생각되지 않는 것도 아닌 사유·시작(詩作)·창출 그 자체이다. 그것은 실재적인 것도 가상적인 것도 아닌 실재 그 자체이다. 그것은 의미로 표현될 수 있는 것도 의미 없는 것도 아닌, 의미화 그 자체 또는 존재로서의 의미, 실재로서의 의미, 존재하고 실재하는 의미, 존재하게 하고 실재하게 하는 의미 그 자체이다. 그것은 도덕적인 것, 가치 있는 것, 당위적인 것도 아니고, 그렇다고 비도덕적 몰가치적 인위적인 것도 아닌, 분수·명분·천명·운명 그 자체이다. 그것은 한마디로, 용출하게 드러나며 마주치는 사건 그 자체이다.[43]

이러한 절대 실재성은 신오현에 따르면 하이데거의 존재·실존·초월·세계·무·자유·진리·본재(Wesen) 이외 다른 것이 아니며, 후설의 선험적 자아에 다름 아니며, 스피노자의 신(神) 즉 자연에 다름 아

---
42) 위의 책, 56쪽.
43) 위의 책, 57쪽 참조.

니고 마명(馬鳴)의 진여(眞如) 이외 다른 것이 아니다.

신오현은 이것을 이렇게 쉽게 풀이해 본다. 우리의 일상적인 지각행위 또는 인지활동을 살펴볼 때, 내가 한 그루의 나무, 한 송이의 꽃, 한마리의 새, 한 인격의 사람을 지각 인지하는 경우, 내가 만난 것은 물상·심상이 아니라 존재 그 자체이다. 존재 그 자체는 그대로 실재이며 사건이고 현실이며 의미이고 언어이지, 우리의 표상이나 기호적 의미에 의해서 재구성된 대상물·구성물·제작품은 아니다. 그러기에 산도 있고 물도 있으며, 사람도 있고 사랑도 있으며, 불안도 있고 침묵도 있으며, 고독이 있고 정적이 있으며, 노을이 있고 하늘이 있다고 말할 수 있다. 이 다양한 있음이 영락없는 실재성이요 그것도 절대적인 실재성이다. 그것은 결코 기존하는 언어틀에 잡힌 지식이 아니며, 주관적인 마음에 의해서 음영지어진 표상이나 영상이 아니다. 따라서 나무·새·하늘·노을·사랑·정적이라는 존재·말 또는 본말은 어떠한 정신적 표상이나 물리적 대상을 지시하는 것이 아니며, 하등의 논리적 인과적 심리적 물리적 근거에 의해서 규정되고 근거지어진 것이 아니다. 문자 그대로 살아 있는 또는 살아 나오는, 현-실이요 실-현이라 할, 현실·실재·존재·본재·자연·자유·진여 그 자체라 하겠다. 도대체 이 이상의 실재성을 어디서 어떻게 발견하고 정초할 수 있을 것인가.[44]

이러한 시각 아래 신오현은 철학의 목표와 임무를 아래와 같이 새롭게 규정하려고 시도한다. 진여·절대 실재를 지시 직지(直至)하기 위한 방편 설정이 '철학적 학문' 또는 '학문으로서의 철학'이 수행하는 주임무이고, 진여자성(眞如自性)에 자연적 자생적 자재적(自在的) 실존적 탈자적으로 대응·화답·동조·공생하는 행위·활동이 행위·삶·활동·실존으로서의 철학이다. 직지진여(直指[至]眞如)가 철학의 임무이며, 견득자성(見得自性) 또는 견성성불(見性成佛)이 철학의 목표·공

---

44) 위의 책, 59쪽 참조.

덕・효용이다.[45)

철학은 곧 '철학적인 담론'으로 이루어진 학문이다. 철학적인 담론은 형식적 논리적인 인식체계도 아니며, 존재자를 대상적, 객체적으로 기술, 설명, 예측하는 물리 심리적 경험체계도 아니다. 그것은 오직 진여가 대상이 아니라는 것을, 진여의 인식이 대상적 표상이 아니라는 것을 부정적 비판적 반성적으로 지시하는 가설체계일 뿐이다. 선가(禪家)적 표현을 빌리면 철학적 담론은 화두・공안에 지나지 않으며, 하이데거의 용어를 빌리면 '형식적 지시(formal Anzeige)의 역할을 수행하도록 고안된 담론 방식이 철학적 언어이다. 절대는 언어에 의해서 표상될 수 없기 때문에, 철학적 언어가 수행할 수 있는 역할은 절대를 지시하는 일종의 유도어(Leitwort)의 역할뿐이다.[46)

"나와 남, 몸과 마음, 있음과 없음, 존재와 인식, 행위와 당위, 사실과 가치, 시간과 영원, 삶과 죽음, 선과 악, 인간과 자연, 인간과 사회, 자유와 필연, 개인과 인류, 상(常)과 무상 등의 문제는 모두 존재의 근본문제 또는 철학적인 문제이다. 이러한 문제는 상황 안에 있는 어떤 문제가 아니라, 바로 상황 자체를 구성하는 상황의 문제이다. 점진적, 부분적으로 해결할 수 있는 대상적, 객관적 사건・사태・상태・관계에 관한 과학적, 기술적인 문제가 아니다. 따라서 이러한 문제는 스스로, 절대 확실하게, 종국적 전체적으로 완전하게 해결되어야 할, 또는 한 마디로 말하여, 철학적으로 해결되어야 할 문제이다. 이 엄연하게 존재하는 문제 중의 문제, 가장 심각하고 절박하게 중요한 문제는 어떻게 처리되어야 하는가?"[47)

"상대성 안에서는 절대로 절대성을 발견할 수 없다"는 것은 논리적 분석적 개념적인 진리이다. 따라서 상대성의 지평에서 상대성의 논리

---

45) 위의 책, 60쪽 참조.
46) 위의 책, 61쪽 참조.
47) 위의 책, 169쪽.

로 절대성의 문제를 해결하려는 모든 형이상학적 시도는 필연적 논리적으로 그 실패가 예정되어 있다. 상대적인 세계에서 절대자를 하나의 존재자로 발견한다는 것은 논리적으로 불가능하기 때문에, 절대자는 표상될 수 없고 언급될 수 없다는 기묘하고 당혹스런 역설을 맞이하게 된다. 표상되고 언급된 절대자는 단지 환상이나 우상에 지나지 않는다면, 결국 절대자는 존재하지 않거나, 절대는 존재자가 아니라는 결론이 따라 나온다. 진정한 의미의 '절대'는 어떤 의미의 '상대'와도 범주적인 차이를 가지는, 문자 그대로 '상대를 끊음'이라는 뜻에서 우리는 이를 '표상적 대상적 절대' 또는 '절대자'의 개념과 구별하기 위하여 '절·대'로 표현하고자 한다.[48]

상대를 단절하는 바로 거기에 절·대가 성립된다면, 일(一)과 다(多)의 대립 또는 상대성이 끊어진 일(一)과 다(多)의 관계는 곧 '일즉전(一卽全)'일 수밖에 없다는 것도 또한 논리적인 필연성이다. 이른바 궁극적인 문제들은 단순한 논리의 문제가 아니라 존재의 문제, 실존의 문제, 삶의 문제이기 때문에, 논리적 문법적 해소만으로 결코 해소되지 않는다는 데에 진정한 철학적인 문제성이 있다.[49]

일(一)과 전(全), 동(同)과 이(異), 유(有)와 무(無), 유와 지(知), 존재와 당위, 아(我)와 비아(非我)를 간단없고 조화로운 생명·생기 또는 정신의 흐름으로 파악하여, 이러한 절·대의 현실을 자연·자화(自化)·자기로 표현한다. 절·대는 상대의 대립으로부터 벗어남을 뜻하기 때문에 상대를 벗어나는 초월의 방식으로 존재하는 실재성은 자연·자화·자유·자기라는 표현 이외 달리 묘사하고 설명할 수 없다. 왜냐하면 절·대 자체가 불가설 불가명(不可說 不可名)이라는 것은 바로 절·대의 개념 속에 내포되어 있기 때문이다. 표상·정립·상대를 벗어나는 것이

---

48) 위의 책, 170쪽 참조.
49) 위의 책, 171쪽 참조.

절·대의 가능성의 조건이기 때문이다. 'Absolute'라는 영어, 독어, 프랑스어는 라틴어 'absolutus'에 유래하며, 'absolutus'의 동사형 'absolvo'는 'ab+solvo' 즉 해소·해방 곧 자유를 의미한다. 자유는 자기 이외의 타자에 의해서 대립되지 않는 자기·자재·자연일 수밖에 없다. 실로 자유는 철두철미하게 절·대적이라 하겠다.[50]

'필로소피아(philosophia)'는 자기를 부단히 자기 자신으로 자연스럽게 자재하게 하는, 즉 자기가 타자가 아니라는 절·대의 방식으로 자기를 초극하는 활동이다. 이를테면 자기의 본래로 돌아가는 복성(復性)의 활동이며, 그것은 스스로 다가오는 자기 자신을 자신으로 맞이함이다. 이러한 자기관계는 일자와 타자와의 관계가 아니기에, 오직 자연이며 자유이고 자재로 표현할 수밖에 없다. 여기에는 존재와 인식, 생각과 행동, 욕망과 당위가 하나가 된 절·대의 신비가 있을 뿐이다. 이른바 필로소피아(philosophia)에 관한 모든 발언은 불가언(不可言), 불가명(不可名), 불가설(不可設)의 신비에 관한 어불성설 또는 역설에 지나지 않으며, 이러한 무의미한 발언의 유일한 의미는 불가언·불가명의 신비를 제시하는 데 있을 뿐이다.[51]

결론적으로 신오현은 다음과 같이 말한다. "나와 대립하는 대상이 문제되는 것이 아니라 자기 자신이 절·대의 문제인 경우, 이 문제에 접근하는 '길'은 곧 자기 자신이다. 길이 곧 길을 트면서 자기의 길을 가는 것, 그것이 동시에 자기 자신인 그러한 길은 결국 자유의 길일 수밖에 없을 것이다. 우리가 절·대의 길을 중(中)·도(道)로 이해하는 것도 바로 이 때문이다. '중·도'는 이른바 방도와는 본질적으로 다르게 언제나 '자기 자신으로 가는[中] 길[道] 또는 자신의 길을 가는 행위[道]를 뜻하기 때문이다."[52]

---

50) 위의 책, 172쪽 참조.
51) 위의 책, 172~173쪽 참조.
52) 위의 책, 173쪽.

신오현에 따르면, 철학의 임무는 '절대'를 가리키는 것이며, 철학의 목표는 '절대'와 동화되는 것이다.

신오현은 동·서양의 철학함을 비교하면서 그 두 철학함을 아우를 수 있는 새로운 지평을 찾아내려고 노력하였으며 그것을 '절대의 철학'이라고 명명하였다.

7. 계보학적 탐구를 통한 철학에의 기여

1) 현상학에 대한 현상학적 탐구 : 한전숙의 《현상학》

후설의 《논리연구》와 더불어 세상에 선을 보인 현상학은 얼마 전 일백 년을 경축하였다. 그렇지만 아직까지도 '현상학'이라는 철학함의 유형과 방법은 철학도들을 혼란스럽게 만들고 있다. 현상학에 대한 분명하게 끊어지는 정의를 찾는 사람은 어디에서도 자신이 찾는 것을 얻지 못할 것이다. 현상학의 시조인 후설 자신이 이러한 혼란스러움에 일조를 하였다. 기술적 심리학, 선험적 현상학, 구성적 현상학, 발생적 현상학, 생활세계적 현상학 등의 이름이 후설 자신의 주장에 근거하여 그의 현상학에 붙여진 이름이라면, 그 혼란에 대한 책임의 일단이 후설 자신에게 있음은 의심의 여지가 없다.

여기에 덧붙여 이미 후설의 생시에 형성되었던 현상학학파, 즉 뮌헨학파, 괴팅겐학파, 프라이부르크학파, 프랑스학파, 미국학파 등을 감안하고, 그 학파의 태두격인 현상학자들의 현상학에 대한 주장까지를 감안한다면, 과연 이들이 공통적으로 공유하는 것이 있기나 한가 하는 의심이 들 지경이다.

어쨌거나 이 모든 혼란을 평정하려면, 근원으로, 시원으로 소급해 올라가지 않으면 안 된다. 한전숙의 《현상학》은 현상학에 대한 '현상학적 탐구'라고 할 수 있다.[53] 한전숙은 '현상학'이라는 사태 자체로 눈을 돌려 그 사태에 대한 자신의 오랜 현상학적 연구결과를 이 한 권에 정리해 내고 있다.

철학은 그 시대의 자식이다. 그 많은 명성 있는 철학자들이 자신의 철학을 '현상학'이라는 이름으로 특징짓기를 원했다면, 그 무엇인가가 이 현상학에는 그들이 자신들의 철학함에서 추구하고 있고 추구해야 될 과제로 여겼던 것이 있음을 인정한 셈이다. 현상학이라는 20세기의 가장 큰 흐름을 이러한 시대적 상황에서부터 이해해야 함이 아마도 당연한 순서일 것이다.

19세기 후반의 학문적 상황은 한 마디로 자연과학의 눈부신 발달에 따른 실증주의의 팽배로 말미암아 철학의 존재기반까지 위협당하는 절체절명의 위기의 시기였다. 학문으로서의 대상영역을 실증과학들에게 모두 빼앗긴 듯 싶은 철학은, 화려했던 과거를 회상하는 역사학으로 전락하든가 인간의 인생관이나 세계관의 형성에나 관심을 갖는 인격학 또는 세계관학으로 업종을 바꾸든지 해야 하는 위기에 빠져 있었다.

이러한 위기의 상황에 후설은 엄밀한 학문으로서의 철학의 이념이 현상학으로써 구현될 수 있음을 주장하고 나왔으니, 학문으로서의 철학의 정립에 고심해 오던 많은 철학자들의 열렬한 환영을 예상할 수 있다. 한걸음 더 나아가 후설은, 철학이 그 역사적인 의도에 비추어 볼 때 모든 학문 가운데 가장 높고 가장 엄밀한 학문이며 그러한 학문이어야 하는데도 스스로를 진정한 학문으로 형성하는 데 실패하였기에, 철학은 아직 학문이 아니고 학문으로서 시작도 하지 못했다고 주장한다.

현상학으로써 학문으로서의 철학을 정립하자는 취지로 모여 학술발표회를 갖고 잡지를 발간한 움직임이 많은 사람의 호응을 받아 학계에 널리 퍼져 나갔으며, 이것이 뒤에 '현상학운동'이라는 이름으로 불리게

---

53) 한전숙, 《현상학》, 민음사, 1996 참조.

되었다. 엄밀한 학문으로서의 철학을 정립해 보자는 현상학의 이념에는 이들 현상학자들이 동의했지만, 구체적으로 그 현상학을 어떻게 이해해야 하는가 하는 실제적인 문제에 부딪히자 의견이 갈라졌다. 어떤 철학자는 객관적 사실 그 자체를 있는 그대로 기술하는 데 현상학의 장점이 있는 것으로 생각했는가 하면, 어떤 현상학자는 '어떤 것에 대한 의식'이라는 인간만의 독특한 인식구조를 근본적으로 구명해 나가는 것을 현상학의 고유과제로 보기도 했고, 또 어떤 현상학자는 신체를 가진 유한한 주관이 세계 속에서 자신의 인식 대상을 형성해 나가고 있음을 재구성해 내는 작업이 곧 현상학이라고 여기기도 했다.

이러한 다양한 흐름들이 현상학운동이라는 철학의 커다란 주류를 형성하고 있었으며, 20세기 철학을 다양하게 각인해 주었다. 그리고 이 모든 흐름의 근원은 언제나 후설이었다.

한전숙은 근원으로서의 후설 현상학의 전개과정을 세 단계로 나누어서 기술하고 있다. '기술적 심리학', '선험적 현상학', 그리고 '생활세계적 현상학'이 그것이다. 초기 현상학의 모습을 보여주고 있는 '기술적 심리학'의 단계에서는, 후설이 그의 《논리연구》에서 그 당시의 실증주의적 학문 태도인 객관주의와 심리학주의를 어떻게 비판 극복하고 있는지가 서술되고 있다. 이 시기에 현상학의 근본개념인 '지향성'과 '환원'이 '본질직관'이라는 개념과 더불어 후설 사색의 중심에 놓인다.

그 다음 단계인 '선험적 현상학'은 흔히 '후설 현상학'을 말할 때 떠올리는 현상학의 형태이다. 일상세계에서 사물과의 만남에서 전제되고 있는 소박한 '존재믿음'을 괄호 안에 넣고 그 안에서 전개되고 있는 선험적 대상구성의 사건에 우리의 탐구 시선을 옮겨 놓아야 하는 현상학적 태도가 무엇이며 어떻게 이행되는지가 서술된다. 궁극적으로 대상을 구성하는 선험적 자아의 구조에 대한 구명이 이 선험적 현상학의 핵심 주제로 부각된다. 후설의 생시에는 이러한 선험적 관념론의 형태를 띤 현상학의 모습에 실망하여 많은 제자들이 후설의 곁을 떠나기도 했다. 이들은 선험적 현상학에서 또 다른 주관주의의 발호를 보며, 나쁘게는 후설 자신이 비판하고 극복한 심리학주의로의 전락을 보기도 한다. 인간의 유한성이 철학의 핵심 주제로 부각되고 역사성이 철학 자체의 형성에 지울 수 없는 자신의 족적을 남겨 놓고 있음이 자명한 사실로 받아들여지는데, 순수의식을 이야기하며 대상을 구성하는 선험적 자아를 탐구하는 것이 시대를 역행하는 것으로 보였던 것이다.

후설이 만년에 독일에서는 발표할 지면도 할애받지 못해 체코의 프라하에서 창간된 《철학》지에 게재한 〈유럽 학문의 위기와 선험적 현상학〉은 후설에게 다른 면이 있음을 철학계에 알려준 사건이었지만, 전운이 감도는 유럽의 학문계는 후설의 이러한 필사적인 마지막 몸부림에 냉담하기만 했다. 유고가 발간되기 시작하면서 철학계는 새로 태어난 '생활세계의 현상학'과 더불어 후설의 르네상스를 경험하게 된다. 사람들은 전혀 다른 모습의 후설을 대하면서 혼란에 빠지게 되었다. 선험적 주관의 자리에 신체적 주관이 등장하고, 대상 형성의 노에시스보다는 그 작용에 앞서 주어진 질료가 현상학적 탐구의 주제로 대두되고, 무엇보다도 현상학적 판단중지로 인해 활동정지를 받았던 생활세계가 모든 것의 근원으로 복원되어 탐구의 한가운데에 놓이게 된 것이다.

당연히 후설 현상학에 대한 해석은 분분할 수밖에 없었고, 참된 후설의 모습을 놓고 논쟁은 지금 이 순간에도 계속되고 있다.

질료학, 생활세계적 현상학은 그야말로 선험적 현상학에 정면으로 대치되는 것이 아닌가? 이제 선험적 현상학에서 뒤따라 수행된 '코페르니쿠스적 전회'는 전도되어야 하는가? 한전숙은 "코페르니쿠스적 전회의 전도"라는 장에서, 모든 현상학자들을 혼란스럽게 한 다양한 현상학의 형태들을 자리매김하여 후설 현상학의 참모습을 정리해 주면서 자신의 현상학 연구를 끝맺는다.

독일어권, 불어권, 영어권을 통틀어도 이처럼 풍부하고 짜임새 있게 정리한 후설 현상학 연구서는 찾아보기 힘들다. 우리는 이 책에서 50년

을 갈고 닦은 저자의 각고의 노력과 헌신을 매 페이지마다 확인할 수
있다. 한전숙은 후설의 모든 저작을 꿰뚫으며 후설 현상학의 전체 모습
을 우리에게 제시해 준다. 이것만 해도 웬만한 후설 전공자가 감히 엄
두도 못낼 엄청난 작업이다. 더구나 후설 현상학에 대한 다양한 해석들
을 비판적으로 섭렵하여 나름대로의 논쟁을 거쳐 자기 것으로 소화한
해석의 선을 제시하고 있기에, 그 논지가 설득력이 있고 깔끔하며 명쾌
하다. 이에 그치지 않고 다양한 현상학 노선 내지는 학파와도 생산적인
논쟁을 펼쳐서 20세기의 현상학적 흐름을 개괄할 수 있도록 안내하고
있다.

　한전숙은 '현상학'이라는 사태에 대한 논의에 있어 — 비록 그 발생
적 근원은 유럽에 갖고 있지만 — 한국인이 어떻게 얼마나 기여할 수
있는가를 보여준 좋은 예이다.

　이처럼 학술적 탐구에서 세계적인 수준의 업적을 성취하여서 철학적
논의의 보편성에 기여한 작품으로 다음의 책들도 꼽을 수 있다. 즉 이
미 앞에서 언급한 조가경의 《실존철학》과 차인석의 《사회인식론. 인
식과 실천》[54]이 그렇다. 그 밖에도 독일어로 발표한 조가경의 《자연존
재와 의식존재. 현상학적 동서양의 대화》(*Natursein und Bewußtsein.*
Phänomenologischer West-Ost-Diwan)는 한국적으로 철학함이 세계적
인 수준일 수 있음을 보여준 역작이다.[55] 이 장은 한국철학의 정립과 연
관지어 현상학과 실존철학의 수용을 살펴보는 자리이기에 이들 작품에
대한 자세한 논의는 생략한다.

---

54) 차인석, 《사회인식론. 인식과 실천》, 민음사, 1987.

55) Kah Kyung Cho, *Natursein und Bewußtsein. Phänomenologischer West-*
　　Ost-Diwan(자연존재와 의식존재. 현상학적 동서양의 대화), Freiburg · München,
　　p.198 참조.

8. 의미론적 접근 속에서 삶의 문법의 구명과 대안 제시의 노력

1) '고통'에 대한 주체적인 철학함 : 손봉호의 '고통의 현상학'

철학자들은 진리를 추구한다. 지금까지 많은 철학자들이 자신의 철학체계를 가장 확실한 진리의 토대 위에 구축하려고 애써왔다. 어떤 이는 사유를, 어떤 이는 이성을, 어떤 이는 정신을, 또 어떤 이는 체험을 흔들릴 수 없는 자신의 철학적 토대로 삼아 그 위에 인식론, 형이상학, 윤리학의 체계를 세웠다. 그러나 이성 자체가 가장 큰 불신의 대상이 되어 심판의 법정에 서게 된 '탈근대의 시대'에서는 그러한 모든 '큰 이야기들'은 몇몇 소수나 능력 있는 특권층들을 위한 지적 유희에 지날 뿐이고, 평범한 일상 속에서 '삼풍사건'이니 '대구가스폭발사건'이니 '성수대교붕괴사건' 같은 전혀 예상하지 못한 고통을 받거나 알게 모르게 자신만의 문제로 괴로워하는 일상인들에게는 전혀 공감이 가지 않는 비현실적인 이론일 따름이다.

이성을 믿지 못한다면 우리는 어디에서 위로와 안정을 구해야 하는가? 모든 것을 강한 자들의 권력에의 의지에 맡겨 버려야 하는가? 고삐 풀린 말처럼 미친 듯 날뛰는 적나라한 생의 의지를 무엇이 통제하며 이끈단 말인가? 모든 것을 객체화시켜 지배와 통제의 대상으로 삼으려는 목적합리성이 아닌 인간의 감성의 능력을 계발시켜야 함이 강조되고 있음을 우리는 이러한 시대적 배경에서 이해할 수도 있을 것이다. 도구적 이성이라는 면도칼로써 가차없이 난도질해 개념의 틀에 잡아넣어 다루기 쉬운 것으로 만들어 버리는 이성 중심의 사유태도에 예술가적 감성이 반기를 들며 이성에 의해 파손된 것을 되살려 주기를 기대하는 심리가 많은 지식인들로 하여금 탈근대의 사상적 흐름에 동조하도록 만들었는지도 모른다.

머리만의 진리, 머리 속의 진리! 그것은 지적 성취감을 줄지는 몰라도 북한과 르완다를 비롯해 오늘도 먹을 것이 없어 죽어가고 있는 4만 명의 사람들에 대해서는 속수무책이면서도 '시장경제의 원리'를 내세워 그들을 다 먹이고도 남을 음식과 식량을 쓰레기통 속에 쓸어넣는 것을 정당화하고 있지 않는가? 인간의 존재를 사유에만 의존하여 영위해 나갈 때 생겨날 수밖에 없는 귀결이고, 이러한 이성 중심, 과학만능주의가 오늘날 인간을 메마르게 하고 가슴이 없는 자동인형으로 만들고 있다. 이성적 사유에 입각한 진리관, 세계관, 종교관이 삐걱거리고 있으며, 사유하는 자아에 입각한 개인주의, 자유, 평등, 인권, 공동체생활이 자신만의 벽 속에 갇혀 기계와 더불어 사는 로보트를 양산해 내고 있는 것은 아닌가 하는 의구심을 자아내게 하고 있다.

이러한 '탈근대의 상황'에 맞추어 손봉호는 새로운 철학함의 단초를 주창한다. "나는 고통받는다. 그러므로 나는 존재한다." 고통보다 더 분명하게 나의 존재를 확신시켜줄 체험이 어디 있단 말인가? 우리는 도저히 믿을 수 없는 현실에 봉착했을 때 꿈인지 생시인지 뺨을 꼬집어보는 고통을 통해서 확인하지 않는가! 고통은 인간에게 의심할 수 없는 가장 확실한 것이며, 다른 어떤 체험으로도 환원시켜 설명할 수 없는 가장 원초적인 경험이다.

그뿐인가! 고대, 중세를 거쳐 근세를 지나 현대에 이르기까지의 철학의 '발전'을 흔히 개별화, 개인화, 주체화의 과정으로 보는데, 고통보다 명확하게 나를 나로서 개별화시키는 것이 어디 또 있겠는가? 비트겐슈타인도 가장 사적인 영역의 예로서 고통을 들지 않았던가! 어느 누구도 대신 들어가 볼 수 없는 고통받는 자만의 체험의 세계! 후설은 지각하는 체험을 반성하는 체험에서는, 그 주어져 있음과 존재가 일치하며 지향적 대상과 체험이 일치하고, 그래서 더이상 내재와 초월이 구분되지 않기 때문에 그것을 자신의 초월론적 현상학의 흔들릴 수 없는 명증적 토대이자 출발점으로 삼지 않았던가! 그러나 그러한 반성적 체험보다 더 원초적이고 더 근원적인 체험이 고통의 체험 아니겠는가? 고통을 체험하는 순간에서는 정말로 의식의 내적 인식내용(Noema)마저도 생각할 수 없지 않는가?

고통은 그 자체로 지향적이 될 수는 없으나 다른 것을 인식하게 하는 데에는 중요한 역할을 한다. 누가 인간의 인간다움을 자의식이라 했는가? 고통만큼 '나'를 나로서 인식하게 만드는 것이 어디 또 있단 말인가? 어떤 이는 자의식을 사회적 산물이라고 하고, 어떤 이는 타인의 눈길이 나를 나로서 의식하도록 만든다고 하고, 또 어떤 이는 다른 사람의 존재, 다른 사람과의 관계가 나의 인식에 결정적인 역할을 한다고 하지만, 철저하게 나를 나로서 가장 분명하게 인식하도록 만드는 것은 바로 고통이 아닌 다른 무엇이겠는가? 이유 없이 당하는 견딜 수 없는 고통 가운데 '나'는 다른 사람과 철저히 다르다는 것을 뼈저리게 인식한다. "바로 옆에 있어도 그에게 그 고통을 옮길 수도 나누어 줄 수도 없고 하소연해도 아무 소용없음을 깨달을 때 다른 누구와도 바꿀 수 없고 다른 누구와도 다른 '나'가 있음을 의식하지 않을 수 없는 것이다."[56] 고통은 정말로 홀로 당하는 것이고, 그것은 언제나 '나'만의 고통일 수밖에 없다. 기쁨은 그것이 나의 기쁨이라도 '나'를 잊어버릴 수 있고, 다른 사람이 같이 기뻐해 주면 더욱 기쁠 수도 있으나, 아픔은 항상 '나'의 아픔이며, '나'의 아픔이도록 단죄받는 것이다. "나는 아프다. 그러므로 나는 존재한다."[57]

자기의식을 철학적 사유의 출발점으로 삼는 철학들이 흔히 빠지는 함정이 유아론이다. 그런데 고통에 의해 일깨워지는 자아의식은 그런 유아론을 지양한다는 데 그 특징이 있다. 가장 주관적이고 사적인 고통

56) 손봉호, 《고통받는 인간. 고통문제에 대한 철학적 성찰》, 서울대학교 출판부, 1995, 71쪽.
57) 위의 책, 72쪽.

이 다른 어느 사적인 것보다 더 공개적이 되려는 충동을 가지고 있기 때문이다. 미움과 사랑은 오래 숨겨 놓을 수 있으나 고통은 오래 감춰 놓을 수 없다. 극심한 고통으로 신음하여 울부짖는 사람은 자신의 의식의 통제를 넘어서 자신을 폭로할 수밖에 없다. 이렇듯 고통은 가장 내면적인 것이지만 가장 외면적이 되려는 충동을 가지고 있다. 그런데 고통 그 자체는 언어로 표현될 수 없다. 그럼에도 고통당하는 사람은 언어를 통해서 자신의 아픔을 호소하려는 절박하고 강렬한 욕구를 가지고 있으며, 이때 그 욕구는 자신을 돋보이게 하려는 자기표현이나 자기과시가 아니라 고통에 대한 항의요, 고통의 감소나 제거를 바라는 호소이다.[58] "지나친 고통은 비명, 울음, 신음과 같은 비언어적 수단으로 표현되지만 다소 완화되거나 약한 고통은 반성의 계기와 더불어 언어적 표현의 계기로 작용할 수 있다."[59] 이렇게 해서 고통을 주체의 표현충동 가운데서도 대표적인 것으로 보고, 그 표현의 매개를 언어로 볼 수 있는 계기가 주어진 셈이다. 즉 고통이 가지고 있는 바 표현충동에서 사고를 촉발시키는 원동력을 볼 수 있다. 요컨대 고통은 언어를 거부하고 언어를 파괴하지만 동시에 우리의 사유와 언어형성에 핵심적으로 역할하는 경험인 것이다.[60]

고통이 가지는 또 하나의 중요한 특성은 고통이 다른 어떤 느낌이나 체험보다 더 그 의미에 대해 관심을 갖고 생각하도록 만든다는 사실이다. 고통은 인간으로 하여금 '왜'라는 물음을 던지게 하며 그 의미를 캐묻도록 촉발한다. "고통은 우리로 하여금 반성적 사고로 이끄는 매우 중요한 힘이다."[61] 고통은 더 나아가 역사의 의미, 역사의 합리성에 대해서까지 물음을 던지도록 한다. 역사에 대한 해석을 요구하게 만드는

---

58) 위의 책, 75쪽 참조.
59) 위의 책, 76쪽.
60) 위의 책, 78쪽 참조.
61) 위의 책, 80쪽.

원초적 경험이 바로 고통이다. 지금 당하고 있는 고통이 그 자체 목적으로 인식될 수 없음을 깨닫기에 고통의 의미에 대해 물음을 제기하며 설득할 만한 설명을 요구하는데, 이때 흔히 고통은 과거에 일어난 원인에 의한 불가피한 결과라든지 아니면 앞으로 달성되어야 할 이상을 위한 불가결한 수단이라는 식으로 설명된다. 어느 사회 어느 시대나 고통과 도덕적 악을 연결시키려는 경향을 갖고 있다. 사람들은 고통에 도덕적 의미를 부여하면서 고통이 의미 있기 위해서는 그에 대한 보응과 보상이 철저히 이루어져야 한다고 여긴다. 그런데 이러한 인과보응이 대부분 시간적 간격을 두고 일어날 수밖에 없기 때문에 그런 법칙은 역사의 법칙으로 인식된다. 그러나 선과 악이 이 세상에서 완전히 보상과 보응을 받지 못하므로 내세가 있어야 하고 영혼이 불멸해야 한다는 플라톤이나 칸트 식의 영혼불멸설도 생기게 된 것이다. 그러나 고통에 대한 그 모든 역사철학적인 설명도 지금 여기서 이유 없이 참혹하게 고통을 당하고 있는 각각의 개별 인간을 납득시킬 수는 없다. 인류의 전체적인 역사발전이라는 이름 아래의 합리화도 고통을 당하는 개개인을 설득시킬 수는 없다. 이래서 결국 고통은 철학적으로는 해명되지 못하고 종교적인 해명을 기다릴 수밖에 없게 된다.

손봉호는 그러한 종교적 내지는 신학적인 해명에 만족하지 않고 나름대로 생물학적 윤리학적 문화학적 해명의 길을 찾아 나선다.

고통은 생존적 차원에서도 '필요'하다. 고통은 무엇보다도 비정상적인 사태를 감지하여 그것을 알려 준다. 고통은 비정상적인 상황을 정상적인 것으로 회복하라는 신호인 셈이다. 고통은 몸의 안전과 생존을 유지하기 위한 체계의 핵심이다. "생물학적 구조가 유지되는 한 동물에 있어서 고통은 생존보존에 불가결하다."[62] 인간이 당하는 고통의 중요한 특징의 하나는 그것이 사회성을 갖고 있다는 사실이다. 인간이 당하

---

62) 위의 책, 104쪽.

는 고통의 약 5분의 4가 다른 사람에 의하여 가해진다는 주장이 있다. 공동생활이 혼자 사는 것보다 생존과 행복한 삶에 더 도움이 되는 것이 사실이라면 공동생활이 가져다 주는 고통은 그것의 결여에서 생기는 고통보다 더 견디기 쉬울 것이다. 결국 생물학적 생존을 위해 고통이 필요하듯이 인간의 공동생활을 유지하기 위해서도 고통이 요구된다고 할 수 있다.[63]

여기에서 한걸음 더 나아가 손봉호는 고통에서 윤리적 당위성의 근거를 확보하려 한다. 공리주의자들이 최대 다수의 최대 쾌락을 외치면서 자신들의 윤리의 토대로 삼지만 동물이나 인간에게 쾌락을 추구하는 본능보다 더 강력한 것은 고통을 피하려는 본능이다. 더구나 윤리는 더 큰 쾌락의 추구가 아니라 인간관계의 갈등에서 일어나는 고통의 제거에 그 목적과 의의가 있다. 따라서 "'최대 다수의 최대 쾌락'보다는 '최소수의 최소 고통'이 윤리적 당위성의 근거가 되어야 하고, 이런 목적론적 윤리는 의무주의 이론보다 더 설득력이 있고 더 현실적이라 할 수 있다."[64]

그래서 손봉호는, 모든 사람이 느끼고 있는 고통의 경험이 윤리적 현상의 근저에 놓여 있다는 사실을 논증하고, 그렇게 함으로써 우리가 윤리적으로 행동해야 한다는 당위성을 정당화하며, 윤리적으로 행동하도록 이론적으로 유도하는 것은 윤리교육에 적지 않은 공헌을 할 수 있다고 본다.[65]

손봉호가 고통에 부여하는 철학적 의미는 다음의 말에서 가장 분명하게 드러난다.

"고통이 없으면 추위와 더위 혹은 傷害로부터 몸을 제대로 보호하지 못하며 따라서 생명을 유지하기가 어려울 것이고, 고통을 피하고 줄이

---

63) 위의 책, 111쪽 참조.

64) 위의 책, 113쪽.

65) 위의 책, 122쪽 참조.

기 위하여 노력하지 않을 것이기 때문에 문화가 지금보다 훨씬 더 원시
적인 상태에 있거나 아예 생겨나지 않았을 수도 있다. 역사철학이나 종
교적인 질문들이 일어나지 않았을 것이고, 인간의 사회생활이 지금과
는 전혀 다른 모습을 갖추고 있었을 것이다. 그러나 그 무엇보다도 고
통과 더 밀접하게 관계되어 있는 것은 도덕현상일 것이다. 만약 인간에
게 고통의 경험이 전혀 없다면 아마도 도덕적 문제는 전혀 제기되지 않
거나 제기되더라도 지금 우리가 알고 있는 것들과는 전혀 다른 문제들
일 것이다."[66]

이렇게 손봉호는 그의 저서 《고통받는 인간》에서 지금까지 철학적
논의의 대상이 되지 못했던 '고통'을 철학함의 흔들릴 수 없는 토대로
삼을 수 있음을 보여 준다. 여기에서 만족하지 않고 손봉호는 고통이
인간의 생존과 공동체생활에 '필요'함을 역설하고 문화마저도 고통의
극복이라는 차원에서 볼 수 있으며 종교도 고통과 뗄 수 없는 연관이
있음을 주장한다. 더 나아가 우리는 고통 위에 '최소수의 최소 고통'을
외치는 목적론적 윤리도 세울 수 있다.

손봉호는 그의 저서에서 '주체적으로 철학함'이 무엇인가 하는 것을
아낌없이 보여 주었다. 우리의 철학수준도 이제는 남의 것을 소개하거
나 끌어다 적용하는 예속상태를 벗어나 주체적인 문제의식에서 인류의
문제를 붙들고 씨름하며 문제해결을 모색하여 세계철학에 기여하는 수
준에까지 나아갈 수 있음을 손봉호의 저서 《고통받는 인간》은 보여주
고 있다.

2) 우리의 '삶의 문법'에 바탕한 '삶의 윤리' : 박이문의 《자비의 윤리학》

우리는 최근 사회 곳곳에서 발생하고 있는 끔찍한 인류적인 사건들

---

66) 위의 책, 123쪽.

을 대하면서 "윤리와 도덕이 땅에 떨어졌다"고 개탄하는 소리를 자주
듣고 있다. '동방예의지국'이라는 칭호는 옛말일 뿐이고 이제는 성범죄
발생률이 세계에서 몇 째 가는 나라로 꼽히고 있는 지경에 이르렀다.
서양의 문명이 물밀 듯이 밀어닥치면서 우리의 삶을 결속해 주던 전통
윤리가 맥없이 무너져 내리고 만 결과일 것이다. 그 이후 우리는 다방
면에서 새로운 윤리관, 새로운 가치관을 정립하려고 노력해 왔지만 아
직 이렇다 할 성과가 없는 상황에서 서구의 잘못된 개인주의, 물질만능
주의, 황금지상주의가 판을 치고 있는 실정이다. 현재 시점에서 이러한
한국적인 문제상황을 철학함의 출발점으로 삼아 나름대로 문제해결의
실마리를 찾아보려고 시도한 저술이 있으니, 박이문의 《자비의 윤리
학》이다.[67]

　서양 것이 모두 앞섰다고 생각하고 무조건 따르고 모방하던 시절은
지나갔고, 이제는 오히려 서양 것이 지금 지구촌의 사람들이 겪고 있는
온갖 재앙의 주범이 아닌가 하는 회의가 만연해 가는 실정이다. 삶의
지침인 윤리관을 사고방식과 생활방식이 크게 다른 서구에서 그냥 가
져와 쓸 수는 없다는 것을 이제나마 늦게 깨닫기 시작했다. 박이문은
한국의 철학자로서 한국적인 상황, 더 나아가서는 현대의 시대적 상황
을 염두에 두고 나름대로 문제를 해결해 보려는 시도에서 체계적으로
한국적인 삶의 문법이 각인되어 있는 '자비의 윤리학'을 세계철학에 제
시하고 있다.

　서구의 이성 중심, 인간 중심의 철학이 그 한계에 이르렀다는 유명한
서구 철학자들의 자기 반성 섞인 비판이 고조되어 가고 있으며, 이와
같은 시대적 상황에 동양철학이 기여할 수 있지 않겠는가 하는 기대가
커지고 있다. 박이문의 《자비의 윤리학》은 이러한 시대적 요청에 한국
철학이 부응할 수도 있는 가능성을 보여주는 계기가 된다.

---

67) 박이문, 《자비의 윤리학》, 철학과현실사, 1990.

'윤리학' 하면 지금까지는 — "사회적 인간 관계에 있어서 도덕적 의욕 및 행위의 원리를 연구하는 학문"이라고 사전에서도 정의하고 있듯이 — 주로 인간 사이의 사회적 삶에 초점이 맞추어져 있었다. 그런데 박이문은 윤리적 주체는 자유로운 존재로서 책임을 질 수 있는 인간에게만 국한시켜야 하겠지만, 윤리적 행위의 대상인 윤리적 객체는 꼭 인간에게만 한정시켜서는 안 된다는 주장에서 출발한다. 즉 윤리적 객체는 인간뿐 아니라 동물, 식물, 광물 등 존재하는 모든 것으로 넓혀져야 한다는 주장이다. 이렇게 지금까지의 '인간 중심 윤리학'에 대한 대안으로 박이문은 '자연 중심 윤리학'이라 할 수 있는 '자비의 윤리학'을 주창한 것이다. 박이문의 주장에 따르면, 모든 존재가 궁극적으로 '하나'이며 개별적으로 보이는 존재들은 '하나만의 전체'의 수많고 다양한 측면이며, 따라서 모든 것이 단 하나의 윤리공동체에 속해야 한다.

제1장에서는 윤리적 가치가 개인의 감정이나 기호에 기초하지 않고 객관적으로 실재하는 것임을 주장하는 '윤리적 가치의 객관성'이 서술되고 있다.[68] 그런데 이러한 객관적 가치에 대한 인간의 인식이 절대적으로 확실한 것은 아니기 때문에 인간은 어쩔 수 없이 자신의 인식적 능력의 한계 안에서 도덕적 가치를 선택해야 한다. 이 책의 중심 단원인 제5장 '자비의 윤리학'에서 박이문은 정리된 자신의 윤리학적 입장을 제시하고 있다.[69] 그는 객관적인 형이상학적 질서의 일부로서의 존재적 선과 인간이 자신의 삶에서 취하는 태도적 선을 구분한다. 그런데 존재로서의 선과 악에 대한 절대적으로 확실한 인식이 불가능하기에 우리가 유일하게 의지할 수 있는 윤리적 행동의 근거는 모든 객관적 상황을 고려한 뒤에 갖추어야 할 태도로서의 선이다. 윤리는 행위와 심성이라는 두 가지 측면을 갖는다. 행위에 대한 평가는 원칙의 윤리를 요

---

68) 위의 책, 15쪽 이하 참조.
69) 위의 책, 136쪽 이하 참조.

구하고, 심성에 대한 평가는 덕의 윤리를 요청한다. 논리적으로 볼 때 원칙의 윤리가 덕의 윤리에 선행하지만, 인간은 보편적 원칙을 명확하게 인식할 수 없는 처지이기에 우리가 주력해야 할 것은 덕의 윤리인 셈이다. 객관적으로 존재하는 형이상학적 질서의 일부로서의 도덕적 가치는 인간에게 너무나 가혹하고 불관용적이다. 우리는 자신의 과오를 용서하는 태도를 가져야 한다. 이러한 태도는 인간적 품성에 관계되는 것이고, 이러한 품성의 도야가 곧 덕인 것이다. 우리가 할 수 있는 유일한 것은 보편적 원칙에 대한 객관적 인식과 같은 불가능한 일이 아니라, 타인의 고통에 같이 참여하는 태도와 품성, 즉 자비의 덕을 함양하는 것이다. 그런데 왜 하필이면 자비의 덕인가 하는 의문이 생길 것이다. 이에 대해 박이문은 불교의 자비의 덕이 그리스도교의 박애 정신이나 유교의 인(仁) 사상과는 달리 인식적 한계에 대한 인정, 독단적인 결정과 판단의 회피, 갈등의 합리적인 해결의 용이성이라는 세 가지 장점을 가지기에 자비의 덕만이 절대적인 덕이라고 주장한다.

도덕적으로 복잡한 상황에 놓여서 결단을 내리지 않으면 안 될 경우에 윤리적 선택을 처음부터 끝까지 자비심에 근거해서 행하라고 박이문은 권한다. "우리가 할 수 있는 일은 각기 구체적인 윤리적 상황에서 최대, 최고의 지력을 동원하여 그때 그때에 가장 옳다고 판단되는 행위를 선택하고, 그 선택을 자비심에서 우러나는 실천적 행동으로 옮기는 것뿐이다."[70]

3) 동양 생활세계의 '사유의 논리, 사유의 문법' 탐구 : 김형효의 노장사상 연구

김형효는 《데리다와 노장의 독법》에서 자신의 시도를 이렇게 표현하고 있다. "이 책은 노장(老莊)을 인생과 세상을 보는 지혜를 담은 잠

---

70) 위의 책, 215쪽.

언이나 우화의 사상으로서 생각하는 것이 아니라, 잠언과 우화의 밑에 은닉되어 있는 사유의 논리, 사유의 문법을 철학적으로 이론화하여 보려고 한 노력의 결과다."[71]

김형효의 주장에 따르면 노자의 《도덕경》은 이중적 담론으로 구성되어 있다. 전쟁과 혼란의 춘추시대를 산 노자는 그 시대의 아픔 때문에 왕후장상(王侯將相)과 일반 민중들에게 어떻게 행동해야 할 것인가를 가르쳐 주는 메시지를 남겼다. 그러나 전언 내용으로서의 그 메시지는 사실 표피적 채색에 불과할 뿐이며, 노자가 더 깊은 차원에서 언급하고자 했던 것은 논리적 문법적 차원에서 이 세상을 보는 이치를 알려주려고 한 바로 그것이다. 이 이치 위에서, 이 문법의 '언어(la langue)' 위에서 '말(la porole)'을 해야 한다고 보았던 이가 노자이다. 도덕의 '말'은 세상의 '언어문법'을 떠나서 성립할 수 없다.[72]

노자의 《도덕경》은 명시적 의미나 표피적 전언 내용에서는 도덕적이고 교훈적이나, 암시적 의미로서의 심층적인 부호체계로서는 이 세상의 법칙을 알리는 이법서(理法書)나 문법서와 같다. 그런 점에서 노자가 말한 도(道)는 도리(道理)나 도덕(道德)의 도로 보기보다 더 깊은 밑바탕에서 작용하는 법칙이나 기능이나 세상을 읽는 문법이라고 해독되어야 한다.

그렇다면 도덕적인 해석 수준의 《도덕경》은 틀렸다는 말인가? 이러한 반론이 제기될 것이다. 이에 대해 김형효는 그렇지는 않다고 대답한다. "다만 그것은 유치하고 감상적인 수준에 머무른 일차적인 느낌에 불과할 뿐이다. 우리가 말을 하지만, 그 한국어를 언제나 문법을 의식해서 표출하는 것은 아니다. 우리는 한국어를 거의 무의식의 상태에서 구사한다. 그러나 말의 구사가 문법과 이법에 맞지 않으면, 그 말은 의

71) 김형효, 《데리다와 노장의 독법》, 한국정신문화연구원, 1994, x.
72) 위의 책, 149쪽 참조.

사전달이 되지 않는다. 마찬가지로 도덕도 이 세상의 문법과 이법에 맞지 않으면, 그것이 결국 도덕일 수가 없다. 그래서 노자는 시끄러운 도덕들의 주장과 외침 이전에 이 세상의 무의식적인 이치와 문법을 도덕적인 냄새가 나는 전언 내용으로 부호화하였다."[73] 따라서 김형효는 말보다는 언어법칙으로서 《도덕경》에 관심을 갖고 독특한 독법으로 그 밑바탕에 깔려 있는 사유의 논리와 삶의 문법을 읽어내려고 시도한다.

김형효는 사람들이 《도덕경》 제1장에서 도의 정체, 도의 실체, 도의 의미규정과 개념화를 추출해낼 수 있다고 믿었기 때문에 이 장이 오랫동안 사람들을 혼미에 빠지게 하였다고 주장한다. 그런 식으로 해석하면서 도는 무한정자 또는 신비스런 우주의 원리이기에 언설로서는 표현 불가능한, 그래서 오묘한 직관의 힘에 의해서만 체득될 수 있는 본체와 같은 것이라고 주장되어 왔다. 이런 신비적이고 본체론적 해석의 바탕 위에서 《도덕경》을 인생의 지혜를 그린 수신적(修身的) 잠언서라고 쉽게 풀이하였던 것이다. 그러나 이와 같은 해석들은 모두 자의에 얽매인 풀이이며, 언어학적 개념을 빌리면 명시적 의미에 집착된 설명에 불과하다. 오히려 《도덕경》을 도덕행위의 말씀이라고 여기기보다 '도의 능력과 기능'에 관한 텍스트라고 해독함이 더 타당하다고 김형효는 주장한다.[74]

"그렇게 본다면 《도덕경》에 나오는 어구들의 묵시적 의미는 수신적 잠언의 수준일 수 없다. 왜냐하면 《도덕경》의 도덕은 '생사'의 인생살이와 '선악', '미추'의 가치관과 '자연·문명'의 교호작용과 '전쟁·평화'에 대한 정치철학 등에 대한 모든 도의 기능과 작용을 알리는 문법과 다르지 않기 때문이다. 말하자면 《도덕경》은 우주와 세상의 문법학이라고 봐야 한다."[75]

---

73) 위의 책, 5쪽 참조.
74) 위의 책, 6쪽 참조.
75) 위와 같음.

김형효에 따르면, 《도덕경》 제1장은 흔히 해석되듯이 도의 본질이나 본체를 말하는 것이라고 간주되어서는 안 된다. 노자가 말한 도는 결코 존재론적 근거와 의미론적 고유성을 지니고 있지 않다. 그 도는 반(反)존재론적이며 반(反)의미론적인 성격으로서 개념화를 거부하고 있다. 그 까닭은 무엇인가? 노자의 제1장의 도가 '상도(常道)'와 '비상도(非常道)'로서 분봉되어 있기 때문이다. "말할 수 있는 도는 상도(常道)가 아니고, 말할 수 있는 명(名)은 상명(常名)이 아니다."(제1장) 여기서 우리는 비상도(非常道)를 '상도(常道)가 아니다'로, 비상명(非常名)을 '상명(常名)이 아니다'로 번역하였지만, 더 엄밀한 뜻에서 그것들은 각각 '상도(常道)라는 것은 아니다'와 '상명(常名)이라는 것은 아니다'로 이해되어야 하리라. 즉 말할 수 있는 도가 상도(常道)는 아니지만 역시 도에 속하고, 말할 수 있는 명이 상명(常名)은 아니지만 역시 명에 해당한다는 의미로서 풀이되어야 마땅하다. 이것들이 상도(常道)나 상명(常名)이 아니지만, 역시 도나 명이기에 우리는 이것들을 '상도(常道)가 아닌 도', '상명(常名)이 아닌 명'이라고 명명할 수밖에 없다.[76]

이것은 노자가 제1장의 기술에서 이미 도가 이중적 기능작용을 하고 있음을 행간에서 알고 있음을 뜻한다. 상도는 '말할 수 없는 도'요, 상명은 '말할 수 없는 이름'이라는 행간의 의미가 추출되어 나온다. 도가 이처럼 '말할 수 없는 도'[常道]와 '말할 수 있는 도'[非常道]로 이중의 모습을 띠고 있음은 명이 '말할 수 없는 명'[常名]과 '말할 수 있는 명'[非常名]으로 초점 불일치를 이루고 있음과 나란히 간다.

$$
道 \begin{cases} 常道 - 常名 - 無名 - 無欲 \\ 非常道 - 非常名 - 有名 - 有欲 \end{cases} 兩者同出而異名 = 玄 = 衆妙之門
$$

---

76) 위의 책, 8쪽 참조.

노자는 1장에서 "무명은 천지의 시작이고 유명은 만물의 어머니"(無名 天地之始, 有名 萬物之母)라고 말하였다. 이 어구를 피상적으로 읽으면, 무(無)나 무명(無名)이 천지의 시작이어서 모든 것이 무(無)나 무명(無名)에서 발단하고 출발한다는 의미로 여기기 쉽다. 즉 도는 무(無)와 무명(無名)에서 비로소 시작하는 것으로 생각하기 십상이다. 그와 동시에 노자의 도는 무(無)의 계열이 원본이고 유(有)의 계열은 부본처럼 여기게 된다. 즉 무(無)는 으뜸이고 유(有)는 종속으로 간주하게 된다. 그러나 그렇게 생각하는 것은 큰 착각이다.[77] 노자의 도는 발생학적 또는 창조론적 형이상학이 아니다.

노자가 말한 "무명이 천지의 시작"이라는 것은 결코 태초나 천명(天命)과 같은 무염(無染)의 무구(無垢)한 시작이 아니다. 구태여 말하자면, 그 도는 이미 시작이 없는 시작부터 자기현존적 자기동일성을 유지하지 않고 그 내부의 복합성에 의하여 열고 닫히는 문의 기능처럼 그렇게 작용하여 왔다. 즉 노자가 말한 도는 시작과 끝이 없이 순수는 비순수에 의하여, 높음은 낮음에 의하여, 또는 그 역으로 각각 서로 대화와 상호영향과 흔들림을 받아왔다. 노자의 도는 일방의 작용과 타방의 반작용이 그네나 시계추처럼 오가는 기능과 그 법칙을 뜻한다. 다시 말하자면 시작이 없는 시작부터 이 우주라는 텍스트가 '유물혼성(有物混成)'의 법칙과 다름이 아님을 알리는 것이 노자의 도이다. 이런 노자의 도는 두 가지 계기로서 짜여져 있고, 한 계기는 다른 계기에 의하여 연기되어 있거나 접목이나 상감되어 있는 셈이다. 도의 이러한 두 계기는 상호간에 차이를 지니면서 그 차이가 대립이나 모순으로 나아가는 것이 아니라, '차이의 차이' 관계를 유지하고 있다. 차이의 차이란 예컨대 A는 A와 다른 B와의 관계에서 B의 타자라는 의미를 담고 있다. 이 차이의 차이를 데리다는 '연기', '지연', '유예', '보존', '접목' 등의 용어로 표

---

77) 위의 책, 10쪽 참조.

시하고 있다.[78]

이것을 김형효는 다음과 같이 풀이한다. 가장 비근한 예로 '나'라는 자아를 생각해 보자. 데리다의 표현을 빌린다면, '같다는 것'은 '다른 것의 다른 것'에 지나지 않는다. 환언하면 '자아'라는 말이 성립한다면 그것은 '타자의 타자'를 표시할 뿐이다. 자아는 타자와의 관계에서 성립하는데, 그 관계란 곧 자아가 타자의 반영이나 또는 반사와 흔적과 같다는 것이다. 반영, 반사 또는 반조의 작용이 일어나기 위하여 자아와 타자 사이에 일정한 거리공간이 있어야 한다. 다시 말하면 자아가 타자와의 사이에 차이를 상징하는 간격이 없이는, 자아와 타자가 꽉 붙어 있으면, 자아는 그 타자의 어떤 것도 비출 수가 없고 그냥 캄캄한 밤의 상태에 있든, 또는 너무 밝아 아무것도 볼 수 없든, 둘 가운데 하나의 상태에 머물게 된다. 그러나 실제로 절대적 암흑과 절대적 광명은 한 가지이다. 따라서 자아가 타자의 타자라는 것은 자아와 타자가 어떤 의미에서든지 '차이의 간격'을 시공적으로 전제하고 있음을 말한다. 이와 동시에 그것은 자아가 타자로부터 영향을 받아 자아 안에는 자신 밖에 있는 타자의 것이 새겨져 있고 상감되어 있고 보존되어 있고 유예나 연기되어 있음을 말한다.[79]

자아라는 이른바 '같은 것'은 타자라는 '다른 것'과 차이의 간격과 거리를 두면서 동시에 그 다른 타자가 자아에 흔적으로 새겨져 있고, 그 타자의 것이 시간적으로 연기되어 있거나 공간적으로 반송되어 있다고 볼 수밖에 없다. 그러므로 자아는 자기자신의 독자적인 고유성을 간직한 채로 밀랍으로 봉해져서 감추어져 있는 보물상자가 아니라, 무수히 많은 다른 것들과 그물의 연기(緣起)관계를 형성하고 있는 하나의 그물코와 같기에, 자아는 실체가 아니고 사건이라고 볼 수밖에 없다. 데리

---

78) 위의 책, 13~14쪽 참조.
79) 위의 책, 14~15쪽.

다의 용어로 표시하면, 불교에서 말한 연기는 차이와 연기의 인조적 합
성어인 차연과 같다고 볼 수 있으리라. 데리다의 철학에서 '차이'란 '간
격', '어긋남', '여백', '주름'과 같은 동의어로 쓰이고, 또 '연기'는 '접목',
'반송', '유보', '대기' 등과 교환가능하다.[80)]

　이러한 도에 대한 독특한 해석을 출발점으로 삼아 김형효는 유(有)-
무(無)의 관계, 유명(有名)-무명(無名)의 관계, 천지(天地)-만물(萬物)의
관계를 다음과 같이 새롭게 정리한다. "아무튼 노자가 말한 도는 이런
차연의 기능과 다른 것이 아니리라. 그러므로 '무명이 천지의 시작'이라
하였을 때 무나 무명에서 천지가 생성된 것이 아니라, 도의 무명은 이
미 도의 유명과 시작이 없는 시작부터 주고받는 공놀이의 관계처럼 그
런 작용과 반작용을 하여왔음을 뜻한다. 그러므로 '무명은 천지의 시작'
이라는 어구는 '유명이 만물의 어머니'라는 것과 한 쌍의 차연관계로서
읽혀져야 한다. 시작이 이처럼 자기분열적이기 때문에 데리다와 함께
말한다면, '태초에 이미 전화통신이 있었다'고 봐야 하리라. '무명이 천
지의 시작'이라 함은 이름을 붙일 수 없는 무가 유명으로서의 천지와
함께 시작이 없는 시작부터 공생하고 동거하고 있었음을 뜻한다. '天-
地'라는 이름은 그 스스로 홀로 존재하는 것이 아니라, 끝이 없는 광막
한 허공의 무와 不一而不二의 관계 속에서만 가능하다. 막막한 허공은
이름을 붙일 수가 없기에 무이지만, 그것을 무라고 부를 수 있는 것도
천지와 같은 유형의 이름이 있기 때문에 성립한다. 그러므로 '유와 무가
상생한다'는 어구는 유와 무가 차연의 관계 속에서 서로간에 '보충대리'
의 노릇을 함을 뜻하기에 유는 무에 의거하여 유가 되고, 무는 유에 의
거하여 무가 되니, 相生은 일방이 없으면 타방도 따라서 존재할 수 없
다는 상호의존적 생활법칙을 말한다."[81)]

---

80) 위의 책, 15쪽 참조.
81) 위의 책, 16쪽 참조.

 "유명이 만물의 어머니"라는 어구도 그렇게 보아야 한다고 김형효는 해석한다. 이 어구는 유명이라는 만물이 어머니라는 빈 허공의 코라 (khora)와 역시 불일이불이(不一而不二)인 천의 짜깁기를 하고 있음을 알린다. '코라'는 플라톤의 《티마이우스》에 등장하는 개념이다. 코라는 공간이지만 인간에 의하여 꾸며지고 조직된 그런 공간과는 다르다. 코라는 모든 만물을 다 그 속에 품고 있는 그런 무규정적인 틀 아닌 틀을 의미한다. 공간으로서의 코라는 '허(虛)'요 '공(空)'이다. 이 코라와 어머니는 무슨 연관이 있는가? '어머니'는 코라의 은유법적인 표현이다. 이 때에 어머니는 아버지와 대립되는 남성-여성의 그런 여성이 아니다. 코라와 같은 어머니는 성의 대립을 넘어 선 '제3의 장르'와 같은 것이요, 현실적인 것과 관념적인 것의 대립을 초월한 '유모'요, '자궁'이요, '집합소'요, '소굴'이다. 노자는 플라톤이 말한 '코라'를 '어머니'나 또는 '현빈(玄牝)'이나 '곡신(谷神)'으로 은유화하였다. "곡신은 불사하니 이를 현빈이라 한다."(《도덕경》 제6장)[82]

 김형효에 따르면, '유명(有名)이 만물(萬物)의 어머니'라는 어구는 '무명(無名)이 천지(天地)의 시작'이란 어구처럼, 유(有)와 무(無)의 보충대리로 읽어야 한다. 무명(無名)이 천지라는 유명(有名)과 함께 시작이 없는 시작부터 공생하고 동거하여 왔듯이, 유명의 만물은 '곡신'의 어머니, '코라'의 어머니 품 안에 이미 끝없는 차연의 그물망을 형성하여 왔었다. 그러므로 '유명이 만물의 어머니'라는 것은 유명과 만물이 같은 것이지만, 그 만물의 유명은 삼라만상(森羅萬象)이 저마다의 독자적인 고유명사를 갖는 것이 아니라 '곡신'의 빈 허공 속에서 서로 다른 것들과 어우러져 원무의 춤을 추고 있다. 그러므로 '이것'이라는 유명은 '저것의 저것'이라는 관계의 구조역학에서 오는 것이므로 모든 만물은 골짜기나 동굴과 같은 어머니의 자궁 안에서 일어나는 반조와 다르지 않

---

82) 위의 책, 17쪽 참조.

다. 만물들은 개물들의 단순한 집합이 아니라 불교에서 말하는 연기의 법처럼 의정불이(衣正不二)의 관계처럼 이루고 있는 모습이기에 만물은 서로 서로 비스듬히 기대어 서 있다. 만물은 저마다 타자의 영상이고 흔적도 같으므로 만물의 이름도 고유명사일 수가 없다. 왜냐하면 각각의 이름 속에 이미 다른 이름이 새겨져 있기 때문이다. 이와 같은 연기의 상호 의존관계는 만물을 각각 다르면서도 상호 의존하게 하는 허공의 자궁, 빈 골짜기의 공간이 있어야 가능하다. 왜냐하면 어떤 허공의 간격이나 틈도 없이 만물로 가득 찬 세계는 어떤 인식이나 어떤 명령이나 어떤 언어적 진술도 불가능하기 때문이다. 그러므로 유명(有名)은, 무명(無名)의 허공이 없는 만물은 각각의 이름을 가질 수가 없다.[83]

유명(有名)과 만물은 동의어와 같지만, 그 유명의 유(有)의 세계는 무형한 유명의 공간적 기능과 함께 동거해야만 살게 된다. 이것은 단적으로 유(有)의 계열은 무(無)의 계열과 보충대리의 관계논리를 엮고 있음을 뜻한다. 이 '보충대리'는 데리다의 철학에서 빠뜨릴 수 없는 사유방식이다. 보충대리는 문자 그대로 보충과 대리의 두 가지 기능이 합성적으로 복합되어 일어난 논리를 말한다. '보충'은 모자람과 결핍을 보충해 주기 위하여 바깥에서 안으로 들어오는 덤과 같다. 그런데 바깥에서 안으로 들어오거나 보태어진 그 덤이 단순한 우연적인 장식이 아니고, '안의 안'에 속하는 그 세계를 대신하거나 대리하려 한다. 이 점을 데리다는 다음과 같이 진술한다. "이 보충대리의 논리란 바깥이 안이고 타자와 결핍은 모자람을 대체하는 보탬으로서 덧붙여지게 되고, 어떤 것에 덧붙여지게 되는 것은 그 어떤 것의 부족을 대신하고, 그 부족은 안의 바깥으로서 이미 안의 안에 속해 있음을 의미한다."[84]

김형효는 데리다의 이 말이 다음 세 가지의 의미를 논리적으로 함의

---

83) 위의 책, 18쪽 참조.

84) J. Derrida, *De la Grammatologie*, Minuit, 1967, p.308 ; 김형효, 앞의 책, 19쪽 참조

하고 있는 것으로 본다. 첫째로 보충대리의 논리는 안과 바깥과의 형식적 구분과 경계가 무의미하다. 둘째로 보탬으로 보충되는 것은 밖에서 들어오는 것이지만, 그것이 안의 결핍을 대신한다. 셋째로 보충하는 것이 대리기능을 하지만, 그 대리기능은 이미 모자람을 보충해 주는 '안의 바깥' 기능을 하면서 동시에 '안의 안'을 대신해 주기도 한다.[85]

다음은 무(無)의 허공(虛空)이 지니는 기능을 살펴보자. 김형효에 따르면, 무의 허공은 유의 세계와 다르지만 그러나 불가분의 관계를 맺는다. 여기서 김형효는 데리다가 사용한 '쐐기'란 용어를 도입한다. 쐐기의 기능은 벌리는 것인가, 오무리는 것인가? 그것은 그 두 가지를 다 함의하고 있다. 쐐기의 기능은 관절의 기능과 유사하다. 왜냐하면 쐐기는 관절처럼 이음과 떨어짐의 두 가지 기능을 동시에 수행하기 때문이다. 이음은 두 세계(유의 세계)를 국경선의 교역작용이나 주름이나 봉합선의 접합처럼 묘합시키는 것이고, 떨어짐은 두 세계 사이에 빈 공간으로서 무의 세계를 만드는 일이다. 무의 기능은 간격을 만드는 것이다. 간격은 차이화와 같다. 간격은 허공이나 구멍과 같아서 그 자체 어떤 의미규정도 받을 수 없기에, 즉 어떤 의미규정도 초탈되어 있기에 무라고 볼 수밖에 없다. 우리가 말을 할 때에도 음절에 따라 중간에 휴지의 순간을 공백으로 두어야 하고, 글을 쓸 때에도 반드시 자간이나 행간을 두어야 한다. 분절이 없는 말, 자간이 없는 글은 이미 법칙이 없는 불가지의 혼란이다. 허공은 이처럼 '코라'와 같아서 그 안에서 만유가 오가면서 강강수월래의 춤을 춘다. 무의 세계는 유의 것과 다르다. 무는 데리다적인 의미에서 '바탕이 없는 바탕'에 해당한다. 무의 바탕이 무엇인가 하고 물으면, 무는 어떤 바탕도 아니다. 그러나 그 허공의 무는 모든 유의 생사와 거래와 출입을 가능하게 하는 하나의 선험성이 아닐 수가 없다. 그 선험적 무는 유의 활동을 가능하게 해 주는 저력을 지니고 있

---

85) 김형효, 위의 책, 19쪽 참조.

으므로 그것은 '코라'이면서 동시에 에너지이기도 하다. 경험적 유의 모든 사물들이 끊임없이 만나고 떠나고 하는 접목과 별리의 관계를 반복하지만, 그런 반복은 허공이라는 무의 바탕 없는 바탕의 '코라' 속에서 가능하다. 무의 계열이 도장의 음각이라면, 유의 계열은 양각이다. 양각은 음각과 다르나 결코 대립되는 것은 아니다. 그 두 가지는 불일이불이(不一而不二)의 관계를 유지하고 있다. 그런 점에서 무의 계열이 '묘(妙)'라고 하는 것은, '코라'와 같은 허공이 유의 계열과 다르지만, 그 유의 계열의 모든 생-멸(生-滅), 거-래(去-來), 전-후(前-後), 장-단(長-短)의 차연(差延)관계를 가능하게 해 주는 기능을 말한다.[86]

김형효는 이 차연의 관계를 욕망의 관계라고 볼 수밖에 없다고 말한다. 왜냐하면 욕망은 타자의 관계이며 갈망인데, 차연도 타자와의 차이 가운데 스스로를 타자에 접목시키고 연기시켜서 자신을 타자에의 반조(返照)로 보는 이론이다. 차연의 논리에서 타자는 자기의 흔적이요, 자기는 그 흔적의 흔적이며 차이의 차이와 같다. 이러한 차연의 논리는 욕망의 생리이고 그것은 곧 차이가 대립이 아니며, 차이는 모든 만물이 서로간에 상입상즉(相入相卽)의 연기관계를 맺도록 해주는 조건이다. 고로 욕망은 타자와의 차이와 접목을 동시적으로 설명해 주는 유계열의 에너지요 기(氣)이다. 연기는 불교의 유식학에서 말하는 의타기성(依他起性)과 같다. 욕망은 차연의 법인 의타기성의 생리작용을 말한다.[87]

그런 유욕(有慾)의 세계는 어떤 관계로서 차연의 그물망을 형성하고 있는가? 유욕의 모든 것은 자기동일성을 형성하거나 자기충족성을 갖고 있지 않기에 타자에의 갈망과 부름을 본질적인 것으로 안고 있다. 유욕은 유의 계열의 모든 것이 결핍임을 암시한다. 자신의 존재론적 결

---

86) 위의 책, 25~26쪽 참조.
87) 위의 책, 26쪽 참조.

꿈은 타자에의 갈망을 낳는다. 이것이 욕망이요, 차연이다. 그러므로 욕망의 세계에서 '상(常)'의 불변성은 있을 수 없다. 그러나 무의 허공은 그런 욕망이 없다. 무는 욕망을 가능하게 하여 주는 선험적인 '바탕이 없는 바탕'이 되지만, 스스로 무엇에로 정향하지 않는다. 그래서 그 세계는 무욕(無慾)으로서 '상(常)'의 항구불변성과 같다고 말하지 않을 수 없다. 유욕을 '동(動)'이라고 한다면, 무욕을 '정(靜)'이라 부를 수밖에 없다. 동−정(動−靜)은 서로 다르지만 그렇다고 대립되는 것은 아니다. 왜냐하면 '동(動)'은 '정(靜)'에 대한 동(動)이요, '정(靜)'도 '동(動)'에 의거한 정(靜)이기 때문이다. 그러므로 동−정(動−靜)은 불일이불이(不一而不二)다.[88](26∼27쪽)

김형효의 새로운 '노장 독법'이 갖는 의의는, '탈근대'의 시기에 그저 암시나 구호로만 외쳐지고 있던 '대안적' 동양사상이 이제 한걸음 앞으로 지구촌의 생활세계 안으로 비집고 들어와 탈근대적인 세계화의 시대가 요구하고 있는 새로운 사유의 문법을 제시할 수도 있다는 가능성을 보여주고 있다는 것이다. 김형효는 동일성의 원리와 이분법적인 오성의 합리성에 근거한 서구적인 이성(로고스) 중심, 인간 중심, 존재자 중심, 남성 중심의 사유논리가 갖는 한계를, 차이를 포용하고 차이를 인정하며 차이를 존재하게 하는 동양의 시원적인 상생(相生)의 법칙으로 극복할 수 있는 길을 모색하고 있는 셈이다. 한마디로 그는 '세계화의 세기'에, 각양각색의 문화들이 공존하고 있는 다원주의 시대에 인류가 자기만을 고집하며 서로를 비난하고 투쟁하면서 살지 않고, 서로를 인정하며 평화롭게 공존할 수 있도록 하는 '삶의 문법'을 찾고 있는 것이다.

---

88) 위의 책, 26∼27쪽 참조.

9. 한국철학의 정립

지금까지 현상학과 실존철학의 수용을 주로 그 분야에서 활동하는 철학자들의 연구서적을 중심으로 살펴보았다. 그것도 '한국철학의 정립'을 고려하면서 필자가 생각하기에 그 방향으로 생산적으로 논의를 전개시켜 나가고 있다고 생각되는 글만을 선별하여 소개하는 차원에서 정리하였다.

따라서 이 장에서는 논의의 단초와 조사 정리하여 방향만 보여 주었을 뿐이지, 본격적으로 주제에 대하여 깊이 있는 연구를 하지 못했음을 자백해야겠다. 현상학과 실존철학과 관련된 1960년 이후에 출간된 책만도 160여 종 이상이 된다. 그 가운데에서 몇 권만 선별해서 다루었을 뿐이다. 또 다른 한계는 논의의 주제를 염두에 둘 때 주제의 범위를 현상학자와 실존철학자에게 한정하는 것 자체가 사실은 중요한 부분을 스스로 배제하는 결과를 초래하고 있다는 점이다. 예컨대 동양철학을 전공한 사람이 현상학과 실존철학의 영향을 받고 정말로 나름대로 우리의 전통철학을 생산적으로 해석하여 한국철학의 정립에 기여할 수 있는 가능성을 충분히 상정할 수 있기 때문이다. 아니 한국철학의 정립이라는 주제에 관한 한 오히려 그러한 영향 미침이 훨씬 더 우리의 논의에 의미가 있을 수 있다. 그렇지만 여기서는 불행하게도 그러한 방향은 전혀 알아볼 엄두도 내지 못했음을 인정해야겠다. 이것은 앞으로 그쪽 분야의 자체적인 연구에 기대를 걸 수밖에 없겠다.

우리의 논의가 이러한 제약을 지니고 있음을 충분히 인지하면서 한국철학의 정립과 관련하여 우리가 얻어낼 수 있는 몇 가지 생산적인 귀결을 정리해 보기로 하자.

외래사상의 주체적인 수용이 갖추어야 할 첫째 조건은 우리가 놓여 있는 상황에 대한 정확한 인식이다. 현상학과 실존철학 자체가 우리로 하여금 우리 자신의 '해석학적 상황'에 대해 탐구할 것을 요청한다. 우리의 해석학적 상황을 잘 고찰해 볼 때 우리가 처해 있는 상황은 우리만의 고립된 상황이 아니라 전지구적인 세계적 상황과 밀접하게 연결되어 있음을 알 수 있다. '세계철학적인 상황'을 일별해 볼 때, 역사를 만들어가고 있는 주체가 이제 더이상 유럽만이 아님이 분명해지고 있는 세계화의 시대에, 철학도 더이상 유럽적인 철학만이 유일하게 참다운 본래적인 철학이 아님을 인정하지 않을 수 없게 되었다. 한국의 해석학적 상황과 세계철학적인 상황 모두가 우리로 하여금 유행 따르듯이 서구철학을 무조건 뒤쫓아가는 것을 금하며 주체적으로 철학하기를 촉구하고 있다. 과거 어느 때보다도 '상호문화적 철학'이 필요한 때인 것이다. 이러한 상호문화적 철학이 갖추어야 할 자세는 무엇보다도 열린 마음이다. 야스퍼스는 일찍이 이렇게 말했다. "모든 인간은 오직 자신의 역사적인 형태로서 철학을 소유하고 있으며, 이 역사적인 형태는— 그것이 참인 한 — 그 자체 어느 누구의 소유가 될 수 없는 구원의 철학의 한 표현이다."[89] '구원의 철학'은 어느 누구 혼자의 소유이거나 어떤 한 특정한 문화의 소관사항이 아니다. 서양사람들이 유럽철학을 유일한 구원의 철학이라고 주장하던 독단을 우리도 저질러서는 안 된다. 우리는 이해하기를 바라고 이해되기를 원하는 해석학적인 자세를 가지고 상호문화적으로 철학하도록 노력해야 한다.

　현상학과 실존철학이 요구하고 있는 철학함을 따를 때, 우리는 남이 우리에게 씌워 주는 색안경을 끼고 사태를 관찰하지 말고 사태 자체로 탐구해 들어가 사태를 원본적인 근원적 경험에서 직접 대하도록 노력해야 한다. 우리는 우리 자신의 주체적인 안목으로 우리 문화의 독특한

---

89) K. Jaspers, *Weltgeschichte der Philosophie. Aus dem Nachlaß*, hrsg., von H. Saner, München, 1982, 20f.

현상들을 현상학적으로 분석하고 해석해야 한다. 실존철학자들이 인간의 근본경험 내지는 인간의 근본적 처해 있음을 '불안'으로 보고 있는데, 우리는 한번 한걸음 뒤로 물러서서, 그러한 규정 자체가 서양적인 맥락에서 이루어진 것을 보편화시킨 것은 아닌가 반문해 보아야 한다. 혹시나 우리의 근본적 처해 있음은 '불안'이 아니라 혹 '부끄러움'은 아닌지 등의 물음을 제기하며 우리들의 문화적 맥락에서 주어지고 있는 독특한 인간적인 현상들을 우리들 자신의 눈으로 보고 해석하려는 노력을 기울여야 한다. '현상학적 태도'가 요구하고 있는 것이 그러한 것이 아닌 다른 무엇이겠는가?

또한 사태 자체에 대한 올바른 이해를 획득하기 위해서는 그 사태에 대한 발생론적 또는 계보학적 연구가 필수적임을 현상학과 실존철학은 가르치고 있다.

이렇듯 현상학과 실존철학은 우리로 하여금 우리가 놓여 있는 해석학적 상황을 출발점으로 삼아 우리의 독특한 여러 인간적 현상들에 대해 현상학적으로 탐구할 것을 요구하고 있으며, 이렇게 철학할 때 한국철학은 저절로 정립될 것이다.

그럼에도 한국철학의 정립을 어렵게 만들고 있는 것은 무엇인가? 그것은 무엇보다도 우리말로 철학할 수 없는 상황이다. '철학함'은 언어를 떠나서 할 수 없다. '주체적인 철학함', 아니 듣기 좋은 말로, '한국적인 철학함'이라는 것도 결국은 '우리말로 철학함'을 말하는 것이다. 우리는 지금도 충분히 우리말로 철학할 수 없는 처지이기 때문에, 철학하는 사람의 '전공'을 분류할 때에 그 사람의 철학함의 주된 언어를 보고 '중국철학' 전공, '인도철학' 전공, '희랍철학' 전공, '독일철학' 전공, '프랑스철학' 전공, '영미철학' 전공이니 하고 구분한다. 이런 식의 사고방식과 철학적인 여건에서 '한국철학'을 위한 입지가 좁은 것은 당연하고, 그래서 이 땅에서는 아직도 무엇이 '한국철학'인지를 규정하는 '한국철학의 정체성'을 둘러싼 기이한 주도권 싸움이 벌어지고 있다. 한 가지 확실한 것은 '한국철학의 정립'을 위해서는 무엇보다도 먼저 동·서양을 막론하고 철학의 주요 고전 텍스트들이 전부 우리말로 번역되어야 한다는 사실이다. '번역'은 단순히 이 나라말에서 저 나라말로의 낱말의 옮김이 아니다. 번역 자체가 이미 번역되는 언어로써 행하는 주체적인 철학함이고 창조적인 해석인 것이다. 이러한 기본적인 철학함이 없이는 '주체적인 철학함'은 요원한 일이다.

조요한의 다음과 같은 말은 우리의 주제와 관련하여 시사하는 바가 많기에 길지만 우리 연구의 마무리말로 삼을까 한다.

"우리 앞에는 우리의 선조들이 제기했던 철학적 유산과 더불어 다른 나라의 사상가들이 제기했던 허다한 문제들이 동시에 주어져 있다. 우리는 이 모든 철학적 언어들을 우리의 사유세계에 넣어 우리의 것으로 흡수하고 나아가 새로운 것을 창조하는 작업을 해야 한다. 원래 순수한 우리 것이란 없다. 무속신앙, 불교사상, 유교사상, 그리고 서구사상이 융합되어 우리의 의식구조를 형성하여 오고 있다. 그러나 우리의 조상들은 모든 종파주장을 歸合하고 會通하는 원리를 찾아나갔다.…… 모든 문화현상에서 교류는 보편적 현상이요 또 불가피한 요소이다. 우리가 중국을 통하여 유·불·선은 물론, 서양사상을 받았지만, 그것들이 우리 고유의 것이 아니라고 부끄러워할 필요는 없다. 문제는 우리의 철학적 전통에서 보는 대로 여러 사상이 회통하는 원리를 우리가 찾아 인류의 사상으로 창조해내야 한다. 남의 여러 철학들을 우리의 사유세계에 넣어 우리의 것으로 소화하여 우리의 철학언어로 만들어 내놓아야 한다."[90]

---

90) 조요한, 〈서양철학의 도입과 그 연구의 정착〉, 《서의필선생 회갑기념논문집》
    (1988), 456쪽 이하.

▌▌▌ 국내에서 출간된 현상학과 실존철학 도서목록

① 해방 이전의 현상학과 실존철학에 관한 논문

권국석(權菊石), 〈현상학의 진리설에 대하여 ― Husserl의 《논리학 연구》를 중심으로〉(未完), 《新興》 제2호(1929), 51~61쪽.

권직주(權稷周) 抄譯, 막쓰·쉐라 著, 〈哲學的 宇宙觀〉, 《新興》 제5호(1931), 51~58쪽.

김형준, 〈우주에 대한 인간의 지위. 능동적 인간관 其六〉, 《신인간》 102(1936).

박종홍, 〈하이데거에 있어서의 Sorge에 관하여〉, 1932년 경성제대 철학과 졸업논문.

―――, 〈하이데거에 있어서의 초월의 내면적 가능성에 관하여〉, 1933.

―――, 〈현대철학의 동향〉, 《每日申報》 1934. 1. 1.(박종홍 전집 제I권, 346면 이하).

―――, 〈하이데거에 있어서의 지평(Horizont)의 문제〉, 《理想》, 東京, 1935.

―――, 〈현대철학의 제문제〉, 《조선일보》 1938. 4. 15.

―――, 〈이해와 사유〉, 《文藝》, 京城, 1942. 9.

신남철, 〈현대철학의 Existenz에의 轉向과 그것에서 生하는 당면의 과제〉, 《哲學》 제2호(1934. 4.), 63~80쪽.

―――, 〈「나치스」의 철학자 하이덱겔, 그의 단순한 소개를 위하야〉, 《신동아》 37(1934).

안호상, 〈현대 독일철학의 동향〉, 《朝光》 16(1937).

전원배, 〈현대 독일철학과 나치스의 세계관〉, 《四海公論》 14(1936).

② 해방 이후의 현상학과 실존철학에 관한 논문(1945~1959)

고범서, 〈실존의 윤리〉, 《사상계》 1-8(1953).

―――, 〈실존철학의 윤리성〉, 《사상계》 4-1(1956).

고형곤 외, 《철학》(서울대, 1958)의 제1부는 '의식의 현상학'이라는 제목을 달고 있고, 하이데거와 야스퍼스의 실존철학 대한 서술이 전체의 1/4 이상 (56면)에 달한다.

고형곤, 〈현대의 불안과 위기의식〉, 《현대》 1(1957).

김기태, 〈Heidegger에 있어서의 초월의 문제〉, 경북대 석사학위논문, 1958.

김동석, 〈실존주의비판. 싸르트르를 중심으로〉, 《新天地》 3-9(1948).

김두헌, 〈존재의 질서. 니콜라이 하르트만의 존재론에 근거하여〉, 《학술원논문집》 1(1959).

김준섭, 《실존철학》, 정음사, 1958.

김형석, 〈실존의 역사적 배경〉, 《새벽》 2-1(1955).

──, 〈현대와 실존, 세계사의 실존적 과제〉, 《사상계》 6-6, 7(1958).

니콜라이 하르트만, 하기락 옮김, 《철학개론》, 형설출판사, 1958.

데이비스, 장기동 옮김, 《실존주의와 신학》, 신양사, 1958.

딜타이, 김준섭 옮김, 《철학의 본질》, 을유문화사, 1953.

막스 쉘러, 이강세 옮김, 《철학적 인간학》, 글벗사, 1947.

박상현, 〈실존과 철학〉, 《사상》 2(1952).

──, 〈실존의 자유 ─ 싸르트르의 입장을 극복하면서〉, 《철학》 2(한국철학회), 1957.

──, 〈실존사상의 극복〉, 《한국평론》 2(1958).

──, 〈실존의 역사성〉, 《한국평론》 4(1958).

박용호, 〈Jaspers의 '이성' 기능에 관하여〉, 서울대 석사학위논문, 1957.

박종홍, 〈이해와 사유. 하이덱카와 야스파아스의 방법적 차이〉, 《文藝》 1-2(1949).

──, 〈실존주의와 현대철학의 과제〉, 《自由世界》 1-1(1952).

──, 〈로고스와 창조. 하이덱거의 경우〉, 《지성》 1(1958).

──, 〈실존철학과 동양사상. 특히 유교사상과의 비교〉, 《사상계》 6-8(1958).

──, 〈부정에 관한 연구〉, 《서울대 논문집》 8(1959).

박지연, 〈Husserl의 철학방법〉, 《東國思想》(동국대) 1, 1958.

박태길, 〈실존의 역사성〉, 전북대 석사학위논문, 1957.

베르자예프, 심사우 옮김, 《현대에 있어서의 인간의 운명》, 정음사, 1959.

봐알, 《실존철학개론》, 김운우 옮김, 정음사, 1959.

사르트르, 손우성 옮김, 《존재와 무》, 한국번역도서, 1958.

──, 인간사 옮김, 《실존주의 해설》, 인간사, 1958.

서남동, 〈실존주의적 역사해석〉, 《기독교사상》 3-2(1959).

손우성, 〈현대 불안의 해부〉, 《사상계》 3-4(1955).

신일철, 〈현대철학과 「장의 이론」. 프래그마티즘과 실존주의의 통로〉, 《문리

대학보》(고려대) 2, 1957.

안병욱, 〈실존의 계보〉, 《사상계》 3-4(1955).

———, 《키엘케골》, 사상계사, 1959.

야스퍼어스, 이종우 옮김, 《哲學十二講》, 범조사, 1957.

———, 윤명로 옮김, 《현대의 정신적 위기》, 일신사, 1959.

양병식, 〈사르트르의 사상과 그의 작품〉, 《新天地》 3-9(1948).

와일드, 안병욱 옮김, 《실존주의 철학》, 탐구당, 1957.

이영환, 〈실존으로 본 인간〉, 《자유춘추》 1-2(1957).

이종우, 〈현대 실존철학에 있어서의 세계관적 苦憫〉, 《民聲》 5, 12(1949).

———, 〈실존주의 철학과 과학철학〉, 《思潮》 1-1(1958).[이종우의 《철학개론》(을유문화사 1948)의 "철학의 방법"(25~40쪽)에서 '현상학적 방법 : 후설'을 다루고 있다.]

이환, 〈휴-매니즘과 실존주의. 지성과 심정〉, 《문학예술》 3-7(1956).

이효상, 《두 가지 실존주의》, 신구문화사, 1958.

전희영, 〈Heidegger의 철학. 특히 還元을 중심으로〉, 《경대학보》 2(1955).

조가경, 〈Über die Bestimmung des Menschen〉, 《서울대 논문집》 6(1957).

———, 〈자유의 실존성. 자유개념의 재검토〉, 《한국평론》 2(1958).

———, 〈실존인간의 '역사적' 정의. 실존철학의 역사관〉, 《사상계》 7-10(1959).

채수한, 〈佛陀의 '空'과 하이데거의 '無'와의 비교연구〉, 경북대 석사학위논문, 1959.

천상병, 〈실존주의 소고. 그 총체적인 관점에서 볼 때〉, 《協同》 41(1953).

최동희, 〈하이덱카에 있어서의 인간존재와 時空〉, 고려대 석사학위논문, 1954.

프울케, 고석규 옮김, 《실존주의》, 부산 : 보문당, 1956.

하기락, 〈하르트만의 존재론〉, 《사상계》 6-8(1958).

하워드 A. 존슨, 임춘갑 옮김, 《키르케고오르의 실존철학. 그의 사상의 변증법적 구조》, 형설문화사, 1958.

황민성, 〈실존주의와 카톨릭. 싸르트르를 비판함〉, 《가톨릭 청년》 11-4(1957).

황산덕, 〈실존철학과 사회과학〉, 《사상계》 6-8(1958).

*1960년 이후는 이남인 교수 논문의 참고문헌 참조.

③ 1960년 이후의 현상학과 실존철학에 관한 책

권기철 편, 《키에르케고르의 생애와 사상》, 유풍출판사, 1978.

그리스도교철학연구소, 《하이데거의 철학사상》, 서광사, 1978.

김병옥 편, 박상규 옮김, 《쇼펜하우어, 홋살》, 대양서적, 1978.

김병왕, 박상규, 《쇼펜하우어, 홋살》, 대양서적, 1971.

김병우, 《야스퍼스의 실존적 자유사상》, 한남대 출판부, 1990.

───, 《존재와 상황─하이데거와 야스퍼스연구》, 한길사, 1981.

김영한, 《하이데거에서 리꾀르까지 : 현대·철학적 해석》, 박영사, 1987.

김종호, 《존재와 소외》, 성균관대 출판부, 1980.

니체, 오영환 옮김, 《짜라투스트라는 이렇게 말했다》, 금성출판사, 1987.

단토, 신오현 옮김, 《사르트르의 철학》, 민음사, 1985.

디이머, 백승균 옮김, 《철학적 해석학》, 1982.

라우어, 최경호 옮김, 《현상학 : 그 발생과 전망》, 경문사, 1987.

리오타르, 표재명 옮김, 《현상학이란 무엇인가》, 까치, 1988.

마르셀, 이문호 옮김, 《문제로서의 인간》(세계사상대전집), 양우당, 1986.

───, 김형효 외 옮김, 《존재와 신비》, 휘문출판사, 1973.

───, 사르트르, 《문제로서의 입문》, 대양서적, 1975.

───, 표재명 옮김, 《문제로서의 인간》, 범조사, 1983.

마틴 부버, 김천배 옮김, 《나와 너》, 종로서관, 1960.

───, 남정길 옮김, 《사람과 사람사이》, 전망사, 1979.

메를로 퐁티, 오병남 옮김, 《현상학과 예술》, 서광사, 1983.

───, 권민혁 옮김, 《의미와 무의미》, 서광사, 1985.

뮐러, 《실존철학과 형이상학의 위기 : 하이데거 철학의 이해를 위해》, 박찬국
    옮김, 서광사, 1988.

박상현, 《인간과 존재─현대철학의 과제》, 창신문화사, 1963.

박이문, 《현상학과 분석철학》, 일조각, 1977.

───, 《자비의 윤리학》, 철학과현실사, 1990.

박환덕, 정철인, 김병옥 편, 《키에르케고르, 니이체》, 대양서적, 1978.

백승균 편역, 《실존철학과 현대》, 계명대 출판부, 1987.

볼노, 백승균 옮김, 《삶의 철학》, 경문사, 1978.

볼노브, 최동희 옮김, 《실존철학이란 무엇인가》, 서문당, 1972.

볼노우, 최동희 옮김, 《실존철학》, 이성과현실사, 1989.

사르트르, 김태창 편, 《생애와 사상》, 유풍출판사, 1978.

───, 민희식 옮김, 《지식인이여 무엇을 할 것인가》, 거암, 1984.

────, 박정자 옮김, 《지식인이란 무엇인가》, 안산출판사, 1986.

────, 방곤 옮김, 《실존주의는 휴머니즘이다》, 금화종, 1983.

────, 방곤 옮김, 《실존주의는 휴머니즘이다》, 문예출판사, 1990.

────, 손우성 옮김, 《존재와 무 I, II》, 삼성출판사, 1976.

────, 이문호 옮김, 《실존주의는 휴머니즘이다》(세계사상전집), 양우당, 1986.

싸르트르, 양원달 옮김, 《존재와 무》, 을유문화사, 1968.

────, 왕사영 옮김, 《실존주의는 휴머니즘이다》, 청솔출판사, 1983.

소광희, 《시간과 인간의 존재》, 문음사, 1980.

쉘러, 허재윤 옮김, 《철학적 세계관》, 박영사, 1977.

신귀현, 《현상학의 근본원리》, 문학과지성사, 1981.

신득렬, 《야스퍼스 철학에 있어서 존재와 교육》, 성균관대 출판부, 1976.

신오현, 《사람이란 무엇인가》, 문학과지성사, 1981.

────, 《인간의 본질》, 형설출판사, 1980.

────, 《자아의 철학》, 문학과지성사, 1987.

────, 《자유와 비극 : 사르트르의 인간존재론》, 문학과지성사, 1978.

신오현 편, 《인간의 본질 : 인간이념사의 현대적 조명》, 형설출판사, 1980.

안병욱, 《키에르케고르》, 의명당, 1983.

────, 《키에르케고르》, 지문각, 1966.

야스퍼스, 강영계 옮김, 《니체─생애》, 까치, 1984.

────, 백승균 옮김, 《역사의 기원과 목표》, 이화여대 출판부, 1986.

────, 윤성범 옮김, 《철학입문》, 을유문화사, 1963.

────, 이상철·표재명 옮김, 《철학적 사유의 작은 수학》, 삼일당, 1981.

────, 이상철·표재명, 옮김, 《철학적 사유의 작은 학교》, 서광사, 1986.

────, 이종후 옮김, 《지혜에의 길》, 형설출판사, 1973.

────, 정영도 옮김, 《근원에서 사유하는 철학자들》, 이문출판사, 1984.

────, 황문수 옮김, 《비극론·인간론》, 범우사, 1975.

────, 황문수 옮김, 《현대의 이성과 반이성》, 문예출판사, 1974.

야스페르스, 《철학적 사유의 작은 학교》, 대양서적, 1975.

오르테가, 사회사상연구회 옮김, 《대중의 반역 : 현대 대중사회의 문명사적 고찰》, 한마음사, 1987.

────, 설영환 옮김, 《이야기 철학사》, 우석, 1986.

오트, 김광식 옮김, 《사유와 존재 : 마르틴 하이데거의 길과 신학의 길》, 연세

236

　　대 출판부, 1985.

왈진, 서배식 옮김, 《실존철학의 이해》, 학연사, 1982.

우나무노, 장선영 옮김, 《기독교의 고뇌》, 문화공론사, 1976.

──, 장선영 옮김, 《생의 비극적 의미》, 평민사, 1976.

──, 장선영 옮김, 《고뇌》, 평민사, 1977.

이기상, 《하이데거의 실존과 언어》, 문예출판사, 1991.

──, 《하이데거의 존재와 현상》, 문예출판사, 1992.

이정복 편, 《현대 철학과 신학 : 하이데거, 현상학과 신학》, 종로서적, 1987.

이종우, 《야스퍼스론》, 고려대 출판부, 1976.

조가경, 《실존철학》, 박영사, 1961(1970).

존슨, 이창우 옮김, 《니체─사르트르─프로이드─키르케고르》, 종로서적, 1983.

──, 임춘갑 옮김, 《키에르케고르의 존재사상》, 종로서적, 1978.

진교훈, 《철학적 인간학연구》, 경문사, 1982.

질라시, 이영호 옮김, 《현상학강의》, 종로서적, 1984.

짐머만, 이기상 옮김, 《실존철학》, 서광사, 1987.

최동희 외, 《자아와 실존》, 민음사, 1987.

최민홍, 《실존철학연구》, 성문사, 1964(1986).

코레트, 신귀현 옮김, 《해석학》, 종로서적, 1985.

──, 진교훈 옮김, 《철학적 인간학》, 종로서적, 1986.

　키르케고르, 김윤섭 옮김, 《죽음에 이르는 병》, 청산문화사, 1973.

──, 김윤성 옮김, 《죽음에 이르는 병》, 《불안의 개념》, 금성출판사, 1987.

──, 박병덕 옮김, 《죽음에 이르는 병》, 육문사, 1985.

──, 박순식 옮김, 《죽음에 이르는 병》, 세종출판사, 1973.

──, 손재준 옮김, 《죽음에 이르는 병》, 금화종, 1983.

──, 손재준 옮김, 《공포와 전율》, 삼성출판사, 1976.

──, 심재언 옮김, 《불안의 개념》, 청산문화사, 1962.

──, 임춘갑 옮김, 《이것이냐 저것이냐》 전2권, 종로서적, 1981.

──, 임춘갑 옮김, 《유감자의 일기》, 평화출판사, 1974.

──, 임춘갑 옮김, 《공포와 전율·반복》, 평화출판사, 1973.

──, 윤현주 옮김, 《죽음에 이르는 병》, 일신서적공사, 1986.

──, 최혁순 옮김, 《키에르케고르 선집》, 집문당, 1989.

──, 표재명 옮김, 《철학적 단편》, 평화출판사, 1973(1974).

―――, 표재명 외 옮김, 《철학적 단편》, 휘문출판사, 1962.

키엘케고르, 김학수 옮김, 《유감자의 일기》, 문화공론사, 1976.

―――, 임찬규 옮김, 《이것이냐 저것이냐》, 왕문사, 1972.

―――, 임춘갑 옮김, 《불안의 개념》, 평화출판사, 1972.

키엘케고올, 이은영 옮김, 《인생행로의 제단계》, 청산문화사, 1962.

키엘케골, 전윤섭 옮김, 《죽음에 이르는 병》, 청산문화사, 1973.

팔머, 이한우 옮김, 《해석학이란 무엇인가》, 문예출판사, 1988.

표재명, 《키에르케고르의 단독자 개념》, 서광사, 1992.

피에르 테브나즈, 심민화 옮김, 《현상학이란 무엇인가 ; 후설에서 메를로 퐁
　　　티까지》, 문학과지성사, 1982.

하워드 A. 존슨, 임춘갑 옮김, 《키에르케고르의 실존사상》, 종로서적, 1979.

하이네만, 황문수 옮김, 《실존철학》, 문예출판사, 1976.

하이데거, 《시간과 존재》, 청하, 1986.

―――, 소광희 옮김, 《시와 철학》, 박영사, 1972.

―――, 오병남·민형원 공역, 《예술의 철학적 해명》, 경문사, 1978.

―――, 이기상 옮김, 《기술과 전향》, 서광사, 1992.

―――, 이규호 옮김, 《존재와 시간》, 청산문화사, 1973.

―――, 전양범 옮김, 《존재와 시간》, 시간과공간사, 1989.

―――, 정명오·전순철 옮김, 《존재와 시간》, 양우당, 1986.

―――, 정호 옮김, 《신은 죽었다》, 제일출판사, 1977.

하이덱거 외, 소광희 옮김, 《휴머니스트에의 편지》, 동양출판사, 1960.

―――, 최동희 옮김, 《철학이란 무엇인가》, 휘문출판사, 1972.

하이덱카, 사회과학연구회 옮김, 《진리란 무엇인가》, 신조문화사, 1961.

한국현상학회, 《현상학연구》, 심설당, 1983.

―――, 《현상학이란 무엇인가》, 심설당, 1983.

―――, 《현상학의 전개》, 양서원, 1988.

한국현상학회 편, 《후설과 현대철학》, 서광사, 1990.

―――, 《생활세계의 현상학과 해석학》, 서광사, 1992.

한전숙, 《현상학 이해》, 민음사, 1984.

황문수, 《존재와 이성》, 문예출판사, 1980.

후서얼, 이영호 옮김, 《현상학의 이념》, 삼성출판사, 1976.

훗설, 이종훈 옮김, 《서양의 위기와 현상학》, 경문사, 1989.

──, 이영호, 이종훈 옮김, 《현상학의 이념 : 엄밀한 학으로서의 철학》, 서광사, 1988.

──, 이문호 옮김, 《현상력》(세계사상대전집), 양우당, 1986.

④ 학위논문 (박사학위는 "박사학위"로, 나머지는 석사학위를 의미함)

강학철, 〈칸트적 이율배반과 케아케고아적 역설〉, 서울대, 1965.

계영혜, 〈실존주의 철학에서의 현대교육철학의 비판과 인간개조론의 실존적 고찰〉, 이화여대, 1963.

길희성, 〈Heidegger에 있어서의 무와 존재에 대한 고찰〉, 서울대, 1968.

김경윤, 〈하이덱가의 실존과 존재〉, 연세대, 1963.

김기태, 《Heidegger에 있어서의 역사의 문제》, 경북대 박사학위, 1975.

김동규, 〈싸르트르 실존사상의 성취동기적 측면에 관한 예비적 연구〉, 고려대, 1969.

김병우, 〈Heidegger의 존재에 관하여〉, 서울대, 1961.

김병조, 〈주체성의 논구 ─ Kierkegaard를 중심으로〉, 부산대, 1963.

김봉수, 〈하이덱커에 있어서의 존재에 관하여〉, 중앙대, 1965.

김소영, 〈S. Kierkegaard의 실존사상이 현대사상에 미친 영향〉, 동아대, 1967.

김영명, 〈Heidegger의 존재의 Topologie〉, 연세대, 1966.

김영수, 〈하이덱가에 있어서의 존재와 언어에 대한 고찰〉, 경북대, 1966.

김영철, 〈철학적 모색을 위한 사유와 언어비판의 제문제 ─ 하이덱가에 있어서 존재의 사유와 언어〉, 전북대, 1965.

김용무, 〈Heidegger의 진리문제〉, 서울대, 1965.

김이준, 〈하이덱거에 있어서의 형이상학의 극복〉, 서울대, 1965.

김창락, 〈싸르트르의 자유의 존재론적 근거〉, 고려대, 1969.

김형효, "Le Sensible et l'Ontologique dans la Philosophie de Gabriel Marcel", 루벵대 박사학위, 1968.

남정길, 〈Jaspers의 철학적 신앙과 종교적 신앙〉, 고려대, 1964.

박오열, 〈Kierkegaard 철학에 있어서 실존의 의미〉, 전남대, 1966.

박하규, 〈S. Kierkegaard의 주체성의 사상〉, 고려대, 1960.

백승균, 〈칼 야스퍼스의 한계상황론〉, 고려대, 1965.

──, "Geschichte und Geschichtlichkeit. Eine Untersuchung zum Geschichtsdenken in der Philosophie von Karl Jaspers", 튀빙겐대 박사학위, 1975.

백승기, 〈하이덱거와 야스퍼스에 있어서의 인간과 실존〉, 전북대, 1960.

서해길, 〈Heidegger의 철학에 있어서의 Stimmung과 Geschick〉, 충남대, 1966.

소광희, 〈Heidegger에 있어서의 존재와 사유〉, 서울대, 1961.

손동철, 〈Sartre 철학의 존재문제 연구〉, 중앙대, 1963.

송기득, 〈M. Heidegger의 진리의 본질적 의미〉, 연세대, 1964.

안상진, 〈하이덱가의 시간성〉, 서울대, 1961.

──, 《M. Heidegger의 실존적 사유와 존재적 사유》, 서울대 박사학위, 1979.

이대춘, 〈하이덱카의 기초존재론에 관한 연구〉, 고려대, 1964.

이영춘, 《Heidegger의 신의 문제》, 충남대 박사학위, 1966.

이정복, 《Die Problematik des Grundgedankens in der alten chinesischen Philosophie. Eine Einleitung in die ontotheologische Differenz bei Heidegger》, 뮌헨대 박사학위, 1971.

장일조, 〈마르틴 하이덱거의 이해의 개념〉, 연세대, 1967.

조재두, 〈K. Jaspers에 있어서의 존재탐구〉, 서울대, 1964.

최양부, 〈후기 Heidegger의 존재사상 탐구〉, 충남대, 1969.

황문수, 〈야스퍼스 연구 ― 철학적 신앙과 포괄자론에 대한 소고〉, 고려대, 1966.

⑤ 제3장에서 고찰 대상이 된 책들

고형곤, 《선(禪)의 세계》, 삼영사, 1971(운주사, 1995).

김병우, 《존재와 상황. 하이데거와 야스퍼스 비교연구》, 한길사, 1981.

김영한, 《하이데거에서 리꾀르까지. 현대 철학적 해석학과 신학적 해석학》, 박영사, 1987.

──, 《가브리엘 마르셀의 구체철학과 여정의 형이상학》, 인간사랑, 1990.

김형효, 《데리다와 노장의 독법》, 한국정신문화연구원, 1994.

──, 《메를로 뽕띠와 애매성의 철학》, 철학과현실사, 1996.

박동환, 《동양의 논리는 어디에 있는가?》, 고려원, 1993.

박이문, 《현상학과 분석철학》, 일조각, 1977(1982).

──, 《자비의 윤리학》, 철학과현실사, 1990.

손봉호, 《고통받는 인간. 고통문제에 대한 철학적 성찰》, 서울대 출판부, 1995.

신오현, 《자유와 비극. 사르트르의 인간존재론》, 문학과지성사, 1979(1985).

———, 《절대의 철학. 제일철학의 임무와 목표》, 문학과지성사, 1993.

윤명로, 《현상학과 현대철학》, 문학과지성사, 1987.

이길우, 《현상학적 정신이론》, 강원대 출판부, 1986.

전두하, 《한국사상과 독일철학. 그 독자성과 세계성 및 연결점에 관한 한 모델의 모색》, 정훈출판사, 1992.

조가경, 《실존철학》, 박영사, 1961(1983).

———, *Natursein und Bewußtsein. Phänomenologischer West-Ost -Diwan* (자연존재와 의식존재. 현상학적 동서양의 대화), Freiburg · München, 1987.

차인석, 《사회인식론. 인식과 실천》, 민음사, 1987.

———, 《사회의 철학. 혁신 자유주의와 사회주의》, 민음사, 1992.

한전숙, 《현상학의 이해》, 민음사, 1984.

———, 《현상학》, 민음사, 1996.

제4장 한국사상에서 찾아야 하는 '우리 철학'의 단초

- 열암 박종홍의 한국철학 정립 모색

1. 20세기 한국철학에 대한 반성의 필요성

한 세기가 저물었다. 지난 백년은 세계사의 획을 그은 굵직한 사건들로 점철되었지만, 무엇보다도 한국인에게는 정말로 파란만장한 격동의 세기였다. 저물어가는 세기를 보내면서 미네르바의 올빼미는 비상을 시작하여 지난 백년을 반성해서 언어로 되잡아봐야 할 것이다. 나라 사이의 국경이 무너지고 지구 전체가 하루생활권으로 들어와서 모든 나라가 이념의 벽, 경제의 울타리, 문화의 차이를 넘어 세계화의 시대를 구가하는 듯이 보이는 지금, 우리가 얻는 것은 무엇이고 잃은 것은 무엇인지, 21세기는 어떻게 대비해야 하는지를 냉철히 점검하며 대책을 마련해볼 때이다.

더욱이 세계사의 변방에 놓여 있으면서도 거대한 세계사의 소용돌이와 무관하지만은 않은 우리의 처지가 더욱 철저하게 우리 자신을 반성하도록 촉구하고 있다. 과연 우리는 우리의 시대정신을 올바로 개념으로 파악하고 있는지, 그리고 우리가 얻은 결과는 무엇인지, 과연 우리는 우리의 생활세계 한가운데에서 부딪히고 있는 문제를 얼마만큼 스스로 해결하려고 애썼는지, 그리고 그 결과는 어떠하였으며 문제는 무엇이었는지를 뼈를 깎는 자성의 눈으로 겸허하게 비판해 보아야 한다.

　세계철학사적으로 볼 때 유럽이 지금까지 너무 일면적으로 이성 중심의 철학, 유럽 중심의 철학을 유일한 보편철학인 것처럼 자랑하며 우쭐대 온 것이 포스트모더니즘의 이름으로 비판받고 있다. 그러면서도 다른 한편 여전히 세계화의 미명 아래 미국 중심의 문화제국주의 철학이 보이지 않는 중심을 블랙홀처럼 만들어 놓고, 힘겹게 중심을 잡으려는 힘없는 제3세계 국가들의 자구적인 노력들을 민족주의라고 비난하면서 전부 자신의 지배 속으로 빨아들이고 있다. 이들 자칭 세계화의 선교사들은 어디에서나 통용된다는 '두루 통함'의 원칙을 내세우면서 모든 차이를 문화적 특수성이나 민족적 차별성 정도로 치부하며 그 모든 다름을 내던지고 세계문화라는 보편성을 공유하라고 주장한다.

　영어가 초등학교 교과과정에 들어간 것도 부족하여 영어를 공용어로 만들어야 한다는 자칭 '진보주의자'들의 우리말 팔아먹기가 어디까지 갈지 몹시 걱정스러운 이때에, 무엇보다도 아쉬운 것은 우리의 중심에서 우러나온 우리 나름의 삶의 문법과 논리가 담겨져 있는 우리의 철학이다. 세계철학의 시대라 해서 세계시장에서 잘 나간다는 철학이론만 떼어다 팔며, 마치 우리도 제1세계의 선진국민인 것처럼 행세하던 미국이나 유럽 흉내내기가 여지없이 그들의 돈의 논리에 부딪혀 어이없이 무너지고만 지금, 새삼 우리 나름의 삶의 방식과 의식이 필요함을 절실하게 깨닫고 있다. 우리가 살고 있는 생활세계에서 부대끼고 있는 우리의 문제를 남의 눈을 통해서가 아닌 우리의 두 눈으로 보고 판단하여 스스로 해결의 열쇠를 찾으려고 노력한 그런 토박이 철학자가 없었는지 한번 진지하게 물어볼 때가 되었다.

　철학사를 되돌아볼 때 문제가 많았던 시기에는 그와 상응하게 유명한 철학자도 많이 등장하였다. 그래서 그런지 세계사적으로 커다란 문제와 사건이 많았던 20세기에 과거 어느 때보다도 뛰어난 철학자들이 많이 나타나서 인류의 문제를 풀려고 노력하였다. 문제로만 본다면 한

반도의 한국처럼 온갖 세계사적인 문제로 들볶였고, 지금도 들볶이고 있는 나라도 없을 것이다. 그렇다면 반드시 우리에게도 그와 상응하는 위대한 철학자들이 많이 나타났다는 것이 분명하겠건만, 불행하게도 우리에게는 얼른 떠오르는 인물이 없음 또한 사실이다. 그것은 아마도 우리를 둘러싸고 있는 문제가 너무나 '세계사적'인 문제이다 보니, 세계사에 익숙하지 못한 우리의 철학인들로서는 감당하기 어려운 처지였기 때문이 아니었나 하고 생각해 본다.

그렇지만 이제라도 분발해서 우리의 문제를 우리 스스로 해결해 나갈 수 있는 정도로까지 성숙하여 철학적 이론으로 체계화했을 때 그것으로 우리는 세계의 문제를 풀어나갈 수 있는 실마리를 갖게 되고, 세계철학적인 흐름을 선도할 수 있는 자리에까지 오를 수 있으리라. 그리고 그때가 한국을 보고 동방의 등불이 되리라 말했다는 어느 시인의 예언이 적중하는 때가 아닐까.

이런 세계사적인 문제의식을 가지고 철학한 인물이 우리에게 아주 없었던 것은 아니다. 단지 우리의 철학적 의식이나 시야가 거기에까지 미치지 못하여 우리가 그런 인물이 간직하고 있던 세계철학사적인 의의와 가능성을 몰라봤을 뿐이다.

외롭게 한국의 상황에서 20세기가 짊어진 온갖 문제와 씨름하며 나름대로 해결책을 찾으려고 노력한 사람이 있었으니 열암 박종홍이다.

2. 열암과 21세기 한국철학의 과제

열암 박종홍은 지금으로부터 반세기도 훨씬 전인 1935년에 다음과 같은 말을 하였다.

"과연 우리의 철학은 대중적 인간으로서의 사회적 존재인 우리들 속에 움트고 있다. 우리의 철학은 독일서 차를 타고 왕림하는 것도 아니요, 미국서 배를 타고 내강하는 것도 아니다. 석가도 공자도 우리들 속에 이미 뿌리박고 있는 우리의 철학의 싹을 북돋워 주는 역할은 도울 수 있을 법하되 그네들의 교설이 곧 우리의 철학은 아닌 것이다. 만 권의 철학서를 독파한다고 하자. 그러나 그것이 그대로 곧 우리의 사상으로서 진실된 힘이 못 되는 바는 우리의 철학이 우리들 속에서만 용솟음치고 있기 때문이다. 우리는 모든 시대의 철학적 유산을 이 시대의, 이 사회의, 이 땅의 우리의 현 단계적 입장으로부터 전승하여 새로운 우리의 것을 만드는 때에 우리의 철학이 비로소 건설된다 할 수 있을 것이다. 여기에 이르매 우리는 선각을 세계에서 구하는 동시에 좀더 우리들 자신의 철학적 유산을 천착할 필요를 절실히 느끼지 않을 수 없다. 이러한 의미에 있어서 철학이라면 마치 칸트나 헤겔을 말하여야 되는 것처럼 생각하는 구태를 일소할 필요가 있다. 우리의 철학의 근원인, 우리를 잊어버린 철학이, 감성, 오성을 논하며 변증법을 운운한들 우리에게 무슨 관여되는 바 있을 것이랴."[1]

이것은 아직도 오늘날 이 땅의 철학자들에게 해당되는 말이다. 과연 우리는 이제 '우리의 철학'이라고 자신 있게 말할 수 있는 철학을 가졌는가? 1934년 열암은 우리의 철학이라고 말할 수 있는 것이 없음을 다음과 같이 고백하였다.

"현대철학의 추세를 말하고 있는 나로서 우리 조선의 현대철학에 관하여 언급할 만한 하등의 자료도 가지지 못함을 섭섭히 그리고 부끄럽게 생각한다. 그러나 우리에게도 장차 어떠한 형태로서나마 '우리의 철학'이 출현하는 날이 오고야 말 것을 나는 확신하련다. 거기에는 현실적 고민을 정시함을 외면하여 공연히 타인의 관념을 그대로 차용하기에만 급급한 태도를 일소하고 우리의 현실에 입각한 꾸준하고 근기(根

---

1) 박종홍, 〈'우리'와 우리철학 건설의 길〉, 《전집 I》, 민음사, 1998, 384~385쪽 참조.

氣)있는 부단의 노력이 필요할 것이요, 이 현실적 지반에서만 비로소 힘있는 '우리의 철학'이 건설의 첫걸음을 내디딜 수 있을 것이다."[2]

열암의 학덕을 기리며 열암 학술상을 제정하여 운영한 지도 20년이 지났다. 과연 우리 후학들은 열암의 문제의식을 제대로 계승하여 세계 철학 속에 우뚝 선 한국철학을 정립하였는가? 오히려 열암이 가졌던 문제의식조차도 제대로 계승하지 못하고 여전히 서양철학과 동양철학 이라는 교설을 외워 그것을 전파하기에만 급급한 것은 아닌가?

김병우 교수는 20년 전에 이 자리에서 열암의 철학을 기리면서 "이 땅의 전통 사상이 열암에게서 비로소 세계 사상의 무대 위에 올려 세워 지며, 이제서야 제 모습을 객관적으로 확인할 수 있게 되었다"[3]고 말하였다. 그는 비로소 우리가 열암에게서 세계의 무대에 우리의 철학이라고 할 수 있는 것을 갖게 되었다고 평하였다. 그러면서 후학으로서의 철학도들이 해야 할 과제를 다음과 같이 말하였다.

"그(열암)에게서 우리는 독창적인 사상 체계를 뚜렷하게 내보인 '주요 저서'를 갖지 못한다. 그러나…… 우리가 얻게 된 귀중한 소득은 열암에 의한 동서 고금의 중요한 철학적 이론이 한데 어울린 조감도이다. 이제 우리는 그의 조감 자체에서 하나의 범상치 않은 철학 체계의 구도를 구명해야 하는 과제를 안게 되었다."[4]

20세기를 보내고 21세기를 맞은 지금 우리는 아직도 김병우 교수가 제시한 과제를 이행하지 못하고 있다. 이제라도 열암이 외쳤던 바와 같이 이 땅에서 우리의 현실을 풀려고 애쓴 생생한 우리의 철학을 올바로 정립하기 위해서 열암과의 생산적인 논쟁적 대화가 절실하게 요청된다. 말년에 한국사상의 앞날을 걱정하며 적었던 열암의 다음과 같은 말

---

2) 박종홍, 〈현대철학의 동향〉, 《전집 Ⅰ》, 민음사, 1998, 365쪽.
3) 김병우, 〈열암 철학의 문제와 그 전개〉, 《열암 박종홍 철학 논고. 현실과 창조》, 열암기념사업회 엮음, 천지, 1998, 20쪽.
4) 위의 글, 23쪽.

이 뇌리를 때린다.

"한국사상의 빈곤을 염려하는 사람은 많건만 그의 극복을 위하여 스스로 생각하는 수고까지 떠맡으려는 분은 적은 것 같다.…… 한국사상은 한국 사람의 사상이다. 쉽사리 어디서 꾸어올 수 있는 물건도 아니요, 그렇다고 이미 주어진 대로 지키고만 있으면 되는 완성품으로서의 고정된 유산도 아니다. 사상은 정신적인 것이다. 우리의 생활을 통하여 마음 속 깊이 용솟음치고 있는 산 것이어야 한다. 괴롭고 힘들어도 우리 자신이 찾으며 새로이 세우는 수밖에 없는 것이 한국사상이다."[5]

이제부터 우리는 열암이 일생 동안 온몸을 다 바쳐 찾으며 추구해 온 한국철학의 바탕과 얼개를 찾아보도록 하자.

3. 철학의 시작이 문제다

열암 철학의 기조(基調)를 보면 현실, 실천, 문제, 모순, 행동, 건설, 창조 등의 살아 있는 역동적인 개념들이 글 전체를 사로잡고 있음을 확인할 수 있다. 열암은 철학을 여유 있는 계층이 유희로 삼아 주변 세계를 둘러보며 관조하여 만들어낸 (형이상학적) 이론으로 볼 수 없다고 분명히 말한다. "아리스토텔레스는 철학은 경이로부터 시작한다고 하였다. 그러나 그 경이는 무지를 면하면 만족되는 것이었다. 우리의 철학하는 동기는 그런 얌전한 경이가 아니오 너무나 억울한 현실적 고뇌로부터 비롯하지나 않는가."[6]

열암으로 하여금 철학하게끔 강요한 것은 그가 선택의 여지없이 내던져져 있던 역사적 현실이었다. 그러나 그를 그렇게 철학하도록 내몰

---

5) 박종홍, 〈한국사상의 방향〉, 《전집 V》, 민음사, 1998, 501쪽.
6) 박종홍, 〈'철학하는 것'의 출발점에 관한 一疑問〉, 《전집 I》, 민음사, 1998, 330쪽.

은 현실은 아무런 철학적 바탕이나 기틀을 그에게 제공하지 않았다. 그가 받은 것이라곤 억울한 현실과 그 현실 속에 내동댕이쳐져 있는 자신뿐이었다. 거기에서 그는 그야말로 맨몸으로 처음부터 철학을 해야 했다. 따라서 그가 제일 먼저 제기한 물음은 당연하게도 '철학하는 것의 출발점'에 관한 것과 '철학하는 것의 실제적 지반'에 관한 것이었다.

정종 교수는 1959년에 "나는 왜 철학을 하게 되었는가?"라는 설문지를 돌려 그에 대한 대답을 분석하여 〈한국 철학자의 철학연구의 동기에 대한 고구(考究)〉라는 글을 발표하였다.[7] 그에 따르면 우리나라에서 최초로 철학을 했던 철학도들은, "한일합병(韓日合倂)으로 인한 조국 상실이라는 절망적인 조건이 크게 영향을 주어" 철학을 선택하였거나 "3·1 운동의 직접 간접의 가담자로서 민족적 수난인 역사적 사건의 일방(一方)의 담재자(擔載者)이기도 하였던 것"이 철학연구의 동기가 되었다고 밝히고 있다. 이것이 1920년대에 철학을 공부하기로 결심했던 철학도들의 사정이었다. 열암은 3·1운동 사건과 연루되어 감옥 안에 갇혀 있으면서, "우리는 왜 이런 고생을 하여야 하는가? 발명(무한동력)은 해서 무엇하나? 이름이 세상에 나서 사람들의 칭찬을 받으면 또 무엇하나? 어떻게 사는 것이 가장 옳은 것인가?" 고민하며 철학을 공부하기로 결심하였다고 고백하였다.

이렇듯 열암이 처음부터 관심을 둔 철학은 이론이나 분과학문으로서의 철학이 아니라 억울한 현실의 한가운데 폭발하는 민족적 울분의 분위기에서 맞닥뜨린 생존의 문제를 해결해야 하는 구체적인 실천행위로서의 철학함이었다. 거기에서 그가 깨달은 것은, 우리는 모두 학문으로서의 철학을 배우기에 앞서 이미 철학을 하고 있다는 사실이었다.

"철학이 무엇이라는 개념을 가지기 전에 벌써 우리는 사실에 있어서 철

---

7) 정종, 〈한국 철학자의 철학연구의 동기에 대한 考究〉, 《백성욱박사송수기념 불교학논문집》, 1959, 823~868쪽.

학을 하고 있다. 철학하는 것은 사람의 본성에 속한 것이요, 단지 학파의 일부문도 아니며 학자의 이지(理知)로서 짜낸 어떤 특이한 영역도 아닐 것이다. '철학하는 것'은 사람에게 있어서의 근본적인 생기(Geschehen)다."[8]

열암에게 철학의 출발점은 '로고스 이전의 생생한 사실 자체', '우리에게 가장 직접적이며 구체적인 것', '나의 일상 생활에서 가장 가까운 것', '나에게 가장 친근한 것, 내가 그 가운데에서 가장 먼저 만나는 것' 등으로 표현되는 '현실'이다.

"철학하는 사람은 그 누구나 절실한 자기의 문제를 가졌고 따라서 그 자기의 문제로부터 출발한다고도 볼 수 있다. 전체적으로 보아 비록 사소한 문제일는지는 모르나 진실로 적극적 정신을 가진 힘찬 '철학하는 것'의 출발점이 되어 있는지도 모른다. 그리고 누구나 문제가 철학적 문제임을 알고 그것이 철학적 문제라고 하여서 비로소 철학을 하는 것이 아니라 악착스럽게도 해결을 강박하는 각자에게 있는 어떤 모순이 드디어 '철학하는 것'에까지 이르게 하는 것이나 아닌가."[9]

열암으로 하여금 철학하도록 강박하였던 구체적 역사적 현실은 어떠하였는가? 서양문물과 함께 서양철학이 유입되던 19세기 말과 20세기 초 이 땅에 사는 지식인들은 무엇을 고민했는가?

서양철학을 천주학을 통해 간접적으로 접하던 때만 해도 조선의 지식인들은 동양문화의 우월성에 대해 털끝만치의 의심도 하지 않았다. 그 당시 그들의 인식을 이끌었던 관심은 서양학문이라는 미지의 것에 대한 지적인 호기심이 주류를 이루었다. 그러나 조선의 정치적 정신적 지주였던 중국이 아편전쟁에서 영국에게 여지없이 패하고 북경이 영불연합군에 의해 함락되었다는 소식이 넘어 들어온 데 이어, 서구 열강들의 이양선이 우리의 강변과 해변에 수시로 출몰하여 통상 압력을 가해

---

8) 박종홍, 〈'철학하는 것'의 출발점에 관한 一疑問〉, 318쪽.

9) 위의 글, 317~318쪽.

오는 것을 직접 보게 되던 19세기 중엽 이후는 상황이 달라졌다. 더구
나 사태가 악화되어 문화수준이 우리보다 낮다고 깔보아오던 일본에
게 마침내 나라를 빼앗기고 나서부터는 상황은 완전히 반전되었다.[10]

국권을 상실한 민족 최대 불운의 상황에서 지식인들은 더이상 서구
문화와 문명에 대해 소극적으로 방관만 하고 있을 수 없음을 뼈저리게
깨달았다. 일상의 삶과 정치를 주도했던 유학뿐 아니라 동양적인 유산
전반에 대한 회의와 반성이 잇따르게 되었다.[11] 더이상 기존의 전통사
상과 가치관이 우리의 삶을 이끌어 나갈 수 없음을 절망적으로 확인하
면서 한시바삐 새로운 대안적 사상과 가치관을 모색해서 정립해야 할
필요성을 절감하게 되었다. 서양의 문화, 서양의 기술과 과학은 더이상
나쁜 것이라고 배척해야 할 것이 아니라 도리어 무조건적으로 배워 따
라야 할 것으로 부각되어 나타났다.

나라를 빼앗긴 절망적인 상황에서 국권을 되찾기 위한 방도를 다각
적으로 모색하는 가운데 우리 민족 전체가 변하기 전에는 독립과 해방
이 불가능함을 깨닫게 되었다. 교육을 통한 계몽과 의식화의 필요성을
절감하게 되면서 깨인 사람부터라도 발달한 서양식 교육을 받아야 함
을 인지하고 많은 사람들이 외국 유학의 길을 떠나기 시작하였다. 이것
이 열암이 철학을 공부하기로 결심하고 경성제대 법문학부에 설치된
철학과에 입학할 당시의 현실이었다.

우리는 여기서 잠깐 열암으로 하여금 철학을 하게끔 강박했던 그 당
시의 시대적 상황을 특징지어 보도록 하자. 무엇보다도 억울한 현실은
국권을 빼앗긴 식민지 상황이었다. 그리고 국권 상실의 일차적 책임은
무엇보다도 먼저 권력층에 있는 사람들, 양반들, 배웠다는 지식인들에

---

10) 전반적인 시대분위기와 지성인들의 대응에 대해서는 〈애국계몽운동〉, 《한국
　　사 : 근대민족의 형성 2》 제12권, 한길사, 1994, 235쪽 이하 참조.
11) 한국철학사상연구회, 《강좌 한국철학. 사상, 역사, 논쟁의 세계로 초대》, 예문서
　　원, 1995, 262쪽 이하 참조.

게 있었다. 그들은 현실을 제대로 파악하지 못하고 자기들끼리의 권력 싸움에만 급급했을 뿐이다. 국가 운영을 책임진 지식인들이 상황 파악을 바로 하지 못하여 국권 상실이라는 엄청난 결과를 초래하였다. 그로 말미암아 지식인들에게 생존권이 맡겨진 채 살아오던 죄 없는 백성들이 하루아침에 식민지 압제 아래 굶주림과 비인간적 상황 속에 시달리게 되었다. 이러한 상황 아래에서 조금이라도 눈이 있는 사람은 정치·경제·군사·사회·문화 전반에 걸쳐 모든 것이 변혁되어야 한다는 것을 보게 되었다. 외부 세력에 의해 전통과 역사로부터 단절된 상황에서 스스로 우리의 정체성을 반성하며 전통과 역사에 대해 다시 생각하게 되었다. 식민지 지배에서 해방되는 것도 급하지만 민족 전체가 근대화하지 않는다면 영원히 식민지 상태를 벗어날 수 없다는 것을 깨닫기 시작하였다.

그러한 역사적 현실에서 최우선 과제는 국권을 되찾고 민족을 식민지 지배에서 구하는 것이었다. 그 엄청난 문제를 어떻게 풀어나갈 것인가? 그 일을 누가 맡아서 어떻게 수행할 것인가? 백성들의 계몽을 통한 민족의 근대화가 이루어져야 한다. 국권 상실의 어두움 속에서 방향을 못 잡고 헤매는 백성들에게 굳건한 삶의 지침과 생활신조라도 심어주어 절망적인 현실을 헤쳐 나갈 수 있도록 해야 한다. 국가의 정치적 독립, 경제적 자립이 가능하기 위해서는 무엇보다도 그 토대가 되는 정신적 독립, 즉 사상적 독립이 이루어져야 한다. 한국인들의 삶을 이끌 '한국사상'이 요구된다. 백성들의 소박한 삶을 이끌어 줄 수 있는 생활신조로서, 정신적 축으로서, 생활세계를 근본적으로 바꿀 수 있는 원동력으로서 한국사상이 요청된다. 살아남기 위해서 근대화, 민주화는 우리 민족의 지상과제였다. 우리에게 요구되었던 사상은 근대화, 민주화를 선도해 나갈 수 있는 변혁의 이론이어야 했으며, 식민지 상황 속에서도 굳건히 자기 것을 찾아서 지킬 수 있는 주체성의 이론이어야 했고, 아무 것도 없는 기반 위에서 새로운 삶의 터전을 마련해야 하는 건설의 이론이어야 했으며, 우리의 역사적 현실에 대한 철저한 비판적 반성 위에서 우리의 가능성을 기획하여 새로운 미래를 이룩해 나가는 창조의 이론이어야 했다.

4. 현실에서 출발해야 한다

열암은 1933년 《철학》에 발표한 논문 〈'철학하는 것'의 출발점에 관한 일의문(一疑問)〉에서 "우리의 '철학하는 것'의 출발점은 이 시대의, 이 사회의, 이 땅의, 이 현실적 존재 자체에 있다"는 확신을 피력하면서 "이 현실적 지반을 떠나 그의 출발점을 찾는 철학은 결국 그 시대 사회에 대하여 하등의 현실적 의미를 가질 수 없을 뿐 아니라 철학 자체에 있어서도 새로운 경지를 개척하기가 곤란할 것"이라고 말한다.[12]

이렇듯 '철학하는 것'의 현실적 토대를 강조한 박종홍은 1934년 〈'철학하는 것'의 실천적 지반〉이라는 글에서 현실적 존재란 "실천적인 제1차적 근원적 존재"를 말한다고 설명한다.[13] '철학하는 것'에 있어서 문제가 되는 현실적 존재란 학술적 호기심의 대상이 아니라 "현실적 생활에 있어서 실천이 해결을 요구하는 바의 문제"라는 것이다.[14] 그래서 박종홍은 철학의 과제를 현실적 존재에서부터 출발하여 그것을 개념적으로 명백히 파악하는 것으로 본다. 따라서 우리의 철학하기의 출발점은 "우리가 일상생활에서 그로써 살고 있는 가장 현실적인 사회적 실천, 다시 말하면 감성적 사회적 활동 그대로"이다.[15] 그리고 이러한 감성적 사회적 실천으로서의 생활이 현실적 존재의 파악을 어떠한 양태

---

12) 박종홍, 〈'철학하는 것'의 출발점에 관한 一疑問〉, 331쪽 참조.
13) 박종홍, 〈'철학하는 것'의 실천적 지반〉, 《전집 I》, 민음사, 1998, 332쪽.
14) 위의 글, 334쪽.
15) 위의 글, 335쪽.

로 제약하며, 따라서 그 현실성을 어떠한 성질로 규정하고 있는가를 파악함이 철학의 몫인 셈이다.

열암은 '현실'을 '현실적 존재'라고 풀어쓰기도 하며, 또 이것을 "일상의 평범성에 있어서의 실천적인 제1차적 근원적 존재"라고 설명한다. 그리고 그것을 "감성적 사회적 활동 그대로" 또는 "감성적 사회적 실천으로서의 생활"이라고 풀이한다. 열암은 다른 곳에서 현실이 "역사적이고 사회적인 현실"임을 부각시키고 있다.[16]

이상을 종합하여 볼 때, 열암이 '현실'이라는 낱말로써 의미하고자 했던 것은 우선 인간이 역사의 어느 시점에 사회적 존재로서 남과 더불어 특정한 삶의 공간에 처하게 되는 역사적 사회적 현실이다. 이것은 선택의 여지없이 인간에게 운명으로 주어지는 것이다. 그렇지만 인간은 이런 현실에 속수무책으로 내던져져 있는 무력한 존재가 아니다. 인간은 자신에게 주어진 현실을 남과 더불어 바꾸어 나갈 수 있는 역사적 존재이기도 한 것이다. 인간은 이 현실을 과제로 떠맡아서 자신의 세계로 만들어 나갈 임무를 부여받은 창조적 존재이다. 주어진 현실에 대한 인간의 능동적인 반응 또는 관계맺음을 염두에 두었을 때, 열암은 이 '현실'을 인간의 '현실적 존재'라는 의미로 사용한다. 그리고 이때의 현실적 존재가 '감성적 사회적 실천'으로 규정되는 것이다.

1) 감성적 사회적 실천

열암에게 실천은 "우리의 일상생활에 있어서 우리가 현실적으로 생존하고 있는 제1차적 존재양식"[17]이다. 그것은 "우리에게 있어서 가장 근원적"인 것이며, "모든 이론 구성에 앞서서 그 지반이 되어 있는 생

---

16) 박종홍, 〈우리의 현실과 철학. 역사적인 이때의 한계상황〉, 《전집 I》, 민음사, 1998, 395~396쪽 ; 《철학개설》, 《전집 III》, 민음사, 1998, 364쪽 참조.
17) 박종홍, 〈'철학하는 것'의 출발점에 관한 一疑問〉, 330쪽.

생한 사실"[18]이다. 말하자면 그것은 인간의 가장 근원적인 '삶의 양태'이며, 결코 어떤 이론을 현실에 적용한다는 의미의 특별한 실천이 아니다. 열암이 말하고 있는 실천은 "일상생활에 있어서 우리가 그로써 살고 있는 가장 현실적인 사회적 실천, 다시 말하면 감성적인 사회적 활동", "이미 그로써 생활하고 있는, 아니 생활하고 있지 않을 수 없는 평범한 듯한 일상의 감성적 사회적 실천", "이러한 감성적 사회적 실천으로서의 생활",[19] "사람의 감성적 사회적 활동"[20]인 것이다. 그래서 그는 이러한 실천에서는 "어떠한 관념적 존재도 희박한 관조와 더불어 사라지고 마는 것"[21]이라고 설명한다.[22]

우선 실천은 어디까지나 '감성적'인 것이다. 여기에서 우리는 다시 한번 이론적 태도에 대한 열암의 불신을 읽을 수 있다. 그는 "우리는 '로고스'로 된 논리적 대상인 일반자를 생각하기 전에 벌써 항상 감성적 실재성을 가진 여기에 이 물건이 있음을 확신하고 교섭함으로써 생활하고 있다"[23]고 하면서 일상적 생활을 이끌고 있는 '감성적 확신'을 강조하고 있다. 덧붙여서 그는 이때의 '감성'을 "추상적으로 이해하여서는 아니 된다"[24]고 말한다. "감성은 이른바 순수 감성을 의미함이 아니고 우리의 존재 양태를 말하는 것이다. 그리고 한갓 수동적인 것이 아니고 어디까지라도 능동적인 측면을 가진 것"[25]이라는 것이다. 그래서 그는 한걸음 더 나아가 "인간 자체도 또한 감성적"[26]이라고까

18) 박종홍, 〈'철학하는 것'의 실천적 지반〉, 327쪽.
19) 위의 글, 335쪽.
20) 위의 글, 343쪽.
21) 위와 같음.
22) 이수정, 〈열암 철학의 이해와 계승〉, 열암기념사업회 엮음, 《열암 박종홍 철학 논고. 현실과 창조》, 천지, 1998, 70~71쪽 참조.
23) 박종홍, 〈'철학하는 것'의 출발점에 관한 一疑問〉, 323쪽 참조.
24) 박종홍, 〈'철학하는 것'의 실천적 지반〉, 343쪽.
25) 위와 같음.
26) 위와 같음.

지 주장한다.[27] 그리고 이러한 감성적 실천이 본질적으로 사회적이라고 열암은 강조한다.[28]

열암은 일상생활에서 보통의 사람들이 살아 나가면서 취하는 구체적인 행동양식을 실천이라고 이해한다. "우리가 실천을 가장 구체적으로 파악하려고 노력한다면, 저 결의한다든가 회오(悔悟)하야 뉘우친다든가 하는 개인의 내면적이며 주관적인 이른바 도덕적 실천이 아니요, 신체를 가진 주체로서 자기와 모순적으로 대립되어진 객체로서의 대상을 극복·지양하는 의미에 있어서의 실천"이어야 한다고 열암은 강조한다.[29]

열암은 이러한 구체적 실천을 개인적 행위와 연결시켜 이해해서는 안 된다고 강조한다. 그렇게 "실천을 개인의 행위로써만 출발하야 파악하려고 한다면, 그 역시 자기의 이익만을 위하여 오로지 타산적 행위를 취하는 시민적 개인을 원리로 하는바 개인주의에 빠지고 말 것"이라고 경고한다.[30] 실천은 주관적 도덕적 실천이 아닌 사회적 실천이어야 한다.

박종홍의 철학이 하이데거의 실존철학에 바탕을 두고 있다는 것은 잘 알려진 사실이다. 그럼에도 박종홍은 하이데거의 철학을 중요한 부분에서 수정하여 하이데거와 일정한 거리를 유지하며 비판적으로 이웃에 거주하려고 시도한다. 이론에 대해 실천의 우위를 주장하는 것은 하이데거를 따르면서도 평범한 인간들의 더불어 있음을 '세인'이라고 평가절하하는 듯한 하이데거의 실존에 대한 규정에는 동조하지 않는다. 오히려 박종홍은 바로 평범한 인간들이 이 시대, 이 사회, 이 땅에서 현실적으로 존재하고 있는 것을 자신의 철학함의 출발점이자 실천적 지반으로 삼으려 한다. 그래서 박종홍은 하이데거의 눈에는 비본래적인 실존으로 보일 수밖에 없는 "감성적 사회적 실천 그대로"를 철학함의

---

27) 이수정, 앞의 글, 71쪽 참조.
28) 박종홍, 〈'철학하는 것'의 실천적 지반〉, 346쪽 참조.
29) 박종홍, 〈우리가 요구하는 '이론과 실천'〉, 《전집 I》, 민음사, 1998, 407쪽.
30) 위의 글, 408쪽.

토대로 삼으면서, 하이데거가 이러한 인간의 사회적 실천을 간과하면서 너무 고립적인 인간의 실존을 지나치게 강조하고 있다고 비판한다. 그것은 국권을 상실한 민족적 위기에 개인적인 자각만을 강조하며 실존적으로 존재할 것을 외치는 실존철학이 우리의 현실과 너무 거리가 멀다고 판단했기 때문일 것이다. 박종홍에게 우리가 당면한 민족적 사회적 위기는 단순히 개인적 실존의 차원에서 해결될 수 없는 더 큰 문제로 비쳤고, 사회적 관계와 실천을 도외시한 순수 인간이나 개인에 대한 논의는 사치스러운 선진국들의 철학적 주제일 따름이었다.

2) 역사적 사회적 현실

열암에게는 '철학하는 것'의 기반이 '우리의 현실'로 돌아온다. 열암이 문제삼고 있는 바 "이 때의 현실이며 우리들의 현실"이 구체적으로 무엇을 뜻하는지 좀더 가까이 고찰하여 보자.[31] 열암에 따르면 "우리 인간의 현실은 하나의 필연적인 생성(Werden)인 동시에 행위(Tat)를 매개로 하는 곳에 성립한다. 따라서 우리의 이 현실은 그저 초목의 필연적 성장과도 같이 무의식적인 것이 아니라, 필연적인 과거가 의식적으로 일단 단절되고 새로운 미래적 계획에 의하여 행위적으로 통일·형성되는 것이다. 우리의 이 현실에는 단절적 비약적으로 통일이 가능한 양극이 대립하여 있기 때문에 힘의 대항이 있고, 고민이 있고, 다시금 긴장된 통일로서의 과감한 행위가 요구되는 것이다. 인간의 행위는 필연적인 과거와 자유로운 미래와의 전환 통일되는 현재에 성립하는 것이요, 여기에 우리의 이 현실의 산 모습을 볼 수 있는 것이다."[32]

"이 겨레의 장래를 생각하여 내가 어떤 행동을 한다면, 그 성과는 물

---

31) 박종홍, 〈우리의 현실과 철학. 역사적인 이 때의 한계상황〉, 386쪽.
32) 박종홍, 《철학개설》, 1998, 160쪽.

론 훗날을 기다려야 할 것이나, 그 계획을 설정함에 있어서 목적으로서 이미 豫料되어야 할 것이요, 이 미래에 대한 진지한 계획이 없다면, 나의 행동은 무책임한 일시적 興奮에 불과할 것이다. 이와 같이 하여 참된 만듦으로서의 역사가 전개되고 그에 따라 만들어진 역사가 남으며 다시 그를 추구 규명하려는 데 서술로서의 역사(Historie)가 성립한다. 이런 만듦의 행위가 없는 곳에는 자연적 생성으로서의 역사, 인류전사는 가능할는지 모르나, 인간의 역사(Geschichte)는 있을 수 없다. 인간의 역사 자체는 이 만듦으로서의, 즉 건설로서의 현실인 것이요, 동시에 이 현실은 제일의적으로 건설적인 '현재'인 것이다."[33]

열암에 따르면 역사성은 현실의 기본 성격을 이룬다. 이것은 현실이 우리와 더불어 함께 끊임없이 변해 간다는 뜻과 같다. 역사적 현실은 언제나 우리의 현실로서 '우리'를 형성해 주며, 동시에 우리는 역사적 현실에 속하면서 바로 그 '우리'로서 우리 자신을 의식하며 부르기도 한다. 그렇게 하여 그 '우리'가 개개인의 구체적 존재의 사회적 실천으로 기능하며 인정된다. 우리를 이루며 우리 자신과 동일시하기도 하는 개개인의 존재의 실상은 이렇게 사회적 실천을 주도하는 '그들'이다. 역사적 현실이 귀속되는 '우리'는 실상은 그들인 셈이다. '그들'이 현실적으로 이 세상에 있음이란 간단없이 무엇을 하고 있음이다. 이것을 떠나 그들의 구체적 존재성을 찾을 길은 없다. 그리하여 열암은 "실천으로써만 현실적 존재는 그 구체성에 있어서 파악될 수 있다"고 말한다.[34] 이같이 구체적으로 존재하지 않는 인간이란 오직 개념으로서의 인간일 뿐임도 명백한 사실이다.[35]

실로 무엇인가를 함으로써 우리는 구체적으로 존재하는 자가 되지만, 그 하고 있음 때문에 우리는 또한 현재하는 것이다. 우리의 현실이

---

33) 위의 책, 163~164쪽.
34) 박종홍, 〈모순과 실천〉, 《전집 I》, 민음사, 1998, 355쪽.
35) 김병우, 앞의 글, 35쪽 참조.

현재 또는 오늘의 현실이 되는 까닭도 여기에 있다. 우리의 현재함을 있게 하는 '무엇인가를 하고 있음'이 현실의 역사성의 근원이다. 무엇보다도 현실은 자연현상에서 비롯한 것말고는 인간이 활동한 일들의 결과이거나 현재 활동하고 있는 내용이 되며, 그리고 그 인간의 구체적 존재의 존재성이 간단없이 무엇인가를 활동한다는 데에서 찾아질 수 있다면, 현실이 어떠한가는 오직 실천에 달려 있다는 의미가 될 것이다. 현실은 끊임없이 변한다고 하지만, 그저 변하는 것은 아니다. 현실의 주체는 끊임없이 무엇을 위하여 어떤 일을 하면서 이룩하는 활동을 계속하는 까닭에 열암에게 "인생, 그것은 한 걸음 한 걸음이 건설의 고투요 창조의 발자취인 것이다."[36]

이러한 말은 현실의 변화의 기본 성격이 인간의 능동적 참여에 의해 이루어짐을 분명하게 드러내 준다고 할 수 있다. 그리하여 현실이 어떠한가의 문제는 창조와 건설이 어떻게 펼쳐지는가 하는 문제가 될 것이다. 이것은 사실 실천의 구성 문제이다. 그런데 열암에게 그것은 실천의 구성인자를 분석적으로 구명하는 것이 아니라, 어떻게 실천해야 하는가 하는 문제이다. 사실 건설 자체가 지향성을 내포하므로 실천의 구성인자 속에 이런 측면이 들어 있지 않을 리는 없다. 또 실천은 이러해야 한다고 말하는 자리에서 실천의 구조가 무시되어도 될 리가 없으므로, 양자의 차이는 대수로운 것이 아니라고 할 수도 있다. 그러나 문제에 임하는 태도는 결정적으로 다르다. 전자는 이성적 관심의 문제가 되는 데 반해서 후자는 실천적 지성의 문제인 것이다.[37]

실천을 강조하는 열암에게 이성보다 지성이 우위에 놓이는 까닭을 우리는 미루어 알 수 있다. 그에게 "지성은 밝혀 주는 빛깔일 뿐 아니라 새로운 싹을 트게 하는 힘이다. 새로운 창조의 원동력이다." 열암에게

---

36) 위의 글, 35~36쪽 참조.
37) 위의 글, 36쪽 참조.

지성은 이성보다 우위에 있다. 그 자리는 근원적으로 어디에서 확보되는가? 열암에게 인간의 존재함이란 현실 존재로서 실천함이다. 실천이 인간의 구체적 존재의 존재성을 이루는 것이다. 지성의 우위는 여기에 그 자리를 두고 있는 것이다. 지성이란 실천을 이끄는 힘이다. 그것은 지성이 '어떻게'를 밝혔을 때 비로소 되는 일이겠다. 그러므로 '어떻게'를 밝히는 것이 바로 지성의 철학의 핵심 과제가 된다.[38]

열암은 이렇게 말한다.

"실로 우리의 철학은 이 때의 우리들의 역사적이며 사회적인 이 현실 속에 뿌리박고 있는 것이며 이 현실에 대한 다할 줄 모르는 애착과 고민으로부터 용솟음쳐 나오는 문제를 철저하게 추구하며 해결하려는 것이 또한 곧 우리의 철학인 것이다. 과연 우리의 현실이 우리의 철학을 낳지 못하는 동안 우리의 위기는 철저하게 극복될 수 없는 것이요, 우리의 철학이 우리의 현실을 잊어버리는 순간 그 본래의 의미에 있어서 참된 우리의 철학이 될 수 없다."[39]

철학인은 현실에 새로운 애착을 가지고 육박하여 파고들어 "피끓는 힘의 이론, 실천의 이론"을 찾아내려고 애써야 한다.[40] 그러기 위해서는 무엇보다도 먼저 올바로 현실을 파악해야 한다. 그런데 이것이 쉬운 일이 아니다.

"현실 파악의 길! 그것은 일상적 현실을 구체적 실천을 매개로 자각하는 과정이요, 문화의 창조를 위한 투쟁이요, 국가의 건설을 위한 聖戰이다. 현실파악의 길! 그것은 형극의 길, 사투의 피의 길, 극소수의 예외자만이 능히 선두에 서서 참말로 걸을 수 있을 만큼 험난한 길이다. 과연 '온갖 고귀한 것은 드문 것인 동시에 또한 곤란한 것이다.'"[41]

---

38) 위의 글, 34쪽 참조.
39) 박종홍, 〈우리의 현실과 철학〉, 399쪽.
40) 박종홍, 〈우리가 요구하는 이론과 실천〉, 409~410쪽.
41) 박종홍, 〈현실파악〉, 《전집 I》, 민음사, 1998, 432쪽.

5. 한국철학에 앞서 한국사상을 알아야 한다

이상에서 뚜렷하게 부각된 열암 철학의 특징을 우리는 다음과 같이 정리할 수 있다.

인간은 모두 항상 이미 철학을 하고 있다. 철학은 특정한 계층의 점유물이 아니다. 인간은 살아 나가면서 수없이 많은 문제에 부대끼면서 그 문제들을 나름대로 해결하려고 노력한다. 삶의 이러한 문제 해결의 노력이 곧 철학하는 행위이다.

철학은 그 철학함의 행위가 벌어지고 있는 생생한 삶의 현장, 즉 현실을 떠나서는 안 된다. 인간의 삶이 펼쳐지고 있는 현실은 개개인으로서의 인간이 선택의 여지없이 내던져져 있는 필연적인 삶의 맥락이며 지평이다. 인간은 사회적 존재로서 태어남과 동시에 역사와 문화의 전통으로 세워진 세계 안에 존재하게 된다.

그렇게 전수된 역사적 사회적 현실에 그저 수동적으로 반응하지 않는다는 데에 인간의 역사성이 있는 것이다. 역사적 존재인 인간은 역사와 문화의 전통을 넘겨받아 그것을 바탕으로 삼아 더 나은 삶의 세계를 만들어 나가는 세계형성적 존재이다.

생생한 생활세계에서 역사적 사회적 현실을 살아 나가는 인간의 근본적인 존재양식은 이론적이 아니라 실천적인 관계맺음이다. 현실에 바탕하여 출발하여야 하는 철학이 두어야 할 관심은 바로 이론 이전의 이러한 인간의 삶의 방식이다. 즉 남과 더불어 남의 눈을 의식하면서 사물을 다루며 관계를 맺는 가장 일상적인 생활양식으로서의 감성적 사회적 실천이다.

인간의 있음은 무엇인가를 하고 있음이다. 인간의 행위는 이제는 어떻게 바꿀 수 없는 필연적인 과거와 새롭게 만들어 나갈 수 있는 자유로운 미래가 교차하고 전환하여 통일되는 현재에서 성립한다. 인간은 과거를 떠맡아 미래의 가능성을 기획 투사하여 그 전망 아래 현재를 창조적으로 일구어 나가는 시간적인 존재이다.

이렇게 역사적 사회적 현실을 감성적이며 사회적으로 대처하면서 실천적으로 변화시키며 살아가는 인간의 주체성은 당연히 개개인으로서의 '나'에게 있지 않고 함께 더불어 살아 나가면서 삶의 문제를 해결해 나가야 하는 공동의 주체인 '우리'에게 있다. 혼자서는 사회를, 역사를, 현실을 변혁할 수 없다. '우리'로서 함께 뭉쳐 힘을 합칠 때 창조적 역량이 흘러나온다.

인간의 현실은 자연법칙에 따른 필연적인 생성의 차원만으로 이루어지지 않고, 동시에 행위를 매개로 관여하여 그 현실을 바꾸는 변화의 차원에서 성립된다. 인간의 현실은 순수 자연적이 아닌 역사적인 현실이며, 따라서 순전히 자연법칙적으로는 설명될 수 없고 역사법칙적인 고찰이 필수적이다.

인간의 참된 행위는 현실에 대한 수동적인 반응이 아니라 능동적인 대처로써 깊이 관여하여 더 살기 좋은 삶의 현실로 바꾸어 나가는 창조와 건설을 성취하는 역사적 실천적 행동이다. 인간은 끊임없이 현실을 실천적으로 개혁해 나가야 하는 창조적 건설의 과제를 안고 있다.

역사적 사회적 현실 가운데에서 살면서 감성적 사회적으로 대처하여 실천적으로 문제를 풀어 나가면서 살고 있는 인간의 존재양식이 근본적으로 이미 철학적이다. 그렇지만 현실에 대한 근원적인 대응 속에서 인간다운 현실로 변화시켜 나가야 하는 '철학적 인간'의 과제는 무엇보다도 있는 그대로의 현실과 그에 대한 인간의 대응방식을 있는 그대로 철학적으로 올바르게 파악하는 일이다. 철학의 일차적 과제는 현실파악이다. 그렇지만 이때의 현실파악은 실천을 위한, 현실을 변화시키기 위한 것임을 잊지 말아야 한다.

현실이 생성, 변화, 발전되어 나가는 역사적 사회적 법칙을 알아야 하고, 인간이 그러한 현실에 처해 있으면서 창조적으로 변화시켜 나가는 대응의 실천법칙을 제대로 알아내야 한다. 한마디로 현실의 생성 전개 논리를 파악해야 한다. 이 말은 현실이 우리에게 안겨주는 모순[문제]과 이 모순을 풀어 나가는 인간의 실천적 대응방식에는 일정한 법칙성이 있다는 뜻이다. 달리 말해 우리는 무엇보다도 현실이 부정성 자체임을 자각해야 한다.

우리의 현실을 파악해서 스스로 해결해 나가야 하는 '우리 철학'의 과제는 우리의 역사적 사회적 현실의 밑바탕에서 요동쳐 왔고, 지금도 요동치는 부정성을 자각하여 그것을 개념으로 파악하고 정리하여 우리의 철학으로 정립하는 것이다.

그러기 위해서는 먼저 한국인의 삶의 밑바닥에서 개념 이전의 차원에서 보이게 보이지 않게 한국인의 삶을 이끌어 온 지도이념이며 생활신조로 작용해 온 생생한 사상을 읽어내서 정리하는 것이 시급하다. 그러한 한국사상은 백성의 밑바닥 마음속에 뿌리를 내린 것이어야 한다. 백성들의 생생한 삶의 현실을 망각한 지식인들의 지적 유희인 이론들은 사상이라고 할 수 없다.

사상은 지식인의 전유물이 아니며 어떤 개인의 임의적인 착상이나 천재적인 발상의 결과물이 아니다. 생활과 더불어 그 속에 살아 있어 정신적으로 보이지 않게 이끌고 있는 것이 사상이다. 이러한 사상은 민중들이 살아 나가면서 문제를 해결하려는 노력 속에서 생겨 나오는 것으로, 보이지 않게 민중들의 삶 가운데에 아로새겨져 있다.

사상의 자리는 지식인들의 머릿속이 아니라 질박한 백성들의 삶의 텃밭이다. 민중들의 생활세계를 알게 모르게 이끌고 있는 생활신조로서의 사상을 읽어낼 줄 알아야 한다. 사상은 이론이 아니라 실천이다. 아니 이론과 실천의 변증법적 통일 속에 있다.

문제(모순) 속에서 씨름하여 살 수밖에 없는 인간은 본질적으로 철학적인 존재이다. 문제를 풀어 나가는 삶의 논리 또는 삶의 문법이 곧 사상인 셈이다. 사상형성의 지반은 개인으로서의 천재들의 뛰어난 지적 능력에 있지 않고, 서민들의 삶이 벌어지고 있는 구체적 삶의 현장인 현실에 있다.

이 현실에 대한 인간의 근원적인 관계맺음은 이론이 아니라 실천이다. 그것도 감성적 실천이며, 개인으로서의 내가 멋대로 행하는 실천이 아니라 사회적 존재로서의 우리가 행하는 실천이며, 역사적 맥락을 따라서 각인된 역사적 존재인 민족의 역사적 현실에서 행하는 역사적 실천이다.

한국인의 삶 가운데에 면면히 흘러 내려온 사상의 큰 물줄기를 열암은 다음과 같은 말에서 암시하고 있다.

"참[誠]이 결여될 때, 모든 지식과 기능은 도리어 참[眞]을 왜곡 은폐하는 수단으로 바뀌고 말 염려가 없지 않다. 진리란 원래가 밝음[明]이요 어둠[昏]이 아니기 때문이다. 우리가 가장 양심적인 경우에 비로소 사물은 우리에게 대하여 그의 진리를 드러내는 법이다. 동양에는 옛날부터 '참되면 밝다[誠則明]', '참되지 않으면 물이 없다[不誠無物]' 등의 말이 (중용에) 있거니와, 모든 것의 참[眞]을 파악하기 위하여서는 우선 나의 태도부터 참[誠]되어야 할 것이다. 참[眞]과 참[誠]은 본래 따로 떨어져 있는 것이 아니요, 구경에 있어서 하나가 안될 수 없다."[42]

열암은 이러한 바깥 현실의 참[眞]에 대한 인간의 참다운[誠] 관계맺음에서 한국인의 독특한 삶의 심층문법의 일단을 보았으며, 한국사상도 발원하여 나온 것으로 본다.

"저 드높은 하늘을 위시하여 우리를 둘러싸고 있는 대자연은 거짓을 모른다. 속일 줄도 모르거니와 거짓에 속지도 않는다. 참된 그대로인 것이다. 그러기에 우리는 내일도 동쪽 하늘에 태양이 떠오를 것을 의심치 않는다. 참이기에 믿음이 있을 뿐이다. 그러나 사람은 때로는 참되

---

42) 박종홍, 《철학개설》, 《전집 II》, 156쪽.

지 못한 일도 있기에 서로 믿지 못하며 참되어야 한다고 한다. 新舊의 충돌도 老少의 摩擦도 그리고 시민윤리건 세계적인 人道이건 우리의 조상은 그 모든 것의 통로를 참에서 찾았다. 지성이면 감천이라는 말을 그대로 믿어 왔다. 온갖 종교와 종파가 통할 수 있는 광장도 이 밖에 있는 것이 아니라고 나는 생각한다. 그 어느 교를 막론하고 거짓이 없으라고 할 것이요, 이 참을 위하여 정진하는 점에서는 일치하지 않을 수 없겠기 때문이다. ……도의의 참과 과학기술의 참이 상호침범하여 하나의 힘찬 밑받침이 되면서 우리의 새로운 역사를 창조하는 것이 그대로 한국사상의 방향이라고 하여 좋을 것이다."[43]

이러한 우리 나름의 독특한 사상적 바탕과 얼개가 있음에도 해방 직후 척박한 현실에 직면하여 남의 사상으로 우리의 문제를 풀어보려고 우왕좌왕하던 시절에 열암은 다음과 같이 충고한다.

"우리는 지금 새로운 사상을 받아들이기에 우선 바쁘다. 무슨 신기한 묘방이나 없을까 하여 목마른 자와도 같이 이것을 향하여 달리고 세계사조에 뒤떨어질까 저것을 향하여 좇는다. 물론 힘 자라는 대로 하루속히 배워야 한다. 그러나 새로운 사조라 하여 외래사상을 그저 추종함으로써 또는 어중간하게 절충 조화함으로써 그것이 그대로 우리의 사상이 되며 우리를 이끌고 나갈 힘이 될 것인지는 의문이 아닐 수 없다. 우리의 활로는 우리의 힘으로 개척하여야 되고, 우리 스스로 걸어가는 도리밖에 없기 때문이다."[44]

열암은 이렇듯 단순한 서양철학의 수용을 넘어서 그것을 우리의 현실에 비추어 창조적으로 재해석하여 새로운 현실파악의 발판을 마련해 보려고 노력했다. 우리의 현실을 제대로 파악하고 합당하게 대처해 나갈 수 있기 위해 우리에게 고유한 새로운 현실해석의 논리를 수립하려

---

43) 박종홍, 〈한국사상의 방향〉, 503~505쪽.
44) 박종홍, 《철학개론강의》, 《전집 Ⅱ》, 민음사, 1998, 129쪽.

고 시도했으며, 그 구체적인 구상이 '역학의 논리' 내지 '창조의 논리'였
다. 창조의 논리는 한국의 현실을 창조적으로 살리고 성공적인 미래를
건설하기 위한 지적 탐구작업이라고 할 수 있다.[45] "주체성이 상실된 곳
에 창조는 있을 수 없다"고 역설한 박종홍의 철학함에서 주체적인 서
양철학 수용의 전형을 볼 수 있다.

6. '우리 철학'의 주체성 찾기

그렇다면 우리의 철학적 주체성을 어디에서 찾아야 할 것인가? 이것
은 지금도 이 땅에서 철학하는 사람들이 스스로에게 던지고 있는 물음
이다. '철학'이라는 낱말 자체가 탈레스로부터 시작된 서양철학(Philo-
sophia)의 번역어이니까 그것에 대한 문헌학적 연구와 해석학적 수용만
을 한다고 주장한다면, 그것은 철학을 너무 좁게 보는 소치일 것이다.
비록 우리에게 '철학'이라는 낱말은 없었을지 몰라도 그에 해당되는 사
태는 분명 있었을 것이다. 마치 '문화'라는 낱말이 서양말의 번역어일지
라도 우리에게도 문화적 사태가 있었음은 너무나 당연한 것처럼 말이
다. 과연 우리에게도 철학이 있었는지, 그래서 우리만의 독특한 철학적
주체성을 이야기할 수 있는지, 그래서 세계철학의 시대에 스스로 중심
을 잡고 주체적으로 철학해 나가며 세계철학의 문제를 독자적으로 풀
어나갈 수 있는지를 스스로에게 물어보아야 한다. 한 마디로 동양철학
에 대한 기대가 한껏 부풀고 있는 세계철학적인 흐름에 이 땅에서 철학
하는 철학인들이 한국철학적인 해결의 대안을 제시할 수 있는지 자문
해 보아야 한다. 현실 지반 위에서 철학함을 강조하면서 당시의 현실이
철두철미 서양문명에 의해 지배되고 있음을 절감했던 박종홍에게 이

---

45) 박종홍, 《논리학》, 《전집 Ⅲ》, 민음사, 1998 참조.

문제가 무엇보다도 중요하였음은 두말할 나위가 없을 것이다.

그는 우리에게 사상이나 철학이라는 것이 있었는가를 의심하며 자조속에 스스로를 비하하는 한국인들에게 이렇게 질문하고 있다.

"외국 것을 알기 위하여 허비한 시간과 노력의 기분(幾分)을 우리의 것을 찾기 위하여 바쳐 본 일이 있느냐고. ……우리 한국사상에 관한 연구는 아직도 거의 미개의 처녀지 그대로 있다. 미술이나 음악이 외국 사람으로서도 칭탄(稱歎)할 만한 그러한 수준의 것임이 사실이라면, 그 것을 만들었고 그 속에서 그와 더불어 생활한 사람의 사상만이 유독 이렇다 할 것이 없었을 것인가. 우리는 우리 자신을 너무 잊어버리고 있는 것도 같다. 자아를 망각한 빈 마음은 이리 좇고 저리 달리어 새로운 사조를 유일의 진리인 양 받아들이기에 바쁜 것도 같으나 이를 소화해서 내 것으로 만들 겨를을 가지지 못한 채로 거기에 남는 것은 공허한 모방에 지친 형해(形骸)뿐일는지도 모른다. 이것이 이른바 사대주의의 말폐(末弊)요 자각을 가지지 못한 나라 사람들이 빠지기 쉬운 안타까운 약점이다."[46]

박종홍은 이렇듯 문화와 철학이 갖고 있는 밀접한 연관성을 보고 있으며 문화의 기조를 이루고 그 근본 원동력이 되는 것이 철학이며 사상이라고 강조한다. 더 나아가 그는 사상과 언어가 갖고 있는 뗄 수 없는 밀접한 관련을 강조하며 언어에서 형성되어 온 사고방식에 주목한다.

"한국말로 말을 하며 생각하는 이상 우리는 한국말이 가지는 특색을 무시하고 말할 수도 생각할 수도 없다. 한국 사람의 사고방식은 우리말의 구조가 이미 이를 제약하고 있다. 우리의 말이 일조일석에 인공적으로 부자연하게 만들어진 것이 아님과 같이 우리의 사고방식은 아득한 옛날부터 장구한 우리 역사를 통하여 세련된 나머지 독특한 형태를 갖추게 된 것이다. 한국사상은 한국적 사고방식을 떠나 있을

---

46) 박종홍, 《한국사상사 1》, 《전집 IV》, 민음사, 1998, 4~5쪽.

수 없고 그 독특한 사고방식은 우리의 말을 떠나서 생각할 수 없다. 한국말이 이 지구상에서 사라지지 않는 한 한국적인 사고방식은 거기에 엄연히 있는 것이요, 따라서 한국사상은 없을 수 없다. 한국사상이라는 말에 대하여 무엇인지 석연치 못한 감을 그래도 가지는 사람에게 나는 한국말이 외국말과 같은가, 따라서 사고방식이 같은가를 묻고 싶다. 사고방식을 초월한 사상이 있다면 그것은 꿈에서나 가능할지 모른다. 그러나 특별한 경우가 아니라면 우리는 꿈 속의 잠꼬대도 우리의 말로 하지 않는가."[47]

언어를 '세계를 보는 눈'이라고 하지 않는가. 언어가 있기에 사상이 있고 사상이 있기에 독자적인 철학이 있을 수 있는 것이다. 우리는 어쩔 수 없이 우리가 속해 있는 민족과 국가의 언어로 말을 하며, 그 세계에 통용되는 사고방식으로 사유하며, 거기에서 형성되어 나오는 삶의 방식을 공유하고 공동의 생활세계를 만들면서 살고 있는 것이다. 언어의 독특함 속에 그 언어로 구사하는 철학의 독특함이 애초부터 각인되어 있는 것이다. 그래서 파스칼이나 사르트르가 자신의 철학을 프랑스철학이라고 주장하지 않아도, 흄이나 러셀이 자신의 철학이 영국철학이라고 천명하지 않아도, 칸트나 하이데거가 자신의 철학이 독일철학이라고 말하지 않아도 그들의 철학 속에서 그들의 삶의 문법과 사고방식을 읽을 수 있기에 우리는 그들의 철학적 국적이 무엇인지를 즉각 알 수 있는 것이다. 그런데 우리 스스로 우리말을 버리고 영어를 공용어로 삼자는 이야기는 한 마디로 우리의 독특한 사고방식, 생활태도, 우리의 삶의 문법, 더 나아가 우리의 세계까지도 포기하자는 말과 다를 바 없다. 오히려 우리는 더욱더 우리말을 사랑하고 그 문법을 연구하여 우리말 속에서 독특하게 말 건네 오고 있는 존재의 소리를 들어야 하며, 그 말 안에서 펼쳐지고 있는 우리만의 독특한 세계, 독특한 사상을 체계적

---

47) 위의 책, 11쪽.

으로 정리하여 유럽 중심의 철학이 무너지고 있는 지금 대안이 될 수 있는 준비를 갖추어야 한다.

박종홍은 이러한 문제의식에서 우리의 사상을 정리하여 우리의 독특함을 찾아내려고 노력하였으며, 그 산물이 전집 4권과 5권에 실린 한국사상사이다. 주체적 자각 속에서 현재 우리가 처해 있는 상황을 올바로 인식하고 능동적으로 대처할 때에만 우리의 고질병인 사대주의도 떨쳐낼 수 있고, 보이지 않게 우리의 사고방식을 지배하고 있는 여러 식민성에서도 벗어날 수 있다. 이러한 과제를 박종홍은 다음과 같이 말한다.

"우리의 주체적 자각은 평등한 인간의 존엄성을 그의 성실성에서 찾았으며, 그것은 다시 경세택민(經世澤民)에까지 구현되어 근대 과학의 섭취를 요구하는 데 이른 것이다. 마찬가지로 오늘의 자유민주사상도, 실존주의도, 과학기술도 그것이 받아들여짐에 있어서는 민족적 주체성에 의하여 여과되면서 결합 통일되어 우리 자신의 것이 되어야 한다. 우리의 바탕에 의하여 소화, 섭취되어야 한다. 이때의 주체성이 곧 민족정기다. 만일 이 주체성으로부터 유리된다면, 그 어떤 사상도, 기술도 우리의 것으로 살려질 수 없다. 우리 것이 못 되는 이상 여전히 남의 흉내일 수밖에 없고, 그것은 얼빠진 형해(形骸)에 불과할 것이다. 진정한 의미에서의 문화일 수는 없다. 민족문화의 위치는 이미 우리의 선인들이 닦아 놓은 토대 위에 자리잡고 있다. 그리고 그 토대 위에 진폭이 넓게 새로운 섭취와 더불어 주체성을 빛내는 것, 그것이 바로 한국사상의 방향이리라. 그 방향으로 우리의 자신 있는 걸음걸이를 다시금 과감하게 내디디는 날, 인류의 문화도 새로운 축복을 더하게 될 것이다."[48]

---

48) 위의 책, 56쪽.

제5장 세계화 시대에 필요한 '한국화'

1. 왜 한국화인가?

세계화, 국제화의 시대에 '한국화'란 화두가 웬 말인가? 시대의 분위기를 제대로 파악하지 못한 민족주의자(내지는 국수주의자)의 시대착오적인 전근대적 발상 아닌가? 근대화와 합리화를 통해 부지런히 뛰어왔어도 선진국 대열에 들어서기가 힘이 들어 그야말로 간신히 선진국 경제클럽이라는 OECD(경제협력개발기구)에 가입한 것이 최근의 일인데, 여기에서 고삐를 늦추고 과거로 돌아가자는 말인가? 경제가 뿌리째 뒤흔들리고 있어 선진국 진입을 눈앞에 두고 다시 개발도상국의 처지로 추락할 지금의 상황에서, 이제까지 이룩해 놓은 근대화를 포기하고 전근대적인 전통에로 회귀하자는 주장인가? 그렇지 않아도 급변하는 기술의 과학화 내지는 과학의 기술화를 따라잡지 못해 기술과학의 생산화, 생산의 첨단화에 뒤지고 있는 실정에서 '한국화'를 외치고 앉아 있다고 생산기술이 증진되는 것도 아닌데, 무엇을 위한 한국화란 말인가? 이제야 겨우 인류역사의 최상의 정치적 이념이라는 자유민주주의체제를 도입해 정치·경제·사회가 어느 정도 민주화되어 국민들이 모처럼 자유·평등·인권을 구가하며 인간답게 살아가는 듯한 지금, 전통으로 복귀해 가부장제적이고 권위주의적인 유교 전통으로 돌아가자는 말인가? 세계가 하나가 되어 지구촌을 노래하고 있는 인류역사에서 최절정의 시기에, 지구상의 모든 민족이 머리를 맞대고 지혜를 짜내어 인류 발전을 위한 보편적인 이념 내지는 가치를 추구하여 탐구하면서 공동으로 대응해도 어려운 실정에 웬 때늦은 민족주의의 망령인가? 더욱이 철학이 민족의 울타리 안에서 안주한다면 어떻게 최고의 학문, 보편적인 학문임을 주장할 수 있단 말인가? 마찬가지로 종교 역시 민족적인 색채를 강조하게 되면 스스로 자신의 신(神)을 옹색한 지방신(地方神)으로 깎아내리는 일일 터이니 그보다 더한 신에 대한 모독이 있을 수 있겠는가?

철학의 한국화이건, 신학의 한국화이건, 예술의 한국화이건, '한국화'를 입에 올리는 사람은 위와 같은 반대 주장에 대해 자신을 변론할 수 있어야 할 것이다.

인간을 인간이게끔 만드는 본질 가운데에는 자신이 처한 환경에 수동적으로 끌려 다니지 않고 능동적으로 대처해 나간다는 인간의 주체성이 속할 것이다. 이러한 인간의 본질적인 특성은 지금 여기에서 이 시대를 살아가고 있는 한국인 모두에게도 적용될 것이다. 급변하는 현대를 살아가면서 나름대로 잘 대처해 나가고 있는 훌륭한 한국인들의 삶의 모습이 결국은 훌륭한 '한국화'의 표본이 아니겠는가? 그리고 그러한 탁월한 한국인뿐 아니라 모든 한국인이 세계화 시대라는 이 시대를 살아가면서 보이게 보이지 않게 '주체적으로' 영위해 나가는 삶의 방식도 따지고 보면 넓은 의미의 '한국화'가 아니겠는가? 그러니까 굳이 '한국화'라는 거창한 구호를 내세워 국수주의자라는 의심을 얻어 여기저기서 의혹의 눈초리를 받느니 차라리 조용하게, 그렇지만 시대에 충실하게 열심히 사는 것이 지행일치(知行一致)의 전통을 중시해온 한국적인 생활방식에 맞는 처신이 아니겠는가? 이른바 선진국에서는 어디에서도 철학이나 신학 또는 예술의 독일화니 프랑스화니 영국화를 주장하지 않고 있는데, 새삼스럽게 한국화를 외치는 것은 결국 열등심의 발로가 아니겠는가?

'한국화'라는 것이 어차피 하루아침에 이루어질 수 있는 변화가 아니라 긴 세월을 거치면서 민족이나 국가의 구성원이 환경에 대처하며 서서히 주체적으로 변해 가는 과정이라면, 서둘러서 한국화를 외친다고 될 일이 아니지 않은가?

철학이나 신학의 한국화를 주장하는 사람은 이와 같은 약간은 긍정적이면서도 우려 섞인 반대에도 대답할 수 있어야 할 것이다.

우리는 여기서 먼저 이른바 '세계화 시대'에 우리가 처한 독특한 처지로 눈을 돌려 반드시 염두에 두어야 할 문제상황을 간략하게 그려보기로 하자. 그렇게 하면서 과연 우리가 위기상황에 제대로 대처해 왔는지를 반성해 본다. 그러기 위해 민족적 위기국면에 지성인은 어떻게 대처해야 하는지를, 독일의 제2차세계대전 이후 상황에서 지성인들의 대처 방식을 통해 알아보기로 하자. 그 다음 철학의 '한국화' 노력과 그 문제점을 살펴보고, 나아가 신학의 '토착화' 논쟁과 그 한계를 구명해 보면서 '한국화'에 대한 논의가 유의해야 할 점들을 고찰해 보기로 한다. 그런 다음 '한국화'라는 것이 단순한 선택사항이 아니라 한국인으로서 반드시 수행해야 할 과제임을 '진리의 발생 사건'과 한국화의 필연성이라는 주제 아래 살펴보기로 한다. 마지막으로 이야기한 것을 종합하면서 서두에 내건 '한국화'란 무엇을 의미하는가라는 물음에 잠정적으로나마 대답해 보기로 한다.

2. 우리가 처한 이중의 상황

1) 세계의 상황 : 과학기술문명과 그리스도교의 세속화, 그리고 그 몰락
　－새로운 영성, 정신성, 종교성의 필요성 자각

토인비에 따르면 인류역사는 수많은 문화와 문명이 형성과 소멸을 거듭해온 끊임없는 부침의 역사였다. 16세기를 전후해서는 고등종교를 구심점으로 몇 개의 문명이 지구상에 혼재하였다. 그리스도교를 중심으로 하는 유럽문명, 이슬람교를 중심으로 하는 아랍문명, 힌두교를 중심으로 하는 인도문명, 불교 및 유교를 중심으로 하는 극동문명 등이 그것이었다. 그런데 이 문명의 판도가 달라지기 시작했다. 한 마디로 16세기 이래 세계의 역사는 유럽이 발전시킨 과학기술문명에 의해서 세계가 하나로 묶이게 되었다고 할 수 있다. 그런 의미에서 유럽문명에 의한 세계 정복의 시대가 시작되었던 셈이고, 현대는 그것이 어느 정도 성공 단계에 이른 시기라 할 수 있을 것이다. 그런데 20세기 후반에 접어들면서 유럽 중심의 역사가 여러 분야에서 여러 가지 한계와 벽에 부딪히기 시작하였다. 거기에다가 지금까지 유럽문명에 의해 정복되어 잠잠한 듯싶던 다른 문명들이 저마다 유럽문명에 대해 반기를 들고 일어나기 시작한다.

토인비는 지금 세계를 지배하고 있는 유럽문명에 커다란 약점이 있음을 환기시켰다. 지금 세계를 정복한 듯이 보이는 유럽문명은 그 힘을 물질문명의 측면에서 길러내 왔다는 말이다. 단지 과학기술로 전 세계의 물질적인 면을 장악하고 있을 뿐, 거기에는 정신적인 원리가 결여되어 있다는 것이다. '그리스도교'라는 정신적 원리가 없지 않았던 것은 아니지만, 그 원리 자체가 과학기술의 힘에 의해 크게 약화되었을 뿐 아니라, 과학과 그리스도교의 대결에서 과학의 승리로 끝나버린 듯하다는 것이다. 과학기술에 의해 통일된 세계에는 정신적인 큰 공백이 생겨났고, 이 틈새를 비집고 다른 문화와 문명들이 새로운 의미를 지니고 부상하기 시작했다는 이야기이다.[1]

---

1) 일찍이 러셀이 서양문명의 한계를 지적하고 동양문화의 우수성을 소개하였고, 최근에는 신과학운동의 학자들이 동양적 사고로의 전환을 주장하고 있다.[F. 카프라, 이성범·김용정 옮김, 《현대 물리학과 동양사상》, 범양사, 1988 ; 같은 저자, 이성범·구윤서 옮김, 《새로운 과학과 문명의 전환》, 범양사, 1989 ; 신과학

토인비는 현대문명이 처한 위기의 주된 요인이, 종교사상 내지는 철학사상이 더이상 과거처럼 문명의 구심점 역할을 할 수 없게 된 데에 있는 것으로 본다. 따라서 현대문명이 처한 위기를 극복하기 위해서는 새시대 인류문명의 구심점이 될 만한 새로운 사상이 출현하거나, 과거의 종교나 철학이 새시대 인류문명의 구심점이 될 수 있도록 탈바꿈되거나 해야 한다. 예컨대 그리스도교가 역사적으로 섬겨온 하느님에게는 두 가지 성격이 부여되어 있는데, 그 하나는 사랑의 하느님이고 다른 하나는 시기하고 질투하는 하느님이다. 그리스도교가 새시대 인류문명의 구심점이 되려면 시기하고 질투하는 하느님을 철저하게 배제하고 사랑의 하느님만을 전면에 부각시켜야 한다는 것이다. 그리스도교 세계에서 이러한 전환이 이루어지지 않는다면, 새시대 인류문명의 구심점 역할을 할 수 있는 사상이 보편성, 자연친화성, 개방성, 유연성을 가진 동양문화의 원류 속에서 출현할 가능성이 있다고 토인비는 시사한다.[2]

연구회 편,《신과학 운동》, 범양사, 1989 ; 빌 매키벤,《자연의 종말》, 동아일보사, 1990 ; 일리아 프리고진, 신국조 옮김,《혼돈으로부터의 질서. 인간과 자연의 새로운 대화》, 정음사, 1988 ; 이기카와 미츠오, 사상문 옮김,《동양적 사고로 돌아오는 현대과학》, 인간사, 1990 ; 한스 페터 헴펠, 이기상 · 추기연 옮김,《하이데거와 禪》, 민음사, 1995 등 참조. 그 밖에도 Heinrich Rombach, *Der kommende Gott. Hermetik—eine neue Weltsicht*(도래하는 신. 은닉학—하나의 새로운 세계시야), Freiburg, 1991, 9 참조. 이 밖에도 H. Rombach, *Welt und Gegenwelt. Umdenken über die Wirklichkeit : Die philosophische Hermetik*(세계와 반대세계. 현실에 대한 전환적 사유. 철학적 은닉학), Basel, 1983 ; H. Rombach, *Leben des Geistes. Ein Buch der Bilder zur Fundamentalgeschichte der Menschheit*(정신의 삶. 인류의 기초역사를 위한 그림 모음책), Freiburg · Basel · Wien, 1977 참조]

2) 아놀드 J. 토인비, 옮김,《역사의 연구 I》, 삼성출판사, 1986, 106쪽 이하 ; 같은 저자, 노명식 옮김,《역사의 연구 II》, 54쪽 이하, 109쪽 이하, 113쪽 이하 ; 김팔곤,〈문화의 특수성과 보편적 인류문화. 문화운동을 조명하는 관점에서〉,《전환기에 선 인류문화와 한국문화의 향방》(한국철학회 1996년도 춘계학술발표논문집, 한국철학회), 1996, 1~17쪽 ; 이기상,〈새로운 보편 문화논리의 모색. 해석학,

2) 한국의 상황 : 근대화에 따른 서구적 가치관의 맹목적 추종과 만연한 물질만능주의 풍조

우리는 경제성장 일변도의 정책과 급격한 경제성장으로 인해 이미 오랫동안을 과도기적 상태에서 지내왔다. 그 결과 삶의 많은 중요한 가치들이 당분간은 달성되어야 할 경제성장 목표에 의해 유보당해 왔고, 아직도 많은 가치들이 유보되고 있다. 우리는 이미 오래전에 서양의 발달된 문명의 이기들이, 또 그와 더불어 실용주의적 생활(사고)방식이 물밀듯 밀어닥치고, 우리의 전통적 기본 가치들이 맥을 못 추고 무너졌음을 보아왔다. "우리도 한번 잘 살아보자"는 염원은 매우 강했고, 그래서 어떠한 희생을 치르고서라도 달성해야 하는 근대화라는 지상명령은 많은 한국인들에게 전통의 윤리관이 우리를 합당한 이성적 근거 없이 그저 얽어매기만 하는, 진부한, 시대에 뒤떨어진 봉건주의 시대의 잔재처럼 보이게끔 만들었다. 방어하려는 마음마저도 없었던 우리였기에 변화는 걷잡을 수 없이 컸고, 예측할 수 없이 급격했고, 이 뿌리를 뽑아버리려는 듯한 변화로 말미암은 가치관, 윤리관의 공백은 그만큼 클 수밖에 없었다.

서구문명이 우리의 모든 선입견과 미신을 온전히 퇴치해 버려 우리는 이제 깨인 국민이 된 듯 싶었다. 그러나, 그때부터 고개를 들기 시작한 물음은 이 서구적 계몽이 선입견과 미신 대신에 퍼뜨리고 있는 진리란 무엇인가 하는 것이었다. 이 서구적 계몽의 열풍은 우리를 지성적 공백기로, 최상의 가치의 전복으로 이끌고 왔다. 우리가 서로 공통적으로 나누어 왔던 최상의 가치들이 그 실효를 상실해 버렸을 때, 거기에

화용론 그리고 사건론〉,《인문학연구》 제1집(1996), 한국외국어대학교 인문과학 연구소, 1~48쪽 ; K. Jaspers, *Vom Ursprung und Ziel der Geschichte*(역사의 기원과 목표), München, 1960, S. 92f 참조.

는 추구해야 할, 우리를 결속시킬 수 있는 목표점이 비게 마련이다.

'무엇 때문에?'에 대한 대답이 결여되어 있었다. 이렇게 삶의 의미를 묻는 위기가 다가오게 되었다. 방향 설정의 위기가 도래하여 우리 사회 전체가 갈피를 못 잡고 방황하고 있었다. 전수되어 온 단일적이던 세계상이 물음에 던져지고 우리 문화권 안에서 통용되어 오던 세계의 의미가 흔들리게 되었다. 문제시된 것은 또한 하나의 문화공동체 안에서 행위의 방향을 가리켜 주던 지침과 가치들도 마찬가지였다. 실천적 규범과 이론적 설명의 조화로운 일치는 이제 더이상 이루어낼 수 없는 것처럼 되어 버린 듯 싶다. 따라서, 이 두 영역을 연결시켜야 하는 능력인 이성마저도 신뢰를 받지 못해 위기에 처하게 되었다.

전수되어 오던 기존 윤리관의 붕괴는 공백을 만들어 놓았고, 이 공백 안으로 온갖 사이비 윤리가 몰려들어왔다. 물질만능주의, 또는 기술과학 만능주의는 그런 것의 한 예이다. 실천을 위한 윤리 도덕적인 근거 제시를 실용주의적 논거들로 대치해 버린 서구의 저속한 실용주의가 과학적이라는 탈을 쓰고 강력한 추세로 퍼져갔다. 삶의 목적은 더욱 편한 생활을 얻는 것이었고, 이에 편승해 소비를 위한 소비가 중요한 실천적 가치로 부상했다. 인간들 사이의 관계도 갈수록 추상화되어 가고 방편적이 되어 가고 있다. 인간은 그가 맡고 있는 지위, 하고 있는 일, 가지고 있는 재산에 의해 평가되며, 그 모든 것들이 인간의 품위라고 하는 인격의 척도가 되어 버렸다. 현대의 인간 소외는 이러한 인격의 기능화와 물질(물량)화 현상에도 그 원인이 있다. 기술과 과학의 시대는 또한 전문화, 분업화의 시대이며, 더 나아가 부품화의 시대이기도 하다. 이 부품화의 시대에 대치 불가능한 것은 있을 수 없다. 인간도 거대한 기계의 부품으로 전락해 가고 있다. 이러한 인간의 대치 가능성의 불안 앞에서 인간은 자신을 입증하기 위해 더욱 많은 기능을 행사해 내어야 하며, 껍데기뿐인 자기나마 크게 돋보이게 하려고 한다. 소비제품의 획일적인 통제는 인간의 인격적인 차이를 평준화시켜 버리고, 그들에게 매매 가능한 사이비 개인성을 제공하고 있다.

최상의 가치들과 공통적인 세계관을 잃어버렸기 때문에 사람들은 방향을 못 잡고 일시적인 자기 동일화 속에서 이것저것으로 헤매고 있다. 인간은 더이상 스스로를 연속적인 동일한 자기 자신으로 경험하는 것이 어려워진다. 이로써 인간 자신은 눈에 띄는 위기에 봉착하게 되었다. 국가, 사회, 그리고 다른 사람들이 그에게는 낯선 것이 되어 버린다. 그리고, 무엇보다도 그에게 그 자신이 낯설어져 버린다. 그는 자기의 동일성을 형성해 내지 못한다. 그러기 때문에 문제가 되고 있는 것은 방향을 못 잡고 헤매는 이 혼란을 제어할 수 있는 개인의 능력이다. 밖에서부터 집단적으로 제공되는 그러한 공통의 의미 부여가 없이도, 스스로 자기 자신을 다양함 속에서 동일한 것으로 파악할 수 있는 개인의 통합 능력이, 스스로 자신을 추스를 수 있는 주체적인 인간형성이 문제가 되고 있다.

3) 우리의 과제 : 주체성 확립의 필요성

선진조국에의 꿈은 선진국을 이상적인 나라로 부각시킨 나머지 마침내 그들 선진국 시민들이 행하는 일거수 일투족을 모방하도록 방치하였다. 그 결과 그들이 가지고 있는 모든 것은 우리 것보다 무조건 좋은 듯 싶었고, 하루빨리 낙후성을 벗어나기 위해서는 그들의 것을 수입하여 적용해야 한다고 생각하기에 이르렀다. 그리하여 그들의 생활 자세, 학문, 문화, 예술, 기술 등 모든 것을 모방하는 데에 급급했다. 예컨대, 코카콜라를 마시고, 베토벤에 심취하고, 팝송을 즐기고, 트로트를 추고, 추잉껌을 씹고 다닌다 해도 정신만 똑바로 가지고 있으면 한국 사람 아니겠는가라는 사고방식이 바로 그것이다.

그러나, 우리는 이러한 외적인 삶의 방식이 알게 모르게 우리의 정신 자세, 사유태도도 바꾸어 가고 있음을, 그 변화의 조짐이 나타나기 시작할 때 비로소 알게 되었다. 그 결과 우리 사회를 지탱해 오고, 우리가 서로 공유해 왔으며, 우리를 결속해 왔던 기본 가치들이 서서히 무너져 가기 시작했다. 그리하여 물질만능주의가 전염병처럼 번져가기 시작했고, 서구식의 실용주의적 태도가 마치 깨인 사람의 '과학적 자세'인 양, 묵묵히 지켜왔던 도덕 윤리관에 그럴 듯한 '합리적' 이유를 대면서 반발해 왔다. 그러나 외적인 삶의 자립성보다 더 중요하고 선결을 요하는 것은 오히려 살아 나가는 삶의 자세임이 드러났다. 그 가운데에서도 '주체성'과 자의식을 갖춘 자기 확립이 무엇보다도 중요하다. 그래서 우리는 우리 자신의 주체성과 동일성을 찾기 위해 역사와 문화를 파헤쳤다. 그러나 이를 위해서는 전체적인 안목이 요구된다. 우리는 한국인이 무엇인지, 그리고 우리 문화, 예술, 역사의 독창성이 무엇인지 알고자 했다. 그러기에 지금까지 동양적이라고 간주해 오던 기존의 인식 속에서 그래도 한국적인 것을 찾고자 하는 시도가 고개를 들기 시작했다. 그러기에 이곳 저곳에서 긁어모아 땜질해서 만들어 놓은 엉성한 모자이크 같은 모습이 아니라 우리 자신의 고유한 정체와 독자적인 한국문화의 정통성을 구명해야 했다. 그리하여 마침내 '한국 철학'을 찾아 나선 지식인들의 분주한 행각은 시작되었다. 비록 우리가 반만년의 문화와 역사를 자랑하고 있지만, 이 역사는 우리에게 무엇이 '한국적'인 것인지, 또 주체적인 한국인이 무엇을 의미하는지 말이 없다.

우리는 역사의 수레바퀴를 거꾸로 돌려 과거로 돌아갈 수는 없으며, 또 그럴 필요도 없다. 요컨대 우리 스스로가 지금 이 순간에도 역사를 만들어 나가고 있는 것이다. 그런 의미에서 우리는 역사의 주체이다. 그러면 이 주체성을 어떻게 행사해야만 우리 역사의 정통성을 단절 없이 후대에게 넘겨줄 수 있겠는가? 이때 주변에서 들려오는 "우리에게는 철학이 없다"는 탄식은 바로 '철학의 필요성'에 대한 우리의 절박한 요청으로 받아들여져야 할 것이다.

우리는 내일을 짊어지고 나갈 청소년들을 결코 정신적인 방랑자, 방편적인 기회주의자, 계산 밝은 실용주의자, 비관적인 허무주의자, 절망적인 염세주의자 등으로 키워서는 안 된다. 무엇보다도 우리는 그들을 자립적인 인간, 자의식을 갖춘 주체적인 인간, 자기 자신을 형성해 나가는 창의적인 인간으로 교육시켜야 한다. 이 미래의 젊은 세대들이 그들의 사유자세와 세계구성을 반성하고 정리하여 체계적으로 작업해 내게 될 때, 그것이 곧 훌륭한 '한국철학'이 될 것이다. 여기서 중요한 것은, 주체의식을 가진 인간들이 미래를 기획하고, 그 안목으로 역사를 되돌아보며 재해석하는 자세이다. 이렇게 함으로써 그들은 그 안에서 자기 동일성과 역사의 정통성을 수립할 수 있음은 물론, 이제 비로소 현실에 의미를 부여하고 해석하며, 그것을 자기 것으로 만들어 나갈 수 있는 것이다.

여기서 우리는, 우리가 처한 상황을 꿰뚫어보아 문제를 문제로서 인식하고 자립적으로 그 문제 상황에 대처함으로써 그 문제를 올바른 방식으로 파악하고, 이에 적합한 해결방안을 모색하여 관철해 나갈 수 있는 역량을 스스로 길러야 하고 후대에게 길러 주어야 한다.

3. 민족적 위기에서 지성인의 역할

여기서 우리는 한번 독일의 경우를 예로 살펴보기로 하자. 제2차세계대전 후의 독일의 상황과 관련한 철학인들의 현실인식·분석·처방의 노력은 우리에게 많은 시사점을 던져주고 있다.

히틀러가 독일 민족을 이끈 전면 전쟁의 파국과 1945년의 완전한 패배, 그리고 그에 따른 독일 제국의 붕괴와 나치 이데올로기가 선포한 '아리아 인종'의 가치의 몰락은 많은 독일인들을 깊은 절망 속으로 몰아넣었고, 이들은 이 절망 속에서 이데올로기의 맹종이 어떠한 무시무시한 결과를 초래했는지를 깨달았다. 사람들은 맹목적인 이데올로기가 아닌 그들의 삶을 더욱더 잘 지탱해 줄 수 있는 근거를 찾기 시작했다. 이러한 추구 속에서 사람들은 종교적 전통에 대해 성찰하게 되었고, 철학적으로 교육된 비판적 사유의 필요성과 중요성에 대해서도 생각하게 되었다.

1945년 10월 〈라인 북부 지방의 고등학교를 위한 임시 교육 계획안〉이 작성되었다.[3] 이 안은 교육을 위한 새로운 토대를 놓아 보려고 노력하였다. "더이상의 파괴에 대한 보호벽으로서 그리고 미래의 작업을 위한 밑바탕으로서 어떤 가치가 배우는 학생들에게" 제시되어야 하는가 하는 물음에 "비록 무섭게 위협을 받고 있긴 하지만" 아직 세 가지 가치가 생생하게 남아 있다고 답할 수 있다 — 모든 교육을 떠받쳐 주고 묶어주고 있는 규범으로서의 그리스도교의 신앙, 독일정신의 보편성 그리고 독일역사가 서구세계의 역사에 뿌리를 두고 있음에 대한 인식 등이 그것이라고 하였다.[4] 이러한 가치들의 상호연결과 연관 속에 교육개혁자들은 '그리스도교적 인문주의'를 추구하기에 이르렀다. 그러한 교육개혁에서 철학교육의 위치를 그들은 이렇게 생각하고 있었다 "새로운 수업에서의 철학의 위치는 전 개혁과 그 의도에 하나의 빛을 던져주고 있다. 아니 더 나아가 철학이 개혁의 의미 핵심이라고 말해야 할 것이다. 새로운 교육은 서부 유럽의 그리스도교적 전승을 따라, 그리고 또한 새로운 철학적 사유를 위한 희망찬 단초와의 일치 아래, 학교에서 현대의 세계상과 인간상을 예비시키고 모든 부분적 과제들을 하나의 유일한 위대한 전체 관심사의 봉사를 위해, 다시 말해 그리스도교적 인문주의 교육에의 봉사를 위해 설정하려는 강력한 의지가 그 특징이다."[5]

---

3) *Übergangslehrpläne für die höheren Schulen der Nord-Rheinprovinz* (라인 북부 지방의 고등학교를 위한 임시 교육 계획안), Oktober 1945.

4) 위의 책, 5쪽.

5) Wilhelm Grenzmann, *Philosophie in der höheren Schule* (고등학교에서의 철학), Bonn, 1946, 3쪽 ; 이기상, 〈성년에의 교육을 지향. 독일 철학교육의 역사〉, 《철학연구》 25(1989), 227~269쪽 참조.

이제 우리의 상황으로 눈을 돌려 우리 민족 수난의 시기에 지식인들, 특히 철학인들과 종교인들은 무엇을 했는가를 고찰해 보자.

우리로 하여금 뼈아프게 민족적 주체성을 자각하게끔 만든 것은 무엇보다도 20세기 초 나라를 잃게 된 국난이었을 것이다. 일제의 식민지라는 어두운 시대를 지내오면서 무엇보다도 지식인들이 필생의 사명으로 생각했던 것도 당연히 이 민족적 주체성 확립의 문제였을 것이다. 과연 그들은 무엇을 했느냐고 함석헌 선생과 같이 물음을 던져볼 때가 되었다.

"그동안에 종교는 무엇을 했던가? 유교는 관혼상제의 의식이나 지켜주었고, 불교는 산천기도에 아들이나 낳게 해주었고, 기독교는 무엇을 했나?…… 미션 학교를 하고, 고아원·양로원·신학교를 하고, 기도해 병을 고치고, 성신(聖神)을 받아 예언을 한답시고 미치고, 일본 때는 일본에, 이승만 때는 이승만에 붙어, 벽돌로 집을 짓고, 종을 울리고 부흥회를 했지만 그 밖에 한 것이 무엇인가?…… 기독교는 이 큰길 가에 앉은 세기의 늙은 갈보의 얼굴을 좀 들여다보아 주었는가? 그리하여 그 비탄의 주름살을 한 오리나마 펴 준 것이 있는가?"[6] 함석헌 선생은 "이제 이 금수강산은 세계의 공동묘지가 되었다"고 탄식한다.[7]

4. 철학의 '한국화' 노력과 그 문제점

1) 철학은 주어진 상황 속에서 문제해결의 과정

철학의 '한국화' 문제를 다룰 때, 우리는 언어와 사유의 관계, 언어와

---

6) 함석헌, 《뜻으로 본 한국역사》(함석헌전집 제1권), 한길사, 1993, 279쪽 이하 참조.
7) 위의 책, 299쪽.

사상의 연관성을 주목해야 한다. 선조들은 주어진 상황 속에서 문제를 의식하여 그 문제를 나름대로 해결하려고 노력하였고, 그러한 맥락에서 고민하고 사색하여 얻은 결과를 글로 남겨 놓았을 것이다. 이렇듯 철학적 원전들은 그 자체로 분리되어 따로 놓여 있는 것이 아니라, 물음, 의심, 주장 또는 확인을 표현하고 있으며, 동시에 그 행위의 주체와 그 주체가 처해 있는 상황을 전제하고 있다. 인간이 깨닫는 문제의식이란 구체적인 상황과 주관적인 목표설정과 관련되어 있다. 철학적 문제도 항상, 일정한 목표설정에 맞추어 본, 어느 누구를 위한 문제이다. 문제 그 자체, 다시 말해 묻는 사람이 없는 물음이란 존재하지 않는다. 따라서 글로써 표현된 철학적 대상이란 관련된 주체들로부터 분리되어 다루어져서는 안 되고, 그 당시의 언어적 상황을 간과해서도 안 된다. 이때의 언어는 관련된 주체들 사이의 상호이해 가능성의 관점 아래에서 해석되어야 할 뿐만 아니라, 문제의 상호이해라는 목적을 위한 행위로서 이해될 수 있다. 언어는 곧 세계를 보는 인간의 시각이다. 철학적 문제들을 담고 있는 철학적 명제들의 언어적[해석학적] 상황을 간과하고서는 특정의 사상이나 철학을 올바로 이해했다고 자신할 수 없다. 올바른 한국철학의 정립을 위해서 주어진 상황의 우리말과 사상의 연관성이 학문적으로 깊이 있게 탐구되어야 할 것이다.

1970년대와 1980년대 운동권의 철학도들은 우리나라의 현실을 위기의 문제상황으로 인식하고 그 위기를 어떻게 주체적으로 대처해 나갈 것인가를 진심으로 걱정하고 나름대로의 해결방안을 찾아 헤매고 있었다고 볼 수 있다. 이제 우리는 문제의식, 상황인식, 현실인식이 없이 가치중립적인 객관성을 내세워 방관자적인 자세로 지적인 호기심이나 일깨워 주고 채워 주려는 그러한 안이한 철학교육의 태도를 지양해야 한다. 철학은 철학함으로 이해되어야 하고, 그럴 때 철학은 단순히 이론적 앎만을 의미하지 않고 실천적 능력도 함축한다. 철학은 "주어진 상황 속에서 문제해결을 위해 공동체적으로 행위하는 주체들이 전개시켜 나가는 비판적이고 논증적인 상호이해의 과정"이다.

철학은 '모두의 철학'이어야 하며 완성된 제품으로서가 아니라 구체적인 인간이 현실 속에서 부대끼며 모색해 나가는 문제해결의 과정으로 파악되어야 한다. 철학의 내용(대상 연관)이란 철학하는 사람(주체 연관)과 그가 처해 있는 상황(실천 연관)과 뗄 수 없는 밀접한 관계 속에 놓여 있다. 다시 말해 철학 자체가 '철학하는 사람의 상황'과 밀접하게 연결되어 있다. 인간은 자기가 처해 있는 상황 속에서, 그 상황에서부터 철학을 시작하며 계속 철학을 해 나가는 것이다. 철학은 철학함을 배우려는 사람의 삶과 뗄 수 없는 관계에 있다. 그런데도 흔히 이 점이 잊혀지고 있다. 예컨대 위대한 철학자의 '사상'에 현혹되어, 그 사상이 우리의 현실과 우리의 삶에 가지고 있어야 할 관련은 아예 묻지도 않을 뿐더러 '영원한 지혜'라는 이유만으로도 충분히 배워야 할 근거가 된다고 믿는다. 그 결과 모든 인류의 영원한 지혜들을 무비판적으로 수용하는 데에만 전념하게 된다. 그러나 철학함을 배우는 사람 자신의 현실과 삶, 그리고 상황에 대한 반성이 결여된 그러한 식의 단순한 정보의 수용과 축적은 필연적으로 소화불량, 배탈, 설사를 일으키고 만다. 주체 연관과 실천 연관이 제외된 내용으로서의 '철학'이 아닌 이 세 연관들의 단일성 안에서의 철학이 우리가 배워야 할 철학함이다.[8]

언젠가 고등학교에 다니는 아들이 이렇게 물었다. "지금의 윤리 도덕 부재의 혼란한 사회현상에 대한 책임은 철학자들에게 있다고 선생님께서 말씀하셨는데 맞는 이야기인가요?" 정말 몹시 부끄러웠다. 그렇다. 한국의 철학자들은 그 책임을 지고 뼈를 깎는 자기 반성의 참회를 해야 한다.

우리는 지금 민족 전체가, 국민 전체가 민족 동일성 내지는 자아 동

---

8) 이러한 철학함의 관점에서 필자는 20세기 전반기 한국의 서양철학의 수용을 정리해 보았다. 이기상, 〈철학개론서와 교과과정을 통해 본 서양철학의 수용(1900~1960)〉, 《철학사상》 5(1995), 서울대 철학사상연구소, 51~106쪽 참조.

일성을 찾지 못하고 방황하고 있는 것을 사회의 구석구석에서 확인하고 있다. 우리들 자신을 확고하게 붙잡아 주고 인도해 줄 기본 가치관도, 근본윤리도 없음을 누구나 의식하고 있다. 그런데 철학하는 사람들은 이에 아랑곳하지 않고 '서양철학'이니 '동양철학'이니 '한국철학'이니 하며 편가름이나 하는 해묵은 노선싸움에서 벗어나지 못하고 있다.

2) 철학과 문화적 맥락

민족문화의 특수성과 학문과 철학의 보편성이라는 커다란 문제의 맥락에서 제기되고 있는 〈한국철학이란 가능한가?〉에서 김재권은 이렇게 말하고 있다. "우리의 철학은 우리가 살고 있는 문화적 맥락에 의하여 필연적으로 제한되고 영향을 받는다. 그러나 이는 우리가 극복하여야 할 벽이지, 그 속에서 평안히 안주해야 하는 성곽이 아니다."[9]

우리는 철학의 보편성이라는 큰 울타리 속에서 창조적으로 탈바꿈해 온 철학의 범례적 전환의 역사를 특징적으로 규정하면서 한국에서의 새로운 철학적 창조의 길을 모색할 수 있다. 철학이 보편성을 상실할 때, 철학은 신학의 시녀로, 과학의 머슴으로 전락할 수밖에 없음을 우리는 보아왔다. 서양철학사에서 우리가 배워야 할 긍정적인 면을 이렇게 정리할 수 있다. 즉 전통이 가지는 권위에 과감하게 도전하여 현재의 문제의식의 지평에서 전통을 재해석할 때 철학의 창조적인 역량이 십분 발휘될 수 있다. "전통에 대한 새로운 해석을 통해 끊임없이 철학적으로 새롭게 창조해 나가자!"는 표어가 서양철학사의 전편에 흐르고 있는 셈이다.

이러한 문제의식에서 민족문화의 특수성과 철학의 보편성 사이의 틈

---

9) 김재권, 〈한국철학이란 가능한가?〉, 심재룡 펴냄, 《한국에서 철학하는 자세들》, 집문당 1986, 96쪽.

새에서 한국철학이 나아갈 길을 모색하고 있는 박동환의 비판적 반성의 소리를 한번 깊이 새겨보는 것이 철학의 '한국화'에 대한 논의에 많은 도움이 될 것이다.[10]

지금 사회와 학계는 일심이 되어 우리 모두를 구속력 있게 묶어 줄 '민족적 자아'를 찾느라고 고심하고 있다.[11] 이러한 '자아탐구'는 개인적인 차원에서건 민족적인 차원에서건 생존이 걸린 중요한 문제이다. 이러한 민족적 자아를 탐색함에서 전통 내지는 과거가 가지는 비중이 대단히 큼을 부정할 수 없다. 그래서 민족 고유의 성격 또는 본질이 때로는 수백 년 전의 불교와 유학사에서, 때로는 수천 년을 거슬러 올라가는 단군신화와 토속신앙 같은 것들에서 발견되기도 한다. 그러나 "우리는 왜 특별히 과거를 통해서 자기 존재의 고유성을 확인하고 보존하려고 하는지" 한번 반성해 보아야 한다. 자기 존재의 입지를 현재에서 찾을 수 없는 노인은 과거의 영광을 회상하며 자랑스런 과거로 도피해 그 속에서 안주하려 하듯이 우리도 과거의 다락방을 뒤지고 있는 것은 아닌지.

박동환은 과거에서 이렇게 자기 존재를 확인하려는 태도가 단순히 현실에서의 패배와 열등감에서 기인하고 있는 것이 아니라 더 깊은 곳에 뿌리를 두고 있다고 지적한다. 그는 우리 민족이 중국문화권의 복원주의(復元主義)의 영향 아래에서 수백, 수천 년을 살아온 사실을 고려해야 한다고 주장한다. 그리고 이러한 복원주의는 한 마디로 자연으로의 귀의사상에 귀착된다고 그는 본다. 자연으로의 귀의사상은 개척 정복해 나아가는 서양문명의 정신과 비교해볼 때 보수 회귀의 문화를 유도하기에 충분하다. "기존의 진리에 도전하며 신세계를 개척하는 거인들이 쉼 없이 태어나고 사라져가는 서양사상에서와는 대조적으로 영세

---

10) 박동환, 《동양의 논리는 어디에 있는가》, 고려원, 1993 참조.

11) 엄정식, 〈민족문화와 민족적 자아〉, 한국철학회편, 《문화철학》, 철학과현실사, 1995, 149~170쪽 참조.

불후의 성현이 존재하는 동양사상사의 특징은 회귀적이고 과거 지향적인 것이라고 볼 수 있다."[12] 과거의 현재 결정성을 거부하고 투철한 미래지향적인 역사의식 속에서 현실을 개조하려고 노력한 서양철학자들로 마르크스, 사르트르, 듀이 등을 들 수 있다.

이러한 문제의식으로 박동환은 "한국인이 자기 존재의 입지를 확인하고 반영할 수 있는 사상의 길은 무엇인가?"라고 묻는다.[13] 여기서 그는 서구문명이 이끄는 세계사의 주류에서 밀려나 소외된 자, 곧 주변적 존재가 지닐 수 있는 건강한 시야는 두 가지 방향의 사회 및 역사이해를 배제해야 한다고 강조한다.[14]

첫째, 한국인의 문화와 사상 또는 '한국적인 것'이 세계적 시야에서 볼 때 비교될 수 없는 특수성과 고유성을 지닌다고 주장하는 폐쇄적 태도를 지양해야 한다. 왜냐하면 한 민족 고유의 순수한 문화와 순수한 사상이란 없기 때문이다. 한국적인 것, 한국적 시야의 특수성은 세계사적인 관점으로 연결되고 통합되어야 한다는 것이다.

둘째, 그렇지만 민족문화와 사상의 특수성을 전적으로 부정할 수는 없다. 특수문화와 사상들에 대한 상호 계량적 비교 내지 보편적 개념 적용의 가능성을 조심스럽게 검토해야 한다. 다시 말해 보편주의의 방법론도, 고립된 것으로서의 고유성, 특수성의 주장도 그대로 받아들이기는 어렵다는 것이다.

3) 동양문화와 서양문화의 독특함

그러한 상호 계량적 비교의 시각 아래 박교수는 동양문화와 서양문화의 독특함을 이렇게 지적하고 있다.[15] 우리 민족을 천 년 이상 지배해

---

12) 박동환, 앞의 책, 165쪽.

13) 위의 책, 166쪽.

14) 위의 책, 166쪽 이하 참조.

온 한문문화가 고전의 전수에 의해서 이루어진 데 반하여, 서양의 과학 문명은 고전에 대한 비판 또는 도전을 중심으로 이루어졌다. 서구문화의 정치, 종교, 철학, 예술, 과학 가운데서도 과학은 비판과 개조의 정신을 서양 근세사에 깊이 심어 주었다. 한문문화가 고전의 전수 또는 암송을 위주로 이루어졌기 때문에 우리의 문화사도 그러한 답습의 전통 안에서 전개되어 온 것은 아닌가 생각해 봐야 한다. 우리에게는 불교와 유학, 그리고 오늘의 서양학문까지도 원형대로 유지하고 전수하려는 경향이 있다. 동양학은 물론이고 서양학의 연구에서도 우리 학계는 원전을 거의 절대시한다. 원전도 제대로 이해하지 못하는데 무슨 비판과 새로운 발견이 있을 수 있느냐 하는 태도가 지배적이다. 그러나 서양에서는 시대에 따라 차이는 있으나 누구든지 원전에서 벗어난 해석과 비판을 하면서까지, 자기의 사상을 구축하려는 자유정신을 발휘한다는 것이다. 서양문화와 학문의 정신은 고전으로 돌아가는 데 있지 않고, 고전과 대결하는 독창성의 실현에 있다. 이렇게 서양의 역사지향은 독창성(originality)에 있고, 동양의 역사정신은 정통성(authenticity)에 있다고 할 수 있다.

본디 다원적 사회, 문화, 사상의 갈등 속에서 변형하고 성장해온 서양철학과 과학은 언제나 폐쇄적 완결성보다는 대결적 운동의 논리를 전제로 하고 있다. 한문문화권에는 후세의 모든 학문과 사상의 원형이 된 사서삼경, 그리고 공자와 같은 성현이 존재한다. 또한 후세의 어느 누구도 이를 초월하거나 개혁할 천재로 자처하지 않는다. 그 폐쇄적 완결성은 새로운 것과 이질적인 것에 대한 근본적 거부반응을 보이는 경향을 지닌다.

이 폐쇄적 완결성 때문에 한문문화권에서는 새로운 것, 이질적인 것을 배제하고 과거로 거슬러 올라감으로써 자신의 진정한 모습 또는 원

---

15) 위의 책, 210쪽 이하 참조.

형을 찾으려는 경향이 있다는 것이다. 그러나 우리도 한번 물음을 제기해 봐야 한다. "어째서 과거 전통이 자신의 진정한 모습을 이루는 본질인가? 오늘의 자아 또는 민족자아의 주체성을 결정하는 것은 무엇이며, 그것은 과거에서 찾을 수 있는 것인가?"[16]

4) 새로운 정신문화 발견의 필요성

오늘에 요청되는 새로운 정신문화의 발견을 위해서는 우리가 처한 현재의 장을 원점으로 삼아 외래사상과 학문을 비판적으로 수용하고 지양하는 자세가 요구된다. 말하자면 새로운 것 또는 이질적인 것들에 대한 수용 및 지양을 방법으로 하는 새시대의 정신문화 형성을 위해서는 동양사가 지녀온 폐쇄적 완결성의 논리가 아니라 서양사가 지닌 대화적 지양의 논리가 요청된다는 것이다.

박동환 교수는 민족자아발견의 운동으로서 국학연구가 대부분 상식적 역사이해에 기초를 두고 있으며, 이 역사이해가 두 가지 오류를 저지르고 있다고 본다.[17]

첫째, 많은 한국학 연구가들은 복원적 역사관을 전제로 하고 있다. 우리는 자주 순수한 단일민족과 단일문화의 전통을 자랑한다. 그러나 그렇게 순수한 단일문화의 실체를 과연 어디서 발견할 수 있는가? 때때로 단군신화에서 때로는 고구려, 백제, 신라의 고유한 문화에서, 또는 한국 불교, 유교의 역사에서 찾으려고 하기도 한다.

그러나 한 민족의 문화와 자아는 여러 지류들이 섞여서 이루어지는 복합체이다. 그러므로 한 민족의 자아와 주체성은 배타적 단독성에서가 아니라 복합적으로 수용된 것들을 개성화하는 방식에서 형성된다.

---

16) 위의 책, 212쪽.
17) 위의 책, 214쪽 이하 참조.

우리는 한 개인의 자아형성에서도 같은 원리를 발견한다. 한 인간의 개체성은 외부로부터 주어진 요소들을 어떻게 결합했느냐에 달려 있다.

둘째, 우리나라의 국학 개념 가운데는 현대의 문제를 해결하여 지양하려는 미래에 대한 비전이 없다. 아마 그 원인도 많은 국학연구가들의 잘못된 역사이해에 있는 것 같다. 그들은 역사라는 것을 현재와 미래에 연결되어 살아 움직이는 것으로 보지 않고 이미 과거에 끝나버린 사건들로 구성되는 것이라고 보는 것 같다. 따라서 오늘의 한국인의 정체 또는 민족의 자아를 발견하기 위하여 '과거'만 자꾸 들추게 되는 것이다.

그러나 우리가 살아 있는 미래가 있는 민족일진대, 어떻게 우리 자아의 정체를 단군신화에서, 신라의 화백정신에서, 조선의 건국이념에서 찾는 것으로 끝낼 수 있겠는가? 오늘 한국인의 성격, 행동, 자아를 규정하고 움직이는 것은 단순히 과거의 그런 것들이 아니다. 인간은 역사적 존재이다. 이 말은 단순히 과거가 중요하다는 말이 아니다. 과거를 부정하고 미래를 향하여 역사를 만들 수 있는 존재임을 지칭하는 말이다. 인간을 지배하고 결정하는 것은 과거가 아니라 현재이며 미래이다. 우리는 미래에의 계획과 비전에 따라서 현재를 경영한다. 그러므로 오늘의 민족자아를 정립하려는 국학연구는 우리 앞에 놓여 있는 현재 상황을 염두에 둔 미래에의 비전을 향해서 이루어져야 한다.

우리의 역사는 지금 전통과 현대문명의 조류 속에 민족이 분열된 가운데서 진행해 가고 있다. 이러한 역사적 상황에 대한 인식이 극히 피상적이어서 우리의 정체와 자아가 때로는 전통에의 복귀, 때로는 혼합과 절충, 때로는 임기응변으로 표류하고 있다. 이렇게 표류한다면 민족의 정체와 자아는 어디에도 뿌리를 내릴 수 없을 것이다.

오늘 우리의 정신적 상황은 커다란 전환의 결단을 요청하고 있다. 그것은 분명 고려시대의 불교이념으로도 조선시대의 유교이념으로도 해결될 수 없는 것이다. 우리는 여기서 오히려 바로 불교이념에서 유교이

넘으로 전환했던 대안적 결단에 주목해야 한다. 지금의 우리에게도 바로 그러한 대안이 필요하다. 우리는 재래의 한국사 전개의 방법으로서는 적응할 수 없는 새로운 생존의 논리가 강요되는 상황에 놓여 있다.[18]

우리는 무엇보다도 먼저 우리의 지금 시대상황에 대한 총체적 점검을 통해 우리가 처해 있는 상황을 정확히 인식하려고 해야 한다. 그러한 인식 위에서 전통을 재해석하며 더 나은 내일을 열 우리 민족의 미래를 위한 비전을 세워야 한다.

5. 신학에서 '토착화' 노력과 그 한계

우리는 여기서 길희성의 논지를 정리하면서 그가 지적하고 있는 한국에서의 신학의 토착화가 안고 있는 문제점에 귀를 기울여 보기로 한다.[19]

길희성은 현대의 발달된 역사의식이 우리의 신학을 보는 눈을 완전히 바꾸어 놓았다고 본다. 이제 신학은 더이상 어떤 보편적이고 초역사적인 진리를 인식하고 논증하는 학문으로서 이해되기보다는 유한한 인간의 불가피한 역사성에 종속된 사고행위로 여겨지게 되었다는 것이다. 신학을 하는 주체인 신학자의 역사성 못지않게 신학 자체의 역사성 또한 분명히 의식해야 함을 깨달았다. 현대 신학은 이러한 유한성과 역사성을 더이상 어떤 극복되어야 할 취약점으로 간주하지 않고 오히려

---

18) 위의 책, 223쪽 이하. 윤재근도 새로운 문화종합의 필요성을 역설하고 있다. 윤재근, 《문화전쟁. 한국문화 현실, 이대로는 미래가 없다》, 둥지, 1996 참조.

19) 길희성, 〈한국 개신교 토착신학의 전개와 문제점〉, 《포스트모던 사회와 열린 종교》, 민음사, 1994, 277~290쪽. 그 밖에도 박재순, 〈기독교의 문화적 이질성과 한국적 숙성〉, 《전환기에 선 인류문화와 한국문화의 향방》(1996년도 한국철학회 춘계학술대회 발표논문) ; 황종렬, 〈한국 토착화 신학의 유형과 갈래〉, 같은 책 참조.

새로운 출발점으로 삼는다. 그리하여 인간의 다양한 역사적 경험에 더 충실한 창의적인 신학적 사고의 출현을 보게 되었다. 우리는 해방신학 뿐 아니라 신학 자체의 해방을 맞이하고 있다고 말할 수 있게 되었다.

길희성에 따르면 우리의 신학적 사고의 역사성은 크게 나누어 두 가지 면에서 드러나고 있다.[20] 하나는 문화적 전통성이요 또 하나는 이념성이다. 신학은 문화적으로 제약을 받을 뿐만 아니라 이념적인 (ideological) 제약도 받는다. 그리고 이미 언급한 바와 같이 이러한 제약들은 아니라고 부정하고 거부해야 할 제약이라기보다는 오히려 신학이 진정으로 그 역사적 사명을 책임 있게 수행하기 위하여 불가피하게 대면해야 하는 한계들로서 고백되고 받아들여져야 한다. 하느님은 영원하고 그리스도교에서 전하는 진리도 영원할지 모르나 그 진리를 이해하고 표현하는 신학은 어디까지나 인간의 행위로서 문화적 전통에 따라 그리고 사회적 이념에 따라 달라질 수밖에 없다는 점을 인정해야 한다.

신학의 다원성은 하느님의 말씀이라고 믿어지는 성서 안에서도 이미 발견되고 있는 현상이다. 성서 기자들은 예수 사건과 복음의 의미를 그들이 처한 역사적 상황과 문제의식에 따라 상이한 개념들과 관념들을 통하여 해석하고 있는 것이다. 여기서 우리가 주목해야 할 바는 다양한 신학들은 단지 복음의 표현들만 달리하고 있는 것이 아니라 복음의 이해부터가 다른 시각에서 이루어지고 있다는 사실이다. 신학자들은 동일하게 이해된 복음을 단지 선교의 방편이나 호교론적인 동기에서 상황에 따라 다른 언어로써 증언하는 것이 아니라, 복음의 의미부터 그들이 처한 역사적 문화적 상황에 따라 상이하게 이해하고 있는 것이다. 아시아와 아프리카, 그리고 라틴아메리카의 신학자들은 이와 같은 신학의 역사성에 대한 확고한 의식에 입각하여 종래의 서구 신학에 대한 종속적 태도를 과감히 떨쳐버리고 대담한 신학적 모험을 감행하기에

---

20) 길희성, 위의 책, 278쪽 이하 참조.

이른 것이다.

아시아의 신학자들은 하느님의 말씀을 그들 자신의 언어로 듣고 이해해야 한다고 길희성은 주장한다. 복음의 이해부터 아시아인으로서 해야 한다는 것이다. 복음이 아시아인에 의해서 이해될 때 그들의 문화 전통을 완전히 떠나서 어떤 정신적 진공상태에서 이해될 수는 없다. 성서에서조차도 복음은 결코 문화적 이해와 해석을 떠나서는 주어지지 않는다. 문화적 이해와 해석을 떠난 이른바 '순수 복음'이란 것은 어디에도 존재하지 않는 것이며, 있다 해도 누구의 것도 아닐 것이다. 순수 복음이란 것이 어딘가 있어서 먼저 그것을 순수하게 이해한 다음 그것을 다시 아시아의 언어로써 표현해야 한다는 생각은 극히 피상적인 관점일 수밖에 없다. 이러한 의미에서 한국 토착신학의 정립을 강조하면서 사용되는 일련의 유비들은 재고되어야 한다.

복음 이해의 문화적 제약 못지않게 중요한 것이 또한 사회이념적 제약이다. 전통적으로 신학은 이념적 편견을 지니지 않는 순수 객관적인 사고체계로서 이해되어 왔다. 그러나 오늘날 우리는 어떠한 관념체계도 이념성을 벗어나기 어렵다는 것을 알게 됐고, 신학 또한 일정한 사회적 제약 속에 살고 있는 인간의 사유활동이기에 의식적이든 무의식적이든 한 사회가 표방하고 있는 이념적 성향을 지닐 수밖에 없다는 사실을 의식하게 되었다. 어떠한 신학도 이념을 초월한 순수성을 주장할 수 없으며, 하나의 이데올로기나 또 다른 이데올로기와 영합할 수밖에 없는 것이다.

한국 신학의 이야기는 기본적으로 한국 신학자들이 이상과 같은 두 가지 신학의 역사성을 얼마만큼 분명히 의식했으며 얼마만큼 심각하게 받아들여 그들의 신학적 사고의 발판으로 삼았는가의 이야기일 것이다. 길희성은 '한국 신학'이라는 말로써 '한국의 토착적 신학', 즉 한국의 신학 일반이 아니라 한국인 특유의 신학을 지칭하고자 한다. 다시 말하면, 한국의 신학자들이 어떻게 자신들이 처한 문화적 사회적 상황 속에

서 그리스도교의 진리를 이해하고 서술했는가가 한국 신학의 이야기라
는 것이다.[21]

이제 구체적으로 1960년대의 두 감리교 신학자(유동식과 윤성범)에
의한 신학의 토착화운동을 살펴보기로 하자.[22]

유동식은 토착화를 복음의 씨가 어떻게 한국의 문화적 토양에 떨어져
풍부한 열매를 맺을 수 있을지에 대한 반성이라고 설명한다.[23] 그는 《한
국 종교와 기독교》에서 종교로서의 그리스도교와 복음을 구별하면서
복음의 빛에 비추어 한국의 전통 종교의 의미를 이해하고 평가하려고
시도한다. 이러한 관점으로부터 그는 불교와 천도교와 같은 전통 종교
에도 복음이 내재하고 있음을 대담하게 인정했으며, 그것들을 '복음의
빛을 방사하는 위성들'이라고 부른다. 그러나 구원은 오직 그리스도의
복음으로만 오며, 그리스도의 태양이 세상을 비추게 되면 위성들이 빛
을 발하던 밤은 지나가는 것이라고 말한다.[24] 유동식은 한국의 종교 전
통으로부터 복음의 새로운 이해를 추구하는 대신 오히려 이미 주어진
복음의 이해로부터 한국 종교를 이해하고 평가하려 했다. 그러나 그가
이러한 선교학적 관심에 머물러 있는 한 본격적인 한국 신학의 출현은
기대하기 어려웠던 것이다.

윤성범도 역시 씨앗과 토양의 유비를 사용하여 토착화의 개념을 설
명하고 있다. 윤성범은 한국의 신학자들에게 신학을 하는 데에서 한국
의 '문화적 아프리오리'를 중시할 것을 촉구한다. 그렇지만 한국 신학의
수립이라는 관점에서 볼 때 그의 신학도 몇 가지 문제점을 지니고 있
다. 그는 그리스도교 복음을 유교적으로 — 또는 단군신화적으로 — 이
해하기보다는 유교사상을 그리스도교적으로 이해하고자 한다. 그리스

21) 위의 책, 280쪽 참조.
22) 위의 책, 281~286쪽 참조.
23) 유동식, 《한국 신학의 광맥》, 1982, 238쪽 참조.
24) 유동식, 《한국종교와 기독교》, 176~184 ; 위의 책, 238~241쪽 참조.

도교 신앙에 대한 이해는 이미 주어졌고 — 주로 카를 바르트의 삼위일
체론적 이해 — 이러한 이해를 한국의 전통 종교의 일부분 속으로 읽어
들어가려고 하는 것이다. 그럼으로써 전통 종교에 대한 그의 해석을 매
우 의심스럽게 만들 뿐만 아니라 그의 신학에서 진정한 창의성, 곧 그
리스도교 신앙의 새로운 이해를 앗아가 버리고 마는 것이다.

안병무는 〈기독교화와 서구화〉라는 글에서 한국 신학이란 단지 서
구신학을 아시아적 개념이나 사유의 틀로 번역하는 일일 수 없음을 지
적하면서, 신학의 비서구화를 위해서 성서로 돌아가 서구의 교리적 전
통으로부터 성서를 해방시키는 일이 선행되어야 함을 강조한다.[25] 그에
따르면 한국 신학은 한국의 크리스천들이 자신들의 역사적 상황으로부
터 일어나는 진정한 삶의 문제들을 성서를 향해 제기할 때 자연적으로
형성될 것이라 한다.[26]

김광식은 《선교와 토착화》(1975)라는 저서에서 신학의 토착화는 한
국의 역사적 문화적 상황에서 복음의 의미를 묻는 일로부터 시작해야
된다고 지적하고 있다. 한국 신학이란 이러한 물음에 대한 대답일 뿐이
라는 것이다.[27]

한국 신학이 본격적으로 전개되려면 무엇보다도 종래의 토착화 신학
을 지배했던 선교학적인 관점이 극복되어야 한다고 길희성은 본다. 세
계 어느 민족 못지않게 풍부한 문화적 전통을 지니고 살아온 한국사람
들은 단순히 그리스도교로 개종될 대상들이 아니며 한국 문화 또한 복
음을 더 효과적으로 전하기 위하여 이용될 옷과 같은 정도만은 아니다.
이제 한국인은 다만 복음화의 대상으로서만이 아니라 복음을 이해하고
신학하는 주체로서 파악되어야 하는 것이다. 물론 한국인의 문화적 정
체성은 복음에 접할 때 도전을 받게 될 것이고, 그로 말미암아 변혁되

---

25) 안병무, 《기독교 사상》(1971. 12) 참조.
26) 길희성, 앞의 책, 287쪽 참조.
27) 위의 책, 187쪽 이하 참조.

거나 심화되거나 더욱 풍요로워질 수 있을 것이다. 그러나 이에 못지않게 복음의 내용과 의미 또한 마땅히 한국의 문화적 전통에 의하여 도전받고 새롭게 이해될 것이다. 우리는 이러한 문제를 고찰할 때 서구 신학자들의 손에 의하여 형성된 어떤 문화신학이나 종교신학을 무비판적으로 수용해서도 안 될 것이다. 문화와 복음, 종교와 그리스도교 신앙의 관계를 논할 때, 바로 그 복음과 신앙의 의미 자체가 문제되고 있기 때문이다.[28]

흔히 복음과 문화의 관계는 본문(text)과 맥락(context)의 관계로 파악된다. 길희성에 따르면 이것이 뜻하는 바는, 본문의 의미는 맥락을 떠나서 따로 존재하는 것이 아니며, 맥락 또한 본문과의 만남을 통해서 변화되거나 새로이 인식되기도 한다는 말이다. 본문과 맥락은 상호 주체가 되기도 하고 객체가 되기도 한다. 문제는 이러한 만남이 구체적으로 어떻게 이루어지고 있으며 또 이루어져야 할 것인가이다.

우선, 우리는 어디서 복음을 만날 것인가 하는 문제를 제기한다. 우리가 지금까지 접해온 복음이란 성서의 증언까지 포함하여 이미 신학적으로 해석된 복음이다. 과연 우리는 성서적 복음 이해의 배후까지도 물어 들어갈 수 있을까? 성서적 증언과 서구 신학의 역사는 우리에게 얼마만큼의 권위를 지니고 있는가 하는 근본적인 물음들이 고찰되어야 할 것이다.

그 다음은, 우리가 처한 맥락에 대한 인식의 문제이다. 문화는 변천한다. 현대 한국인이 처한 문화적 상황이 과거 조선조시대의 유교문화나 고려시대의 불교문화가 아님은 물론이다. 과연 불교나 유교가 현대 한국 그리스도인과 한국인 일반의 문화적 정체성에서 차지하고 있는 비중은 얼마만큼이며, 과연 한국의 전통적 종교와 철학이 아직도 한국 신학의 형성을 위하여 지배적 맥락이 될 수 있을까? 아니면, 해방적 관

---

28) 위의 책, 288쪽 이하 참조.

심 또는 다른 어떤 관심이 좀더 지배적이고 시급한 맥락을 이루는 것일까?[29]

6. 진리의 사건과 '한국화'의 필연성

1) 존재진리의 사건과 그 대응

유한한 인간은 진리 그 자체를 볼 수 없다. 인간은 언제나 그가 처하고 속해 있는 역사적 문화적 삶의 맥락에서 진리의 사건을 대면한다. 다시 말해 진리는 구체적 삶의 맥락에서 사건으로서 주어지는 것이지 처음부터 확정된 이론체계로서 제시되는 것이 아니다. 존재진리의 사건은 우주의 시작과 더불어 시작됐을 것이다. 그러나 비로소 인간의 출현과 더불어 이 존재진리의 사건이 사건으로서 시야에 들어오기 시작했을 것이다.

태초에 존재생기의 사건이 있었다. 존재생기의 사건은 지금도 일어나고 있다. 언어의 능력이 있는 인간이 등장하면서부터 이 존재생기의 사건을 말로써 명명하려는 시도가 끊임없이 이어진다. 존재하는 모든 것에 자기에게 친숙한 의미를 부여해야만 놀라움으로 가득 찬 낯선 세계를 안심하며 살 수 있는 포근한 고향으로 만들 수 있는 인간은, 끊임없이 존재를 다양한 경험을 바탕으로 다양한 방식으로 해석하려고 노력한다. 그 처음의 시도가 신화와 전설이었지만 차츰차츰 명석함을 더해 가는 이성적인 인간에게 신화와 전설은 갈수록 너무나 엉성하고 유치해 보였다. 로고스가 신화의 자리를 밀치고 세계 해석의 독점적인 위치를 확보해 나가기 시작했다. 이성적인 생물인 인간은 갈수록 점점 더

---

29) 위의 책, 289쪽 이하 참조.

존재에 이르는 길로서 로고스 외에 다른 통로를 인정하지 않게 되었다. 그나마 이 로고스가 애초에 갖고 있었던 존재와의 관계가 축소되고 일방적이 되어, 이성이 되고 판단이 되고 개념이 되고 논리가 되고 학(學)이 되고 합리성이 되어 버린다. 언어 내지는 개념의 틀 안으로 들어올 수 있는 것만을 인정하고, 존재마저도 인간의 눈앞에 지속적으로 현전하는 것으로만 보려는 로고스 내지는 이성 중심의 사유방식에 대한 반기가 현대에 들어서서 '포스트모더니즘'이라는 해체적 경향에서 두드러지고 있다.

우리는 이러한 이성 내지는 논리 중심의 사유방식과 생활방식과는 완전히 다른 전통이 이 지구상에 있었음을 잊지 말아야 한다. 이렇게 온전히 다른 새로운 존재경험의 방식에서는 그 중점이 도대체가 이성, 언어, 논리, 개념, 판단 등이 아니고 바로 존재생기의 사건 그 자체였음을 주목해야 한다. 바로 여기에서 말(이름)에 앞서 존재생기의 사건 자체를 강조해온 동양의 도(道) 내지는 선(禪)에 대한 현대 지성인들의 관심의 근거를 찾을 수 있는 철학과 신학도 하나의 학(學)으로서 이러한 존재진리의 사건에 대한 고도의 이론적 반성의 결과물인 것이다. 그것들은 결국 그러한 체계로 구성해 놓은 그 학자들이 속한 삶의 맥락에서 존재진리의 사건에 대한 그들의 고유한 대응인 셈이다. 그런데 우리는 세계를 지배하고 있는 서구의 기술과학문명의 위력에 압도되어 그들의 철학과 신학을 마치 절대적인 진리인 양 그 이론 그대로 받아들여 우리의 생활세계에 적용하여 우리의 삶을 바꾸어 보려고 시도하였으며, 그러한 노력이 지난 한 세기의 근대화 과정이라고 할 수 있을 것이다.

그러나 이제 철학과 신학 자체가 이미 진리 사건에 대한 나름대로의 해석임이 분명해진 지금, 우리는 더이상 '그것에 대한 한국적인 해석'을 놓고 왈가왈부할 것이 아니라, 우리의 생활세계에서 일어났고 지금도 일어나고 있는 진리 사건 그 자체에 주목하고, 거기에 우리의 선조들이 어떻게 대응해 왔고 우리들이 어떻게 대응해야 할지를 강구해야 할 것이다.

2) 세계화 추세 속에서 문화 종합의 필요성[30]

과학기술문명의 혜택으로 우리는 이제 하나의 세계, 하나의 지구에서 살고 있으며, 그로 인해 이제 인류는 지구촌의 한 가족이 된 듯 싶다. 그러나 자세히 들여다볼 때 그것은 통신기술과 정보산업의 눈부신 발달에 의한 외적인 공간의 제거일 뿐이다. 외적인 공간의 제거가 그로 인하여 가까워진 두 주체 또는 민족(국가) 사이의 유대와 연대를 필연적으로 돈독히 해주는 것은 아니다. 지배에의 의지가 세계화라는 가면 뒤에 은닉되었을 뿐 지배의 전략은 더욱 교묘해졌고, 그 전술이 미치지 않는 곳이란 없을 정도이다. 국가 사이의 국경이 형식적인 것이 되어 버려 실제로 제한이 없는 넘나듦이 가능해졌고, 민족 사이의 문화의 차이도 끊임없는 왕래와 교류에 의해 희석되어 버리고 있고, 정치적 이념의 간격도 더 나은 삶의 질이라는 공동선의 추구 아래 무너져 내리고 있고, 종교와 도덕도 인간성과 보편적 타당성이라는 잣대 아래에서 통합되어 가고 있는 실정이다. 모든 분야에서 경계 파괴와 벽 허물기가 진행되어 가고 있는 지금 시점에서 가장 중요한 것은 주체적인 중심잡기이다.

온갖 종류의 문화와 문명의 흐름들이 세계화의 소용돌이 속에 보편성, 유용성, 편이성, 합리성, 특이성 등을 앞세워 물밀듯이 밀어닥치고 있는 현재 우리나라의 상황에서 정신적인 중심축이 없다면 우리는 국제사회의 방랑자나 이민으로 전락해 버릴 수도 있다. 토인비도 지적했듯이 문명의 구심점을 찾아야 하는데, 그 구심점 역할을 해줄 수 있는

---

30) 김여수, 〈서양문화 종합의 미래〉, 한국철학회 편, 《문화철학》, 철학과현실사, 1995, 67~89쪽 ; 엄정식, 〈문화종합의 교차로에 선 한국문화〉, 《전환기에 선 인류문화와 한국문화의 향방》(1996년도 한국철학회 춘계학술대회 발표논문) 참조.

것은 결국 종교와 철학이다. 성공한 사례를 우리는 앞에서 제2차세계대전 이후의 독일 사회에서 보았다. 독일의 지성인은 '그리스도교적 인문주의'로써 독일 최대의 위기를 슬기롭게 극복하고 지금 다시 세계의 대국으로 성장했다.

우리는 세계화의 소용돌이 가운데에서 21세기를 이끌어 나갈 새로운 문화를 만들어야 하는 과제를 부여받고 있다. 이때 새로운 문화의 창조란 결국 우리의 전통문화를 현대의 문제상황 속에서, 다른 세계적인 문화를 주체적 적극적으로 수용하는 가운데, 새롭게 재해석해 우리의 생활세계를 이끌어 나갈 문화로 종합해 내는 일이 될 것이다. 이러한 과제를 성공적으로 수행하기 위해서는 우리의 사상과 종교에 대한 주체적인 정리작업이 무엇보다도 시급하다고 할 수 있다. 더 나아가 우리의 미래상에 대한 이념 정립과 우리가 추구해야 할 가치관의 정립이 필요하다.

3) 역사적 결단에서 중요한 사항

건전한 인격형성에 주체적인 과거 인식, 정확한 현실 의식, 그리고 뚜렷한 목표 설정 등 시간적인 세 차원의 균형 있는 통합이 필수적이듯이, 한 민족의 정체성 확립에도 시간적인 세 차원의 동일 근원적인 통합적 고찰이 중요하다. 과거의 영화에만 매달려 흘러간 옛 노래만 부른다면 발전의 가능성이란 없고, 주어진 여건에 대한 정확한 현실 인식 없이 세우는 화려한 미래의 꿈은 꿈으로서 끝나 버릴 확률이 많다. 현실이 갖는 삶의 활력과 보람을 끝없이 미래로만 투사할 경우 정신분열을 가중시킬 것이고, 과거도 미래도 없이 그저 되는 대로 살아가는, 즉 흥적이고 과도기적인 삶의 운영은 미래에 대한 비전도 윤리도덕도 허용치 않을 것이다.

우리의 현실을 바꿀 수 있는 힘은 우리의 가능성을 정확하게 예측하여 그에 맞추어 철저하게 계획을 세우고 기획한 바를 실현하고 말겠다는 투철한 의지와 확신에서 나온다. 우리의 가능성을 올바로 가늠하기 위해서는 무엇보다도 우리가 전수받은 문화적 유산과 제반 능력에 대한 폭넓은 지식과 우리가 놓여 있는 상황과 여건에 대한 정확한 인식이 필수적일 것이다.

우리가 미래 문화의 구심점으로 삼을 철학과 종교를 발견하여 재정립하려는 노력에서도 위와 같은 점들은 똑같이 고려되어야 할 것이다. 먼저 우리의 문화적 유산을 고려하고 세계화라는 시대적인 추세를 감안하여 우리가 21세기에 추구해 나가야 할 기본 가치를 무엇으로 정립해야 할지를 진정으로 고심해야 한다. 너무나 쉽게 역사의 다락방에 올라가 지난날 우리 것이었다는 이유 하나만으로 과거에 통용되던 덕목 한두 가지를 주워 가지고 내려와 억지를 쓰며 먼지를 털어서 미래를 위한 이상으로 삼으려는 시대착오적인 어리석음을 더이상 저질러서는 안 된다.

여기저기서 서구문명의 몰락을 얘기하고 동양적인 것으로의 전환을 말하니까, 자신이 놓여 있는 지금의 상황은 망각한 채 가슴만 들떠서 덩달아 근거 없이 핑크빛 환상만을 심어주며 별자리를 운운하는 혹세무민의 거짓예언자처럼 철학이나 종교가 전락해서도 안 될 것이다. '미래학'과 점성술을 혼동해서는 안 된다. 그러나 불행하게도 우리에게는 점쟁이는 많지만 미래학자는 거의 없는 편이다. 숙명론적으로 미래를 예언하며 기다려서는 안 되며, 진리의 사건에 능동적으로 대응하여 미래를 예비해야 할 것이다.

7. '한국화'란 무엇을 의미하는가?

이제 지금까지의 논의를 종합하면서 '한국화'란 낱말 아래 무엇을 이해해야 할지를 정리해 보기로 하자.

'한국화'라는 논의가 부각될 수밖에 없었던 문제상황을 분석해볼 때 우리는 몇 가지 구조적인 요소가 전제되고 있음을 확인할 수 있었다.

첫째, 인간은 변화하는 환경 속에 던져져 있으며, 그 환경에 끊임없이 변화하는 방식으로 대응하면서 자기 자신도 변해 간다는 사실이다. 인간은 변화의 주체임과 동시에 변화의 객체이기도 하다. 이렇게 인간은 환경 속에 놓인 존재로서 환경의 영향을 받고 또한 영향을 가하면서 자신만의 독특한 삶의 공간을 만들어 나간다. 이것은 넓은 의미로 '문화의 창조자이며 피조자'인 인간만의 독특한 본질적 특성이라 할 수 있을 것이다.[31] 인간을 포함한 이 우주 자연에 변하지 않는 것이란 모든 것이 변화의 한가운데에 있다는 그 사실뿐이다.

둘째, 인간의 환경에 대한 이러한 대응의 초월론적인 조건으로서 염두에 두어야 할 것은 인간의 사회성, 인간의 노동, 인간의 언어이다. 인간은 혼자서는 인간이 아니다(Ein Mensch ist kein Mensch). 이러한 인간의 사회성에는 동시에 그것과 동일근원적으로 인간의 노동과 언어가 속한다. 인간이 환경에 대응하여 성취한 산물인 문화는 따라서 다른 이들과 더불어 같은 언어를 사용하며 공동으로 환경에 대처해 나가면서 자신들의 생활세계를 형성해 나가는 인간의 세계형성의 노력인 셈이다.

---

31) 미카엘 란트만, 진교훈 옮김, 《철학적 인간학. 역사와 현대에 있어서 인간의 자기이해》, 경문사, 1977 ; Michael Landmann, *Fundamental-Anthropologie* (기초인간학), Bonn, 1979 참조.

셋째, 인간이 놓여 있는 환경(주위세계)은 그것에 능동적이고 주체적
으로 대처해 나가는 인간의 영향력과 더불어 끊임없이 그 지평이 확대
되어 나간다. 집단을 이루어 살아 나가는 사회적 문화적 존재로서의 인
간의 이러한 세계확장은 다른 집단의 세계확장과 부딪칠 수밖에 없다.
하나의 유일한 초월론적 주체를 강조하며 절대적인 진리의 전파와 계
몽을 주장할 때에는 다른 주체에 의해 형성된 세계를 인정할 수 없었
다. 그러나 다른 세계, 다른 민족, 다른 문화에도 똑같은 초월론적 주체
성을 인정해야 하는 지금, 이제는 계몽이나 정복에 의한 강압적인 동화
가 아닌, 서로 주고받는 상호주관적인 차원의 대화와 교류를 통한 새로
운 세계형성의 논리가 통용되어야 한다.[32] 세계화 시대를 맞아 '하나의'
세계를 이야기하지만, 그 '하나됨'은 획일적인 동일화나 동질화가 아니
라, 차이를 인정하고, 차이에 기초한 다원주의적 조화 속의 하나됨이어
야 한다.

넷째, 다원화된 세계에서는 '주체적인' 대응 역시 달라져야 할 것이다.
다양한 세계를 인정하면서 자기 세계의 독특함을 유지해야 하는 현대
인의 세계형성의 과제는 과거보다 더 복잡할 수밖에 없다.

한반도에서 21세기를 살고 있는 우리가 맡아야 할 민족적(또는 국가
적) 과제로서의 '한국화'는 이러한 맥락 아래에서 이해되어야 할 것이다.
그것은 단순한 민족주의적 (또는 국수주의적) 반응이 아니라, 세계형성

---

32) 최근 이러한 상호 문화교류에 바탕한 철학함을 주장하는 글들이 출간되고 있
다.[Ram Adhar Mall, *Philosophie im Vergleich der Kulturen. Interkulturelle
Philosophie. Eine neue Orientierung*(문화비교의 철학. 상호문화의 철학. 새로
운 입문), Darmstadt, 1995 ; F. Wimmer, *Interkulturelle Philosophie*(상호문화
의 철학), Bd. 1, Wien, 1990 ; Gerhard Vowinckel, *Verwandtschaft, Freund-
schaft und die Gesellschaft der Fremden. Grundlagen menschlichen
Zusammenlebens*(친척, 친구 그리고 이방 사회. 인간적 더불어 삶의 근본토대),
Darmstadt, 1995 ; Hans Kessler, hrsg., *Ökologisches Weltethos im Dialog der
Kulturen und Religionen*(문화와 종교간의 대화에서 생태학적인 세계윤리),
Darmstadt, 1996 참조]

적 인간의 본질에 근거를 두고 있는 인간학적 과제이다.

'한국화'란 따라서 달라진 세계에서 변화의 추세에 끌려 다니며 변화의 객체로서 살지 말고 한국인의 자긍심을 잃지 않으면서 변화의 주체로서 우리 스스로 우리의 세계를 만들어 나가야 함을 의미한다.

그러면 변화의 주체가 된다 함은 무엇을 말하는가?

정도의 차이가 있을 뿐이지 인간은 언제나 변화의 한가운데 놓여 있다. 그리고 인간이 본질상 순전히 수동적으로 환경에 얽매여 있지 않고 나름대로 환경을 만들어 나가는 '주체적인' 존재라면, 인간의 환경에 대한 대응 역시 정도의 차이가 있을 뿐이지 여하튼 주체적이라 할 수 있을 것이다. 따라서 살아남기 위해 변화에 순응해 살아가는 인간의 대처방식도 넓은 의미로는 '주체적'이라 할 수 있을 것이다. 그러나 우리가 변화의 '주체'가 된다고 할 때의 주체란 그러한 형식적 의미가 아니다. 적극적인 의미로 변화에 적극적으로 대처하여 변화를 주도해 나가면서 스스로 자신의 세계를 만들어 나감을 말한다. 특히 현대와 같이 급변하는 시대에서는 과거 어느 때보다도 변화에 대한 계획적이고 주도면밀한 대응전략이 필요하다.

인간은 단순하고 친숙한 상황에 놓여 있을 때에는 거의 본능적으로 주위환경에 반응하며 살 수 있고, 상황이 크게 변하지 않는 한 그렇게 그 속에 안주하며 지낼 수 있다. 그러나 상황이 복잡해져 전체를 장악할 수 없어 상황이 예측을 불허하게 되면 우리의 대응전략을 순전히 본능적인 육감에 맡기고 있을 수 없다. 더욱이 그것이 생존이 걸린 화급한 상황이라면 더욱 그러하다. 이럴 경우 우리는 본능적으로 (즉자적으로) 대응하던 태도에서 한 걸음 뒤로 물러나 전체적인 상황 자체에 대해 연구하여 거기에 올바로 대처할 수 있는 방안을 다각적으로 찾아보아야 한다. 이것을 우리는 대자적인 또는 이론적인 대응방식이라 할 수 있다.

변화를 경험하며 그것에 대처해 나가는 인간의 경험방식을 간략하게 살펴보기로 하자. 인간은 낯선 것을 친숙한 것으로 만들어 나가며, 끊임없이 주위환경을 자신의 의미전체성 안으로 편입시키면서 자신의 세계를 확대해 나간다. 그런데 때때로 그러한 자신의 세계 전체를 송두리째 뒤흔들어 놓는 사건이나 사태가 발생하기도 한다. 그럴 경우 대개 자신의 친숙한 세계에 안주해 머물기를 바라는 인간은 그러한 사건 자체를 인정하지 않으려고 한다. 그러한 사태의 변화를 마지못해 인정해야 할 경우도 자신에게 친숙한 의미부여의 척도에 따라 대개는 '윤리적으로' 자신의 입장에서 일방적으로 평가해 버린다. 그러나 그 변화의 사태가 계속해서 자신의 기준에 도전해 오며 일상의 생활을 휘집어 놓게 되면, 어쩔 수 없이 사태에 이끌려 사태 자체를 알아보려는 노력을 하지 않을 수 없게 된다. 자신의 관점과 시각에 사로잡혔던 일방적인 윤리적인 평가에서 한 단계 올라가 사태를 사태에 바탕해서 기술해 보려고 힘쓰면서 사태에 대한 다양한 지식을 수집하고 정리하게 된다. 사태에 대한 정보를 수집하고 정리하여 기술할 때까지는 연구조사하는 사람의 자기와 세계에 대한 이해의 지평을 떠날 수는 없기에 — 유용성의 측면에서 접근한다 — 어느 정도 일면적인 점이 없는 것은 아니지만 그래도 사태 자체에 대한 연구가 깊어감에 따라 사태를 보는 주체 자신도 조금씩 변하게 된다.

여기에서 주체의 역사적 결단이 결정적인 변화의 요인이 된다. 이때 변화의 와중에 놓여 있는 인간이 변화를 주도하는 주체로서 남아 있기를 바란다면, 먼저 전체 상황에 대한 정확한 인식을 갖고 있어야 한다. 주변 여건에 대한 전체적인 전망을 잃지 않고 문제상황에 대한 뚜렷한 주체적인 문제의식 속에서 사태에 대한 지식을 최대한 활용할 수 있을 때 인간은 상황에 대한 올바른 판단 아래에서 올바르게 결단을 내릴 수 있을 것이다.

사태에 대한 객관적인 지식과 그것의 효율적인 활용만을 고려한 주체의 대응전략은 자칫 현상만을 보고 본질을 간과하는 우를 범하게 할 수 있다. 따라서 우리는 단순히 사태에 대한 피상적인 기술과 그것의 외적인 효용성에 머물러서는 안 되고, 사태 그 자체의 본질을 꿰뚫어 보려고 노력해야 한다. 그러기 위해서는 그 사태의 발생적인 (내지는 인과적인) 연관에까지 캐물어 올라가 그것의 유래(원인)를 알아내야 한다. 그럴 때 그것이 어떤 조건 아래 어떠한 의미부여의 틀 안에서 어떤 목적을 위해 발원해 나왔는지를 알게 될 것이다. 그 사태 역시 특정한 시점과 공간 안에서 특정한 인간과의 상호 대응 속에서 발생해 나왔고, 거기에는 특정한 주체의 독특한 대응논리가 작용했음을 간과해서는 안 된다. 모든 시점에 모든 공간 안에서 모든 주체에게 공통적으로 통용될 수 있는 보편적인 대응논리란 없음을 깨달아야 한다. 특정한 주체의 특정한 대응논리가 왜 어떤 점에서 우리에게도 통용되어야 하고 통용될 수 있는지를 물어야 한다. 특정한 주체의 의미부여 체계 자체를 아무 물음 없이 우리의 의미체계로 받아들여 수용할 때 우리의 세계는 알게 모르게 그 쪽 세계관, 가치관에 의해 침투되고 점령되는 것이다.

전 세계 온갖 민족들의 각양각색의 문화가 각축장을 벌이고 있는 세계문화의 시대에, 급변하는 정보화의 시대에, 변화에 대처하지 못하면 도태되어 버릴 수밖에 없는 무차별한 생존경쟁의 시대에, '문화전쟁'의 시대에,[33] 우리는 변화를 주도하고 있는 변화의 논리를 꿰뚫어보며 적극적으로 변화에 대처해야 한다. '한국화'란 이런 세기말적인 변화에 즉자적으로나 즉흥적으로 대처하지 말고, 대자적이고 이론적으로 대처하여 우리 나름의 변화의 논리를 터득하며 개발해 나가자는 주체적인 대응전략 모색의 일환이다. 우리는 다시 한번 함석헌 선생이 우리에게 주는 교훈에 귀를 기울여야 한다.

"한국 사람은 심각성이 부족하다. 들이파지 못한다는 말이다. 생각하는 힘이 모자란다는 말이다. 깊은 사색이 없다. 현상 뒤에 실재를 붙잡

---

33) 윤재근, 《문화전쟁. 한국문화 현실, 이대로는 미래가 없다》, 둥지, 1996 참조.

으려고, 무상(無常) 밑에 영원을 찾으려고 잡다(雜多) 사이에 하나인 뜻을 얻으려고 들이파는, 캄캄한 깊음의 혼돈을 타고 앉은 알을 품는 암탉처럼 들여다보고 있는, 운동하는, 생각하는 얼이 모자란다. 그래 시(詩) 없는 민족이요, 철학 없는 국민이요, 종교 없는 민중이다. 이것이 큰 잘못이다.…… 종교가 없지 않다. 그러나 그것은 다 남에게서 빌려온 종교지 우리에게서 나온 것이 아니다. 유교가 그렇고 불교가 그렇고 기독교도 그렇다. 근래에 동학이요, 천도교요 하나, 요컨대 밖에서 들어온 남의 사상을 이리 따고 저리 따서 섞어 놓은 비빔밥이지 정말 우리의 고유한 것이 아니다.…… 종교가 그렇게 된 다음에는 철학이나 시는 말할 것도 없다. 그래 우리는 어지간히 문명인의 옷을 입고 다니기는 하나, 제 철학, 제 시를 가지지 못한 민족이 되고 말지 않았나. 이 사람들은 사람은 좋은데 자기를 깊이 들여다보고 팔 줄을 모른다."[34]

---

34) 함석헌, 《뜻으로 본 한국역사》, 94쪽 이하.

참고문헌

1. 한글서적

강만길 외 편, 《한국사 제12권 : 근대민족의 형성 2》, 한길사, 1994.

──────, 《한국사 제14권 : 식민지시기의 사회경제》, 한길사, 1994.

고형곤, 《선의 세계 I : 서양철학과 선》, 운주사, 1995(초판 삼영사, 1971).

길희성, 〈한국 개신교 토착신학의 전개와 문제점〉, 《포스트모던 사회와 열린
　　　종교》, 민음사, 1994, 277～290쪽.

김병우, 《존재와 상황. 하이데거와 야스퍼스 연구》, 한길사, 1981.

──────, 〈열암 철학의 문제와 그 전개〉, 열암기념사업회 엮음, 《열암 박종홍
　　　철학 논고. 현실과 창조》, 천지, 1998.

김여수, 〈서양문화 종합의 미래〉, 한국철학회 편, 《문화철학》, 철학과현실사,
　　　1995, 67～89쪽.

김영한, 《하이데거에서 리꾀르까지. 현대철학적 해석학과 신학적 해석학》, 박
　　　영사, 1987.

김용배, 《哲學新講》, 금용도서, 1947.

김재권, 〈한국철학이란 가능한가?〉, 심재룡 펴냄, 《한국에서 철학하는 자세
　　　들》, 집문당, 1986.

김준섭, 《실존철학》, 정음사, 1958.

김팔곤, 〈문화의 특수성과 보편적 인류문화. 문화운동을 조명하는 관점에
　　　서〉, 《전환기에 선 인류문화와 한국문화의 향방》(한국철학회 1996년도
　　　춘계학술발표논문집), 한국철학회, 1996, 1～17쪽.

김형효, 《가브리엘 마르셀의 구체철학과 여정의 형이상학》, 인간사랑, 1990.

──────, 《데리다와 노장의 독법》, 한국정신문화연구원, 1994.

──────, 《메를로 뽕띠와 애매성의 철학》, 철학과현실사, 1996.

미카엘 란트만, 진교훈 옮김, 《철학적 인간학. 역사와 현대에 있어서 인간의
　　자기이해》, 경문사, 1977.
박동환, 《동양의 논리는 어디에 있는가》, 고려원, 1993.
박영식, 〈인문과학으로서 철학의 수용 및 그 전개과정(1900∼1965)〉, 《인문
　　과학》 26집(1972. 2), 연세대 인문과학연구소, 105∼132쪽.
박이문, 《현상학과 분석철학》, 일조각, 1977(1982).
─── , 《자비의 윤리학》, 철학과현실사, 1990.
박재순, 〈기독교의 문화적 이질성과 한국적 숙성〉, 《전환기에 선 인류 문화와
　　한국문화의 향방》(1996년도 한국철학회 춘계학술대회 발표논문).
박종홍, 《박종홍 전집》, 전7권, 민음사, 1998.
─── , 《철학개론강의》, 한국대학통신교육부, 1953(전집 II, 민음사, 1998).
─── , 《철학개설》, 《전집 II》, 민음사, 1998.
─── , 《철학개설》, 《전집 III》, 민음사, 1998.
─── , 《논리학》, 《전집 III》, 민음사, 1998.
─── , 《한국사상사 1》, 《전집 IV》, 민음사, 1998.
─── , 〈서구사상의 도입 비판과 섭취〉, 《아세아연구》 35(1969), 17∼77쪽.
─── , 〈'철학하는 것'의 출발점에 관한 一疑問〉, 《지성과 모색》, 박영사,
　　1967(전집 I, 민음사, 1998).
─── , 〈'철학하는 것'의 실천적 지반〉, 《지성과 모색》, 박영사, 1967(전집 I,
　　민음사, 1998).
─── , 〈모순과 실천〉, 《전집 I》, 민음사, 1998.
─── , 〈우리가 요구하는 '이론과 실천'〉, 《전집 I》, 민음사, 1998.
─── , 〈'우리'와 우리철학 건설의 길〉, 《전집 I》, 민음사, 1998.
─── , 〈우리의 현실과 철학. 역사적인 이때의 한계상황〉, 《전집 I》, 민음사,
　　1998.
─── , 〈현대철학의 동향〉, 《전집 I》, 민음사, 1998.
─── , 〈현실파악〉, 《전집 I》, 민음사, 1998.
─── , 〈한국사상의 방향〉, 《전집 V》, 민음사, 1998.
백종현, 〈독일철학의 유입과 수용전개(1900∼1960년)〉, 《철학사상》 5(서울대
　　철학사상연구소, 1995), 106∼134쪽.
─── , 《독일철학과 20세기 한국의 철학》, 철학과현실사, 1998.
손봉호, 《고통받는 인간. 고통문제에 대한 철학적 성찰》, 서울대학교 출판부,

1995.

신과학연구회 편, 《신과학 운동》, 범양사, 1989.

빌 매키벤, 《자연의 종말》, 동아일보사, 1990.

신남철, 《역사철학》, 서울출판사, 1948.

신오현, 《자유와 비극. 사르트르의 인간존재론》, 문학과지성사, 1979(1985).

───, 《절대의 철학》, 문학과지성사, 1993.

심재룡·김광수·이기상, 《철학과 교육프로그램 개발연구》, 한국대학교육협
    의회, 1990.

아놀드 J. 토인비, 노명식 옮김, 《역사의 연구》, 삼성출판사, 1986.

안병욱, 《키엘케골》, 사상계사, 1959.

안호상, 《철학강론》, 동광당서점, 1942.

엄정식, 〈민족문화와 민족적 자아〉, 한국철학회 편, 《문화철학》, 철학과현실
    사, 1995, 149~170쪽.

───, 〈문화종합의 교차로에 선 한국문화〉, 《전환기에 선 인류문화와 한국
    문화의 향방》(1996년도 한국철학회 춘계학술대회 발표논문).

윤명로, 《현상학과 현대철학》, 문학과지성사, 1987.

윤재근, 《문화전쟁. 한국문화 현실, 이대로는 미래가 없다》, 둥지, 1996.

이기상, 《하이데거의 실존과 언어》, 문예출판사, 1991.

───, 《하이데거의 존재와 현상》, 문예출판사, 1992.

───, 〈우리말로 철학하기. 철학함의 대상-주체-실천연관〉, 《한국인문과학
    의 제문제》, 한국정신문화연구원, 1989.

───, 〈성년에의 교육을 지향. 독일 철학교육의 역사〉, 《철학연구》 25(1989),
    227~269쪽.

───, 〈철학개론서와 교과과정을 통해 본 서양철학의 수용(1900~1960)〉,
    《철학사상》 5(서울대 철학사상연구소, 1995), 51~106쪽.

───, 〈새로운 보편 문화논리의 모색. 해석학, 화용론 그리고 사건론〉, 《인문
    학연구》 제1집(1996), 한국외국어대 인문과학연구소, 1~48쪽.

이기카와 미츠오, 사상문 옮김, 《동양적 사고로 돌아오는 현대과학》, 인간사,
    1990.

이길우, 《현상학적 정신이론》, 강원대 출판부, 1986.

───, 〈철학〉, 《한국민족문화대백과사전》 제22권 한국정신문화연구원, 1991,
    57~69쪽.

———, 〈열암철학—향내적 철학과 향외적 철학의 집합으로서의 한국철학〉(1995
년 5월 20일 철학연구회 발표논문).

이남영, 〈철학〉, 《한국민족문화대백과사전 제22권》, 한국정신문화연구원, 1991,
57～69쪽.

———, 〈열암철학—향내적 철학과 향외적 철학의 집합으로서의 한국철학〉
(1995년 5월 20일 철학연구회 발표논문).

이남인, 〈실존철학, 현상학의 수용과 한국철학에 미친 영향〉, 《한국의 서양
철학 수용과 그 평가》, 서울대 철학사상연구소 1996, 86～113쪽.

이수정, 〈열암철학의 이해와 계승〉, 《제11회 열암철학학술발표회 발표논문》,
1～49쪽.

———, 〈열암 철학의 이해와 계승〉, 열암기념사업회 엮음, 《열암 박종홍 철
학 논고. 현실과 창조》, 천지, 1998.

이종우, 《철학개론》, 을유문화사, 1948.

이한우, 《우리의 학맥과 학풍》, 문예출판사, 1995.

이효상, 《두 가지 실존주의》, 신구문화사, 1958.

일리아 프리고진, 신국조 옮김, 《혼돈으로부터의 질서. 인간과 자연의 새로운
대화》, 정음사, 1988.

전두하, 《한국사상과 독일철학》, 정훈출판사, 1992.

정종, 〈한국 철학자의 철학연구의 동기에 대한 考究〉, 《백성욱박사송수기념
불교학논문집》, 1959, 823～868쪽.

조가경, 《실존철학》, 박영사, 1961(1983).

———, 〈한국에 있어서의 서양철학 연구의 어제와 오늘〉, 《사색》 제3집(1972),
숭전대 철학회, 16～40쪽.

조요한, 〈우리의 삶, 우리의 현실. 한국 철학언어로의 모색〉, 《월간조선》
(1982. 3), 328～351쪽.

———, 〈서양철학의 도입과 그 연구의 정착〉, 《서의필선생회갑기념논문집》,
1988, 439～457쪽.

조희영, 〈현대 한국의 전기 철학사상연구—일제하의 철학사상을 중심으로〉,
《용봉논총》 제4집(1975), 전남대, 1～49쪽.

———, 〈한국과 일본에 있어서의 서양철학의 수용형태에 관한 비교연구〉,
《용봉논총》 제7집(1977), 전남대, 169～195쪽.

———, 〈현대 한·일 철학사상의 비교연구. 1930년대의 박종홍과 三木淸의 철

학사상을 중심으로〉,《용봉논총》제12집(1982), 전남대, 21～40쪽.

──, 〈서구사조의 도입과 전개─철학사조를 중심으로〉,《한국사상사대계》제6권, 한국정신문화연구원, 1993, 177～198쪽.

존 스태프니 외, 김종욱 편역,《서양철학과 禪》, 민족사, 1993.

주상희, 〈한국철학서적출판에 대한 실태분석─해방 이후부터 1990년까지〉, 중앙대 신문방송대학원 석사학위논문, 1991.

진교훈, 〈서양철학의 전래기〉,《한국철학사》하권, 동명사, 1987, 381～409쪽.

차인석,《사회인식론. 인식과 실천》, 민음사, 1987.

서울대 교양과목교재출판위원회,《철학》, 1958.

최동희, 〈愼後聃의 서학변에 관한 연구〉,《아세아연구》46(1972), 1～27쪽.

카프라, 이성범·김용정 옮김,《현대 물리학과 동양사상》, 범양사, 1988.

──, 이성범·구윤서 옮김,《새로운 과학과 문명의 전환》, 범양사, 1989.

하기락,《철학개론》, 합동교재공사, 1985.

한국철학사상연구회,《강좌 한국철학. 사상, 역사, 논쟁의 세계로 초대》, 예문서원, 1995.

한전숙,《현상학의 이해》, 민음사, 1984.

──,《현상학》, 민음사, 1996.

한치진,《최신철학개론》, 조선문화연구사, 1936.

함석헌,《뜻으로 본 한국역사》, 함석헌전집 제1권, 한길사, 1993.

한스 페터 헴펠, 이기상·추기연 옮김,《하이데거와 禪》, 민음사, 1995.

황종렬, 〈한국 토착화 신학의 유형과 갈래〉(1996년도 한국철학회 춘계학술대회 발표논문).

홍윤기, 〈실천철학의 가능성〉, 務臺理作,《철학개론》, 한울, 1982.

──, 〈열암 박종홍의 변증법 사상 연구. '「철학하는 것」의 철학'으로서의 열암 변증법 구도의 형성과 한계〉,《제11회 열암철학학술발표회 발표논문》, 51～91쪽.

2. 외국서적

Kah Kyung Cho, *Natursein und Bewußtsein. Phänomenologischer West-Ost-Diwan* (자연존재와 의식존재. 현상학적 동서양의 대화), Freiburg · München, 1987.

Derrida, J., *De la Grammatologie* (그라마톨로지), Minuit, 1967.

Grenzmann, Wilhelm, *Philosophie in der höheren Schule* (고등학교에서의 철학), Bonn, 1946.

Jaspers, K., *Vom Ursprung und Ziel der Geschichte* (역사의 기원과 목표), München, 1960.

————, *Weltgeschichte der Philosophie. Aus dem Nachlaß* (철학의 세계사. 유고집), hrsg., von H. Saner, München, 1982.

Kessler, Hans, hrsg., *Ökologisches Weltethos im Dialog der Kulturen und Religionen* (문화와 종교간의 대화에서의 생태학적인 세계윤리), Darmstadt, 1996.

Landmann, Michael, *Fundamental-Anthropologie* (기초 인간학), Bonn, 1979.

Ram Adhar Mall, *Philosophie im Vergleich der Kulturen. Interkulturelle Philosophie. Eine neue Orientierung* (문화비교의 철학. 상호문화의 철학. 새로운 입문), Darmstadt, 1995.

Rombach, Heinrich, *Der kommende Gott. Hermetik—eine neue Weltsicht* (도래하는 신. 은닉학—하나의 새로운 세계시야), Freiburg, 1991. 9.

————, *Leben des Geistes. Ein Buch der Bilder zur Fundamental-geschichte der Menschheit* (정신의 삶. 인류의 기초역사를 위한 그림 모음책), Freiburg · Basel · Wien, 1977.

————, *Welt und Gegenwelt. Umdenken über die Wirklichkeit : Die philosophische Hermetik* (세계와 반대세계. 현실에 대한 전환적 사유. 철학적 은닉학), Basel, 1983.

Sinn, Dieter, *Ereignis und Nirwana. Heidegger-Buddhismus-Mythos-Mystik. Zur Archäotypik des Denkens* (존재사건과 열반. 하이데거-불교-신화-신비학. 사유의 원형학을 위하여), Bonn, 1990.

Vowinckel, Gerhard, *Verwandtschaft, Freundschaft und die Gesellschaft der Fremden. Grundlagen menschlichen Zusammenlebens* (친척, 친구 그리고 이방 사회. 인간적 더불어 삶의 근본토대), Darmstadt, 1995.

Wimmer, F. *Interkulturelle Philosophie* (상호문화의 철학), Bd. 1, Wien, 1990.

찾아보기

1. 인 명

2. 내 용

320